U0930909

季羡林

清华其神，北大其魂

卞毓方 著

JIXIANLIN

—— QINGHUA QI SHEN， BEIDA QI HUN

广东高等教育出版社
Guangdong Higher Education Press
·广州·

图书在版编目（CIP）数据

季羡林：清华其神，北大其魂/卞毓方著. —广州：广东高等教育出版社，2020. 1

ISBN 978 - 7 - 5361 - 6645 - 5

Ⅰ. ①季… Ⅱ. ①卞… Ⅲ. ①季羡林（1911 - 2009） - 传记 Ⅳ. ①K825. 5

中国版本图书馆 CIP 数据核字（2019）第 296369 号

出版发行	广东高等教育出版社 社址：广州市天河区林和西横路 邮编：510500　　营销电话：(020) 87553735 http://www. gdgjs. com. cn
印　　刷	佛山市浩文彩色印刷有限公司
开　　本	787 毫米 × 1092 毫米　1/16
印　　张	23
字　　数	340 千字
版　　次	2020 年 1 月第 1 版
印　　次	2020 年 1 月第 1 次印刷
定　　价	58. 00 元

再版前言

2005年动笔写作《季羡林：清华其神，北大其魂》，一发不可收拾，趁势又写了《天意从来高难问——晚年季羡林》《千手拂云，千眼观虹——季羡林、钱学森、陈省身、侯仁之、杨绛、黄万里的人生比较》《季羡林图传》《季羡林的前尘后影》。

内中，唯一经老人家认定的，是这本《季羡林：清华其神，北大其魂》。

当时由杨锐念，他听，念了将近一月，难为了杨锐，也难为了季羡林先生。

出版《天意从来高难问——晚年季羡林》，是在季先生仙逝当月，鉴于涉及老人家的家事，以及与北大的字画纠纷，着实火了一把。

《千手拂云，千眼观虹——季羡林、钱学森、陈省身、侯仁之、杨绛、黄万里的人生比较》，从艺术的角度，属于别出心裁，难度相当大，把握得也很到位。此书以季羡林为比较的杠杆，他老人家是当仁不让的主角。但我请出场的钱学森、陈省身、侯仁之、杨绛、黄万里，个个都不是等闲之辈，也是仁不他让的主角。就是说，此书没有配角。因此，季先生作为“这一个”的形象，并不算突出。

《季羡林图传》，重点在于图。

《季羡林的前尘后影》，从解剖入手，大胆揭示季先生的生前身后。不少问题如乱麻，难以条分缕析，需要岁月沉淀。加之季承去世，身后的大戏戛然煞尾。也就不想全盘抛出，干脆搁上若干年，静观时间如何发酵。

今年，适逢季羡林仙逝十周年，广东高等教育出版社拟再版《季羡林：清华其神，北大其魂》。我认为，从各方面综合考虑，这的确是最佳的一本。前有季老首肯，后经时间检验。我相信，在未来的岁月中也能站得住脚。但从传记的角度考虑，又有明显不足：此书搁笔于2006年8月，离老人家去世，还有三年的空白。怎么办？思来想去，决定增补一章，从2006年9月，一直写到季老逝世的2009年7月11日为止。我写人物，一般来说，既要考虑当前，也要放眼历史。浩瀚如谜的宇宙，季羡林的实体生命如流星一闪过去了，但是人走茶未凉。科学家说，组成这个世界的不是物质而是能量，季羡林的肉体消失了，能量仍在继续发光发热，他的一生埋有多处伏笔。我预料，在未来的岁月，他的大名还会长久为人传颂。鉴于此，我的这本小传，对后来人了解、研究季羡林，仍会有第一手材料的作用。

卞毓方

2019年3月18日　于北京

卷首献语：

一把解读季羡林的钥匙

季羡林注定与北大、清华有缘。想当初，他小学毕业，只是一个目光短浅、胸无大志的主儿，临到报升学志愿了，济南城最好的中学，是省立一中，他嘛，想都不敢想，掂量来掂量去，只等而下之又下之地填了个三流的“破正谊”——用今人的眼光看，已输在起跑线上。及至高中毕业，叔父让他投考邮政局，那意思是能混个“邮务生”，这辈子就结了。嘿，孰料人家还看不上他，飨他个“名落孙山”，不予录取。弄得灰头土脸，这才掉转笔来考大学。他这会儿倒像吃了豹子心，老虎胆，国内高校，数北大、清华最有名，他就指定了考这两家。而且，不考则已，一考惊人，大名同时上了两家的红榜，成了双料状元。这在当年，是刮遍济南城茶楼酒肆的新闻，更甭提在他老家清平县引发的特大轰动；这在今天，在考试制度已经规范化，也逼近老化僵化的今天，已成绝响。

季羡林十九岁进清华，二十三岁毕业，四载寒窗，奠定了百年学问的基础。1981 年，他以古稀之身作《清华颂》，劈头就说：“清华园，永远占据着我的心灵。回忆起清华园，就像回忆我的母亲。”季羡林过早失去了母爱，这是他刻骨铭心的痛。所幸还有补偿——还有母亲般温暖博大的清华园。在同一篇文章中，他又说：“在清华的四年生活，是我一生中最难忘、最愉快的四年。在那时候，我们国家民族正处在危急存亡的紧急关头，清华园也不可能成为世外桃源。但是园子内的生活始终是生气勃勃的，充满了活力的。民主的气氛，科学的传统，始终占着主导的地位。我同广大的清华校友一样，现在所以有一点点知识，难道不就是在清华园中打下的基础吗？离开清华以后，我当然也学习了不少的新知识，但是在每一个阶段，只要我感觉到学习有所收获，我立刻想到清华园，没有在那里打下的基础，所有这一切都是不可能的。”

1988 年，季羡林又作《梦萦水木清华》，他用了八个字，概括心目中的清华校风：清新、活泼、民主、向上。作为说明，他举了三则例子，那都是有血有肉，有滋有味——

一、新生入学，第一关是“拖尸”。这是英文 toss（抛、掷）的音译，具体做法：凡新生，报到之前必须先去体育馆，老生好事者列队在那里恭候，他们上来几个彪形大汉，抓住新生的双手、双脚，凌空举起，反复摇晃数次，然后抛落在垫子上。当然，什么危险也没有，垫子是软的，抛掷是讲究分寸的，如是这般，便算过关，形式大于内容，有点像《水浒传》里描写的杀威棒，又有点像政党帮派入伙结盟的手续，始于罗曼蒂克而止于形而上的神秘。谁要反抗，那是断然不行的，墙上贴着大字标语：“反抗者入水！”这不是虚声恫吓，游泳池的门确实敞开着。季羡林呢，因为有一位山东老乡保驾（就是与钱锺书同班的许振德，长得人高马大，身手也相当了得，是清华篮球队的队长），免去被“拖尸”，当时自以为幸运，走了个后门，老年回首，却不胜惋惜，白白错过了一次“唯我清华”“咸与清华”的洗礼。

二、敢于同教授开玩笑。20 世纪 30 年代，教授月薪高达三四百大洋，折合成实物，相当于两百多袋面粉，三四万个鸡蛋，财力雄厚，社会地位也高，进则为官为宦，退则坐拥书城，学生等闲难以接近，但这并不妨碍学生以教授为对象，大开其玩笑。譬如拿俞平伯。俞平伯在中文系授课，他常常选出一些古典诗词，摇头晃脑地吟诵，一副名士派头。诵到得意处，干脆闭上眼，仿佛完全沉浸于诗词的境界，遗世而独立，浑不知今夕是何年。蓦地，又圆睁了双目，连声夸赞：“好！好！好！就是好！”学生们赶紧尖起耳朵，恭听教授先生解释好在何处，他那里却不管不顾，径自咏起下一首来了。就是这位俞先生，一天，忽然剃了个光脑壳，大摇大摆地走上讲台。这可是太前卫了！帅呆了！酷毙了！学生们立刻有了笑料，数天后，他们在自己主编的《清华周刊》，登出一则花边新闻，说俞先生要步李叔同后尘，出家当和尚啦！换在今天，当事人一定大光其火，弄不好还要诉诸法律，讨要名誉权。俞先生么，“是真名士自风流”，根本不把兹事放在心上，依旧净光着头皮，翩翩然招摇于校园，到了课堂，照旧摇头晃脑，大赞他的“好！好！好！就是好！”

又譬如拿吴宓。吴宓是西洋文学系教授，天生情种，雅好恋爱。恋爱固然可以产生佳话，但也不断催生笑话。吴宓有一首诗，开头说：“吴宓苦爱×××（原文如此），三洲人士共惊闻。”尽管没有写出真名实姓，从押韵上看，却是欲盖弥彰，呼之欲出，清华人谁猜不出，×××者，毛彦文也。吴宓还有一组《空轩十二首》，他在授“中西诗之比较”课时，分发给学生，据说，每首影射一位女子——吴宓酷爱《红楼梦》，这种写法，令人想起“金陵十二钗诗谜”。吴宓如此泛情，学生们岂甘寂寞。未几，《清华周刊》又有精彩表演，一位学生把吴宓组诗的第一首译为：“一见亚北貌似花，顺着秫秸往上爬。单独进攻忽失利，跟踪盯梢也挨刷。”下面三句，季羡林忘记了，末一句是“椎心泣血叫妈妈”。按，“亚北”者，亚洲之北也，喻指欧洲之南，即“欧阳”，此乃外文系一位女生的姓（全名欧阳采薇，欧阳修三十二代女孙）。此译本一出，立刻风靡清华园，其转载率、火爆度，远胜过现今手机短信流传的那些博人一笑而又笑不出品味的段子。吴先生遭此开涮，就像时下绯闻漩涡中的明星，不以为恼，反若中了大奖，尔后有了得意或失意的情诗，照样拿出来和学生分享。

三、智育与体育并进。清华源于庚子赔款，源于一场丧权辱国的灾变，因此建校之初，就提倡“知耻而后勇”的奋发精神，特点之一，是于智育之外，格外注重体育。当时有一条硬性规定：凡体育考试不及格的，不能毕业，更不能留洋。这在其他学校，是未与闻的。拿我们熟悉的闻一多和梁实秋来说，就差点绊倒在游泳池边，两位才子，跑跑跳跳还凑合，一入水，就成了铁牛儿李逵，只有手忙脚乱、拼命挣扎的份儿，怎么办？为了顺利赴美，不得不大练特练“浪里白跳”张顺的那一套水上功夫，抢在毕业之前达标。比较起来，吴宓就没有那么走运了，他跳远跳远，跳而不远，一测再测，皆不及格，没奈何，只得推迟半年毕业，留下单练这一项“陆上竞技”。正因为如此，在季羡林读书的那几年，他回忆：“学生一般都非常用功，但同时又勤于锻炼身体。每天下午四点以后，图书馆中几乎空无一人，而体育馆内则是人山人海，著名的‘斗牛’（笔者：一种篮球游戏）正在热烈进行。操场上也挤满了跑步、踢球、打球的人。到了晚饭以后，图书馆里又是灯火通明，人人伏案苦读了。”

1935年，季羡林得母校清华的栽培，赴德留学。1946年回国，又承清华教授陈寅恪的引荐，进了北大。季羡林曾经奇怪：“寅恪师为什么不把我介绍给清华，反而介绍给北大呢？”这件事，他在有机会动问的时候，没有开口，如今恩师已逝，想问也无从了，只好永世存疑。

季羡林执教北大，迄今已届六十年。他对清华的依恋，已如前述。那么，他对北大又是一番什么情思呢？1998年北大百年校庆，季羡林发表了一篇短文《我看北大》，内中有对于这个问题的归纳。他对北大的认识是古董而又新潮的。就说这历史，他说：“如果我们改一个计算办法的话，那么，北大的历史就不是一百年，而是几千年。因为，北大最初的名称是京师大学堂，而京师大学堂的前身则是国子监。国子监是旧时代中国的最高学府，已有一千多年的历史，其前身又是太学，则历史更长了。从最古的太学起，中经国子监，一直到近代的大学，学生都有以天下为已任的抱负，这也是存在决定意识这个规律造成的，与其他国家的大学不太一样。在近代史上，历次反抗邪恶势力的运动，几乎都是从北大开始。这是历史事实，谁也否认不掉的。五四运动是其中最著名的一次。虽然名义上是提倡科学与民主，骨子里仍然是一场爱国运动。

提倡科学与民主只能是手段，其目的仍然是振兴中华，这不是爱国运动又是什么呢？”绕了这样一个大弯子，袖里藏的是什么样的乾坤呢？这就是我们期待的答案。季羡林说：“我在北大这样一所肩负着传承中华民族的优秀文化的，背后有悠久的爱国主义传统的学府，真正是如鱼得水，认为这才真正是我安身立命之地。我曾在一篇文章中写过：我身上的优点不多，唯爱国不敢后人。即使我将来变成了灰，我的每一个灰粒也都会是爱国的。这是我的肺腑之言。以我这样一个怀有深沉的爱国思想的人，竟能在有悠久爱国主义传统的北大几乎度过了我的一生，我除了有幸福之感外，还有什么呢？还能何所求呢？”

2006 年元月，笔者动手写作这本季羡林传记，其间一个绞尽脑汁的难题，就是如何把握传主的风格。你可以强调他的淹博，他的朴实，他的勤奋，他的温和而倔强，洒脱而严谨，清澈而幽默……但是，说来说去，总觉得还差那么一点点，隔那么一点点，不够传神。直至有一天，读到他关于北大派和清华派的话题——这话题不是季先生引起的，也不为他所认可，出于凑热闹，后来也参与了——他说：“北大和清华有没有差别呢？当然有的。据我个人的印象，在过去相当长的时间内，在国内和国际上的地位方面，在对中国教育、学术和文化的贡献方面，两校可以说是力量匹敌，无从轩轾。这是同一性。但是，在双方的风范——我一时想不出更确切的词儿，姑且用之——方面，却并不相同。如果允许我使用我在拙文《门外中外文论絮语》中提出来的文艺批评的话语的话，我想说，北大的风范可用人们对杜甫诗的评论‘沉郁顿挫’来概括。而对清华则可用杜甫对李白诗的评价‘清新俊逸’来概括。这是我个人的印象，但是我自认是准确的。至于为什么说是准确，则决非三言两语能够解释清楚的，这个问题就留给大家去揣摩吧。”（《漫谈北大派和清华派》）一个“清新俊逸”，一个“沉郁顿挫”，我心头一亮，突然悟到，季羡林清华毕业，北大执教，在他身上，这两种风范是水乳交融、恰到好处地掺和在一起的。当初读大学，他只能选定一家，一脚不能踩清华、北大两条船；如今论风格，则可兼容并包，涵融荟萃。简而言之，他的清新俊逸似李白，他的沉郁顿挫似杜甫，正所谓“清华其神，北大其魂”。此念一出，原有的难题即迎刃而解。我于是决意拿这八个字，作为解读季羡林的钥匙。是耶？非耶？这自然是仁者见仁、智者见智，或谓“帆随湘转，望衡九面”，而各得其一的了。区区不才，颇觉“此中有真意，欲辨已忘言”。

谨以此为序。

目录
Contents

第七章 大器晚成（1978—1991）

第八章 鲁殿灵光（1992—2001）

第九章 宝刀未老（2002—2006.8）

第十章 百年回眸（2006.9—2009）

第一章

齐鲁之子

（1911—1929）

季羡林（1911—2009），国际著名东方学大师，梵学、佛学、吐火罗学研究并举，中国文学、比较文学、文艺理论研究齐飞

现在，中国国富了，民也强了，经济、科技都发达了，“神五”“神六”也上天了，我要再多活三十年，活到一百五十岁！

——季羡林 2006 年于 301 医院

（一）晚年的生日，已异化为公众节目

这一日——2005 年 7 月 29 日，天高、日晶、云淡、风轻。花呈怡红悦绿，人现鹤发童颜。国务院总理温家宝，在首都 301 医院的康复楼，握着季羡林先生的手，说：“下个月，就是先生的九十四周岁生日，我向您表示祝贺。”

先生的九十四周岁生日是 8 月几号？总理没说。但是，该晓得的，必然，不该晓得的，竟有许多也偶然得悉：8 月 6 号。

最权威的，当然是询之于本人。季羡林曾说：我是“1911 年 8 月 6 日，生于山东省清平县（现改为临清市）的一个小村庄——官庄”。又曾说：“我生在 1911 年辛亥革命那一年。我出生两个月零四天以后，那一位‘末代皇帝’，就从宝座上被请了下来。因此，我常常戏称自己是‘满清遗少’。”前一说开门见山，直截了当；后一说故意列下一道算术题，小学级的，让你自己去扳指头。

老人有老人的风趣。

2001年，季羡林先生在山东临清老家过90岁生日

年来“生日报”行世，据互联网，国家图书馆负责该项业务的人士披露，迄今为止，经他们之手制作的最古老的一份“生日报”，便是送给季羡林先生的。晚清之际的报纸本身已弥足珍贵，经季老的生日一烘托，更加古色斑斓，诱人遐思。据此，笔者曾向季老询问那份报纸的名称，先生答：“记不得了。”——记不得没关系，反正是1911年8月6日的某份旧报无疑。

不过，让我们煞一煞风景。那一日——8月6日，对于季羡林本人，说不重要，也真一点不重要，它和其他逝者如斯的日子一样，普通而又普通，平常而又平常。你这话是什么意思？别急，且听老先生自白。2001年8月4日，季老回山东临清老家祭祖，好事者趁机为之举办了隆而重之的祝寿活动。老先生举首望月——故乡的月，临风唏嘘——挟辛亥革命、五四运动之骚响，历千山万水、千劫百难飒然而至的世纪之风，回得京城，追记了一篇《故乡行》，文中同好事者开了一个不大不小的玩笑，他声明：“八月六日——我在这里顺便说明一件事情：我的生日从旧历折合成公历是八月二日。由于一次偶然的笔误，改成了六日，让我少活了四天——算是我的生日。”咦！——哦！——哈！你这厢张灯结彩、燃鞭放炮，又是蜡烛蛋糕，又是长寿面条，又是“祝你生日快乐”，他那厢却在掩嘴偷着乐。

此事可从先生的《清华园日记》得到佐证。1933 年 7 月 29 日，适逢暑假，在济南，先生当天的日记写道：“今天旧历是六月初八，我的生日。昨天晚上叔父拿出了两块钱。今天早起就同四舅到菜市去买菜，一方面过生日，一方面上供。”笔者查阅 20 世纪初叶的历书，公元 1911 年，岁次辛亥，行年属猪，农历闰六月初八，果然为阳历 8 月 2 日，而不是 8 月 6 日。

然而，澄清归澄清，老先生并没有把生日改过来。自那以后，他的户口簿、身份证依然标的是 8 月 6 日，他的公开出版物，如《季羡林年谱》《季羡林自传》，仍然坚持 8 月 6 日。犹如陈寅恪的恪（kè），几经纠正，人们仍习惯读作恪（què）一样，索性以讹传讹，一错到底。嗨，8 月 6 日就 8 月 6 日吧，那只是一个象征，一个符号，对于老人家，生日定在哪一天都一样，那一天是因为有了回忆有了咀嚼才齿舌生香，并不是因为恰恰生在那一天才祥瑞盈门，蓬荜生辉。

有的人的生日，是属于他自己，他如果忘了，那就全世界都忘了；有的人的生日，是属于公众，纵然他本人千推万阻，敬谢不敏，届时，热心肠的人们还是要喜气洋洋地操办，连带自己也喜气起来。当季羡林先生步入晚年，随着他的人望翻番，声誉爆棚，给他过生日也好、祝寿也好，趋之若鹜，已升格为京华一大时髦。内中，有单位、团体主持，有同事、弟子张罗，也有从未谋面的追星族加盟。那么多的祝寿活动，不可能都挤在 8 月 6 号，怎么办？变则通，通则顺，有的找理由往前提，有的设法往后推。如是一来，完全看你的能耐和老先生的方便，抓到哪一天就是哪一天。2002 年 10 月 12 日，先生的助手李玉洁老师爆料：对于季老，一年过若干生日是常事，2001 年九十大寿，就陆续庆祝了十六次。

生日明显走味。这就是人情——在一个商潮滚滚、急功近利的社会，任何情义都有可判断的价值筹码。老先生心知肚明，他曾有专文谈论“世态炎凉”，并挖掘出一条定理：“年龄大小与处境坎坷同对世态炎凉的感受成正比。年龄越大，处境越坎坷，则对世态炎凉感受越深刻。反之，年龄越小，处境越顺利，则感受越肤浅。”拿他自己说，“文革”间倒霉，沦为“非人”，自然是门可罗雀，曾经的属下，崇拜者，走对了面也装着不认识；“文革”后复出，加官晋爵，宾客又复盈门，连有些根本不认识的，也自称是他的朋友。拿周围的人说，同为高寿，譬如钟敬文先生，不仅年长他八岁，在学坛论资排位，还是他的前辈，但钟老就“缺少官样的借口来祝寿”，其中道理，不言自明。因此，老先生借花献佛，每次祝寿活动，必设法请钟老参加，偶尔兴起，索性扩大范围，凡寿登耄耋的老友，如林庚、侯仁之、张岱年、周汝昌、丁聪、于光远，一律竭诚相邀，来个“群叟宴”，彼此联合祝寿。按老先生的天性，他本是一个内向守己的人，喜欢清幽安静，不惯张扬炒作，大肆渲染；他自谓上不得台盘，置身于华筵丰宴，常常“局促在一隅，手足无所措，总默祷苍天，希望盛会早散，还我自由”。但是人情如山，推挡无效，却之不恭，只好俯首听命，甘当主角，也是道具的了。闲来反省，他半是自得，半是解嘲，说：“我已成了祝寿专业户。”

鲁迅先生在“中国的脊梁”中列举了许多“脊梁”，其中之一就是“舍身求法的人”。他虽然没有说出名字，但是明眼人一看就能知道，他心目中的人是唐僧。

——季羡林

（二）名号寄托的文化偶像，是北宋那位诗人林逋

先生乳名喜子，羡林这名儿，是他叔父取的。叔父名嗣诚，先生曾如此描述：“叔父是一个非常有天才的人。他并没有受过什么正规教育。在颠沛流离中，完全靠自学，获得了知识和本领。他能作诗，能填词，能写字，能刻图章。中国古书也读了不少。”叔父头脑冬烘，性情古板，先生分析：“按照他的出身，他无论如何也不应该对宋明理学发生兴趣，然而他竟然发生了兴趣，而且还极为浓烈，非同一般。这件事我至今大惑不解。我每看到他正襟危坐，威仪俨然，在读《皇清经解》一类十分枯燥的书时，我都觉得滑稽可笑。”叔父固执而愚昧，小学二年级，国文课本有一篇童话，题目叫《阿拉伯的骆驼》，说的是：一次，骆驼和主人在沙漠中跋涉，途中遭遇大风暴，主人赶忙搭好帐篷，躲了进去，而把骆驼留在帐外。骆驼忍受不了风沙之苦，乞求主人：“让我把头放在帐篷里好吗?”主人许可了。过了一会，骆驼又说：“让我把前身放进

去好吗?”主人又答应了。骆驼得寸进尺，须臾又说：“让我把全身都放进去好吗?”主人刚一答应，骆驼就用庞大的身躯把主人挤到了帐篷外。一天，这篇课文叫叔父看到了，他大为惊讶，忿忿地说：“骆驼怎么能说话呢？这简直是胡闹！转学，赶快转学!”这里说的仅仅是一面，叔父也有另一面，既风雅，亦趋时。叔父写过不少古体诗文，有首七绝，是咏季羡林高中所在地北园的，因为和他的生活贴近，至今记忆犹新：“杨花落尽菜花香，嫩柳扶疏傍寒塘。蛙鼓声声向人语，此间即是避秦乡。”

季羡林先生留德期间家中寄来的照片，左二为季羡林叔父，左三为季羡林女儿婉如，右三为季羡林儿子延宗，右二为季羡林婶婶，右一为季羡林夫人彭德华

从前取名讲究辈分，“林”，是季羡林的行辈，如：他的一个堂兄叫元林（不幸被绑匪撕票），一个堂妹叫惠林。“羡”，自然指歆慕。叔父是一有知识有讲究的人，为什么给他起名“羡林”呢？要回答这个问题，还要结合他的号“希逋”，当然也是叔父取的，一个“羡”，一个“希”，把“羡林”和“希逋”加以对照，不难看出，叔父在他身上寄

托的文化偶像，是北宋那位诗人林逋。

林逋在宋代诗人中不算鼎鼎大名，但相当另类。他是杭州人，又名林和靖，字君复，少壮力学，长期漫游于江淮，四十而后，隐居西湖孤山。他对官场和政治彻底失望，尝谓："荣显，虚名也；供职，危事也；怎及两峰尊严而并列，一湖澄碧而画中。"晚年遁迹山水，寄情草木，自称"以梅为妻，以鹤为子"。林逋有首《山园小梅》，流传久远，堪谓绝唱："众芳摇落独暄妍，占尽风情向小园。疏影横斜水清浅，暗香浮动月黄昏。霜禽欲下先偷眼，粉蝶如知合断魂。幸有微吟可相狎，不须檀板共金樽。"另有一首《长相思》："吴山青，越山青，两岸青山相对迎，谁知离别情？君泪盈，妾泪盈，罗带同心结未成，江头潮已平。"深情绵邈，一咏三叹，别有怀抱。也是三生有缘，林逋的隐逸姿态，道家风骨，和晚年的季先生颇有几分类似——他住在朗润园中的后湖畔，傍的是假山修竹，吟的是清塘荷韵，拥的是波斯猫咪，若说"以荷为妻，以猫为子"，虽不中，亦不远矣。

先生一般以名行，号不常用，所以，不知他名号来历的人，难免望文生义，穿凿附会。"羡林羡林"，在他们看来，这个"林"，必定是"万树结一绿"之"林"，是"柳密藏烟易，松长见日多"之"林"，涵蕴先生向往自然，渴求古木参天，离离蔚蔚，郁郁葱葱。笔者就犯过这毛病，有一篇记叙季老的散文，标题便是"蔼蔼绿荫"。有一天心血来潮，还神经质地联想到德国大诗人"荷尔德林"，以及他的名句"诗意地栖居"，虽然明知先生取名羡林在前，识荆荷尔德林在后，潜意识里总觉得，个中未尝没有某种神秘的暗合，世间事，有些是说不清道不明的。之所以发生这等联想，因为先生年轻时，是荷尔德林（当时译薛德林）的"粉丝"，他大概是吾国第一个拥有德文版荷氏全集的人，他的大学毕业论文，剖析的就是荷氏早期的诗艺。

中外作家写文章，向例爱署笔名。外国作家暂且勿论，就吾国而言，20世纪以来，此等现象十分突出。如毛泽东之署子任，周树人之署鲁迅，谢婉莹之署冰心，沈雁冰之署茅盾，李芾甘之署巴金，舒庆春之署老舍，万家宝之署曹禺，张光人之署胡风。如是据闻，周树人出于斗争之必须且斗争日新日日新又日新，笔名亦化名赛过孙悟空的七十二变，多达一百五十余个。季羡林是超然的学者，崇尚行不更名，坐不改姓，翻检“季羡林著译目录”，除了1929年，他在天津《益世报》用过三次“希逋”的别号，1932年，在《华北日报》又用过一次“希逋”的别号外，其余署的都是本名。唯有一次破例，那是1946年7月，在南京，季羡林从德国回来不久，在等待去北大报到的日子里，写了一篇《老子在欧洲》，刊登在8月7日的《中央日报》副刊，署名“齐奘”。显而易见，“齐”是见贤思齐之“齐”，“奘”是西天取经的唐玄奘之“奘”——季羡林的庙里供的是梵天诸佛，虽然他再三强调崇而不敬，礼而不拜，但一天到晚在庙里转，哪能不沾一点香火气——这里，季羡林用他生平唯一的笔名，传达了他效法唐代高僧，取经域外，造福家邦的信念。

我到过世界上将近三十个国家，看过许许多多的月亮。这些月亮，无疑都是美妙绝伦的。但是看到它们，我立刻就想到故乡苇坑上面和水中的那个小月亮。

——季羡林

（三）童年岁月：底层中的底层，穷人中的穷人

祖父名老苔，俗矣，土矣，犹北地的老根、老蔫，一听就知属卑贱苦寒之辈，祖母佚其姓氏，羡林出生时，两位老人俱已去世，印象完全空白。根据他父亲的“堂伯父是一个举人”，而他的叔父在“颠沛流离中，完全靠自学，获得了知识和本领”的情形来看，蠡测他的远祖，多少有些家底，或文字因缘，不至于太虚妄吧。

父亲名嗣廉，生年不详，卒年大概在1924年，这是据季羡林的自述——“当我死掉父亲的时候，我就死掉母亲了，虽然我母亲是比父亲晚八年以后死的”——倒推出来的（其母逝世于1933年9月）。关于父亲，羡林忆念甚少，面目模糊；在仅见的一段比较完整的叙述中，他一连用了三个“荒唐离奇”，概括了父亲的行事作风：

后来我听说，我们家确实也“阔”过一阵。大概在清末民初，九叔在东三省用口袋里剩下的最后五角钱，买了十分之一

的湖北水灾奖券，中了奖。兄弟俩商量，要“富贵而归故乡”，回家扬一下眉，吐一下气。于是把钱运回家，九叔仍然留在城里，乡里的事由父亲一手张罗。他用荒唐离奇的价钱，买了砖瓦，盖了房子。又用荒唐离奇的价钱，置了一块带一口水井的田地。一时兴会淋漓，真正扬眉吐气了。可惜好景不长，我父亲又用荒唐离奇的方式，仿佛宋江一样，豁达大度，招待四方朋友。一转瞬间，盖成的瓦房又折了卖砖，卖瓦。有水井的田地也改变了主人。全家又回归到原来的情况。

——《赋得永久的悔》

季羡林先生故居

文中的九叔，即叔父嗣诚。羡林的祖父生有三子，嗣廉为老大，嗣诚为老二，老三送了人，易了姓。所谓“九叔”，是按照整个家族的大排行排的，在那个序列中，嗣廉排老七。

羡林就是在他们家“陡然上升，又陡然下降”之后出生的，等待他这个老季家第三代“唯一男丁”的，已经是“房无一间，地无一垄”的赤贫。究竟赤贫到什么地步？用先生自己的话，便是："当时全中国的经济形势是南方富而山东（也包括北方其他省份）穷。专就山东论，是东部富而西部穷。我们县在山东西部又是最穷的县，我们村在穷县中是最穷的村，而我们家在全村中又是最穷的家。"（《我的童年》）

底层中的底层，穷人中的穷人，那种日子是什么滋味？现在的小朋友很难想象。先生说，"回忆起自己的童年来，眼前没有红，没有绿，是一片灰黄。"灰是贫穷的灰烬，黄是闪烁明灭的火星。季羡林打呱呱坠地、牙牙学语，他的红尘足印，就和我们熟知的20世纪的列位大师分道扬镳。此处用得着马克思的阶级学说，20世纪的文化大家，诸如王国维、梁启超、蔡元培、胡适、鲁迅、赵元任、陈寅恪、郭沫若、冯友兰、梁漱溟、梁实秋、钱锺书……举凡你叫得出名字的，哪一个不是出身于有产阶级（且不说剥削阶级或资产阶级）？笔者闲来翻书，见王国维家世，有"世代清寒"之说，然而，王氏再"清寒"，也有一个"没落的地主家庭""书香门第"做底子；陈寅恪晚年谓"吾家素寒贱"，陈府再"寒贱"，也是晚清的世家望族，吴宓向清华大学推荐陈寅恪时，特别强调他生活上轻易不肯委屈，"生性非得安眠饱食不能作文，非是既富且乐不能作诗"，可见从小是养尊处优惯了的。唯独在下的这位传主季羡林，衣不蔽体，食无宿粮，属于地地道道的无产阶级。"文革"中，季羡林遭遇阳九之厄，"新北大公社"两次派人去他的老家官庄调查，一心要把他"打成"地主。老家的人告诉那几个"革命"小将，说如果开诉苦大会，季羡林是官庄的第一个诉苦者，他连贫农都不够。调查者只好悻悻而归。观先生的自述："我出生以后，家境仍然是异常艰苦。一年吃白面的次数有限，平常只能吃红高粱面饼子；没有钱买盐，把盐碱地上的土扫起来，在锅里煮水，腌咸菜，什么香油，根本见不到。一年到底，就吃这种咸菜。举人的太太，我管她叫奶奶，她很喜欢我。我三四岁的时候，每天一睁眼，抬腿就往村里跑（我们家在村外），跑到奶奶跟前，只见她把手一蜷，蜷到肥大的袖子里面，手再伸出来的时候，就会有半个白面馒头拿在手中，递给我。我吃起来，仿佛是龙胆凤髓一般，我不知道天下还有比白面馒头更好吃的东西。这白面馒头是她的两个儿子（每家有几十亩地）特别孝敬她的。她喜欢我这个孙子，每天总省下半个，留给我吃。在长达几年的时间内，这是我每天最高的享受，最大的愉快。”

又有一幕，堪入先生童年的饕餮史。先生回忆：“大概到了四五岁的时候，对门住的宁大婶和宁大姑，每到夏秋收割庄稼的时候，总带我走出去老远到别人割过的地里去拾麦子或者豆子、谷子。一天辛勤之余，可以拣到一小篮麦穗或者谷穗。晚上回家，把篮子递给母亲，看样子她是非常欢喜的。有一年夏天，大概我拾的麦子比较多，她把麦粒磨成面粉，贴了一锅死面饼子。我大概是吃出味道来了，吃完了饭以后，我又偷了一块吃，让母亲看到了，赶着我要打。我当时是赤条条浑身一丝不挂，我逃到房后，往水坑里一跳。母亲没有法子下来捉我，我就站在水中把剩下的白面饼子尽情地享受了。”

这等彻底掀开屁股帘儿的往事，和先生晚年的大师地位极不相称，先生不予掩饰，反而堂而皇之，公之于众，是先生老糊涂了？抑或老来运转，得意忘形？——非也，他这里只不过是说了一些大实话：我季某人不是文曲星下凡，不是天潢贵胄转世，我就是我，一个普普通通的穷小子。先生当年穷斯滥矣，愚而氓矣，卑且贱矣，压根儿不知华屋美庐、鲜衣丽服、山珍海味为何物，不知老家官庄之外为何等世界，终年食不果腹，而又终日饥肠辘辘，你说，除了偶尔一逞口腹之欲，还有什么物事更值得醰然回味？——此处借用先生惯用的话，便是：“个中滋味，实不足为外人道也！”

> 济南师范学校附属小学，是季羡林的母校，为弘扬附小百年文化内涵，学校特意将综合实践楼命名为“羡林楼”。
>
> ——据互联网

（四）高中“六连冠”，四项课外学习，尤其可圈可点

自打在东三省撞得大运，创造了老季家流星一闪的辉煌，叔父易地济南，又在黄河河务局谋得一份差事，算是立定了脚跟。而父亲，经历那番荒唐离奇的暴起暴落，再也没能恢复元气，落魄，潦倒，失望而又绝望，挣扎在贫困的深渊。如此一来，季羡林，这个季氏兄弟唯一的男娃，肩负传宗接代、光大门楣重任的宝贝疙瘩，其如何施教、如何栽培的问题，就成了合家的焦点。无论如何要把他带出官庄……除了投奔济南的叔叔，别无出路……嗯，既然如此，既然只有如此，那就——季羡林的双亲一跺脚，一咬牙——照这样办吧：让喜娃去济南，交给他叔培养。

穷猿投林，此之谓也。季羡林当时才六岁多一点，可怜天下父母心，他老爸老妈的决断还算来得及时，要是再拖个两三年，纵然仍送往济南，绝对送不出今日的季羡林：过了那个村，就没有那个店。

事情就这么敲定。公历 1917 年伊始，旧历尚在岁尾，居然连春节

也等不及了，等不及了，这天早上，父亲把喜娃扶上毛驴，一路护送，颠呀颠地跋涉了两天，抵达济南城，进了叔父的家。

这是悲欣交集的一步。欣者，在这之前，他是整天和杨狗、哑巴小泡在一起的村氓，未来的角色，十有八九是鲁迅笔下的闰土（1982 年，年逾古稀的季羡林作还乡之行，与杨狗别后重逢，后者终生没有离开官庄，胼手胝足，一字不识），在这之后，他就成了大名羡林、别号希逋的省会学童，正式踏上人生的起跑线；悲者，此处且按下不表，留待后文再叙。

1917 年春，至 1930 年夏，满打满算，季羡林在叔父家寄身十三载有半，先私塾，后小学，后初中，后高中。对于一代学术宗师，这是夯地基的阶段。先生自谓“幼无大志”“少无大志”，小学、初中，完全仗天分，任环境推着走，凭兴趣发挥，也努力，也虚荣，成绩止于中上，不算拔尖。先生自述：“我当时并不喜欢念书。我对课堂和老师的重视远远比不上我对蛤蟆和虾的兴趣。”直到初中毕业，季羡林给笔者的印象只是个普通生，像他这种成绩，济南城有的是，更不用说山东省和全国。到了高中，情况发生变化。高一上学期终考，他拿了个甲等第一，平均分超过 95 分，这是他第一次显山露水，出人头地。高一下再考，平均分又超过 95 分，蝉联甲等第一。人生就是不断攀爬金字塔，这甲等第一，就是一个具体而微的金字塔尖。一之不易，再之更难。消息传开，众口腾誉。这时，山东教育厅长兼山大校长、曾在另一场大考——晚清科举考试，攀至金字塔尖的状元公王寿彭，爱才心切，特馈赠季羡林一副对联，并一个扇面。联曰：“才华舒展临风锦；意气昂藏出岫云。”题头是“羡林老弟雅詧（察）”，落款是王寿彭的签名。扇面录的是清人厉鹗的七言诗：“净几单床月上初，主人对客似僧庐。春来预作看花约，贫去宜求种树书。隔巷旧游成结托，十年豪气早销除。依然不坠风流处，五亩园开手翦蔬。”扇面末端题写：“录《樊榭山房诗》，丁卯夏五，羡林老弟正，王寿彭”。小状元意外得着大状元的嘉奖，眼前荣誉得以和长远目标挂钩，季羡林有了成就感、方向感，愈加在学习上用功，高二高三期考，又连夺四次甲等第一，为威名赫赫的“六连冠”。

王寿彭给季羡林题写的扇面，八十年来，他一直妥善保存。对联一度失落无寻，最终还是在旧物件中找到。曾经传闻婶母在穷得揭不开锅时，把对联同人换了面粉，现在证明是子虚乌有。这两件奖品，迭经战火、搬迁、“破四旧”、抄家，而仍能完好无缺，足见它们在当事人和全家心目中的位置。王状元一生不知为他人写了多少对联、扇面，只有这两件，真正送对了人。倘若季老爷子哪天想银子心切，公开挂牌拍卖，怕不创下气死当代衮衮书家的天价！

王寿彭而外，在济南求学期间，对季羡林影响较大的师辈人物，有正谊初中校长鞠思敏，山大附高国文老师王崑玉、英文老师尤桐，省立济南高中国文老师胡也频、董秋芳、夏莱蒂、董每戡……彼诸位先生，春风风人，夏雨雨人，在季羡林的成长路上，功不可没。但是，解析他的知识架构，谛视他的瑰异运程，笔者以为有四项课外学习，尤其可圈可点。

哪四项呢？首推古文。这是叔父的博局，叔父认定古文是根，是魂，他不满足于课堂所教，额外掏出一把大洋，让季羡林参加课余古文补习，并且亲自动手，从古籍中遴选出一批范文，手抄成册，名《课侄选文》，给季羡林加码。次曰英文。那是五四运动磅礴全国的年代，叔父必定敏感受到新文化磁场的牵引，当时小学不设英文课，叔父就让季羡林晚间跟人学习，当然也得另外付费。三曰稗官野史。这是季羡林的无心插柳，也可归类为男孩子的天性。他背着叔父，偷读《彭公案》《施公案》《济公传》《七侠五义》《小五义》《东周列国志》《三国演义》《说唐》《西游记》《封神演义》，乃至《西厢记》《金瓶梅》，如痴如醉，欲死欲仙。四曰德文。这是季羡林的心血来潮，他对外文有着天然的喜爱，都读高中了，转眼就要高考，功课那么重，那么紧，居然忙里偷闲，跟人啃了一学期的德语。

叔父是有眼光的。当然，并不是谁都能中大奖，并不是谁都能在济南府立脚。在季羡林，小小年纪，一个古文，一个英文，源于被动，硬着头皮，往脑袋里装，渐渐心动，渐渐开窍，化为自觉，升为需要，终于奠定基础，终于成为强项，高中“六连冠”，哪一“冠”都离不开古文和英文的压阵；季羡林无心插下的柳条也自成葳蕤，那些稗官野史，放纵了他的想象，快意了他的情感，淋漓了他的元气；而斜刺杀出的德文，竟然左右了他大学的选科。

佛说：“功不唐捐。”诚哉斯言！

一棵小草或其他植物，生在石头缝中，甚至压在石头块下，它们却以令人震惊得目瞪口呆的毅力，冲破了身上的重压，弯弯曲曲地、忍辱负重地长了出来……

——季羡林

（五）失去母爱，寄人篱下，性格渐渐发生裂变

仿佛在一夜之间长大，昔日少不更事的顽童，脱颖而出为省立济南高中的明星；然而，窥其背后，却是性格的裂变。

刚到济南那会儿，叔父让季羡林进了私塾，朋友办的。农村养成的野性未泯，他贪玩，喜欢恶作剧，十足的淘气。念了一年，先生嫌他刺头，不愿教了。也罢，叔父把他送进一师附小。在那里，他劣性不改，依旧调皮捣蛋，胡天胡地。课堂规定写大仿，他却拿了毛笔，在别人的脸上涂来涂去，涂急了，就开打，闹得不亦乐乎。稍后转去新育小学。该小学的门匾明确昭告“循规蹈矩”，季羡林视而不见，照样课堂神游，课后寻衅打架。季羡林自述：“我喜欢打架，欺负人，也被人欺负。有一个男孩子，比我大几岁，个子比我高半头，总好欺负我。最初我有点怕他，他比我劲大。时间久了，我忍无可忍，同他干了一架。他个子高，打我的上身。我个子矮，打他的下身。后来搂抱住滚在双杠下面的

沙土堆里，有时候他在上面，有时候我也在上面，没有决出胜负。上课铃响了，各回自己的教室，从此他再也不敢欺负我，天下太平了。”（《学海泛槎·我的性格》）当日的同学李长之追忆，季羡林和别人动手，往往闭了眼，双拳乱挥，那副天不顾地不顾的架势，蛮横而又滑稽。季羡林自己坦承：“根据我的体会，小学生欺负人并没有任何原因，也没有什么仇恨，只是个人有劲使不出，无处发泄，便寻求发泄的对象罢了。”拳头而外，季羡林企图在更高的层次上树立自己的威信。珠算教员凶神恶煞，动辄以竹板子飨人，羡林和几个铁哥谋划：上课时，集体掀翻教桌，然后退出课堂，使老师颜面扫地，不得不卷铺盖走人。结果学生中出了“叛徒”，计谋半途而废，季羡林和另外几个带头闹事的，反被老师揪出，当众用大竹板，狠狠抽了一顿手心。季羡林的小手由红而紫，由紫而肿，热辣辣地刺痛，当是时，他咬紧牙关，任泪水在眼眶里旋，一滴不掉。若干年后，他还以此自豪，觉得这一幕足可写进他的“优胜纪略”。稗官野史翻多了，绿林好汉总在心头晃动。有小朋友告诉他，把右手五指并拢，往米缸里猛戳，一而十，百而千，练到一定程度，再换成砂粒，继续戳，最终可以练成好汉们的铁砂掌。季羡林信以为真，暗地里苦练不辍，直到五指皮开肉绽，疼痛钻心，才醒悟自己与铁砂掌无缘，怅然放弃。

笔者读季羡林的回忆，读到这几段，尤其感到兴味。觉得这才像一个农村儿童，有血有肉，有筋有骨，痛快淋漓，活灵活现。坊间流传的名人童年，多半被美化被神化，难得季羡老肯如此赤膊袒胸相示。写到这儿，干脆再扯出两件小事，让我们从更多的侧面了解一下当年的喜娃——

> 此外，关于我自己，还能回忆起几件小事。首先，我做过一次生意。我住在南关佛山街，走到西头，过马路就是正觉寺街。街东头有一个地方，叫新桥。这里有一处炒卖五香花生米的小铺子。铺子虽小，名声却极大。这里的五香花生米（济南俗称长果仁）又咸又香，远近驰名。我经常到这里来买。我上

一师附小，一出佛山街就是新桥，可以称为顺路。有一天，不知为什么，我忽发奇想，用自己从早点费中积攒起来的一些小制钱（中间有四方孔的铜币）买了半斤五香长果仁，再用纸分包成若干包，带到学校里向小同学兜售，他们都震于新桥花生米的大名，纷纷抢购，结果我赚了一些小制钱，尝到做买卖的甜头，偷偷向我家的阿姨王妈报告。这样大概做了几次。我可真没有想到，自己在七八岁时竟显露出来了做生意的“天才”。可惜我以后“误”入“歧途”，“天才”没有得到发展。否则，如果我投笔从贾，说不定我早已成为一个大款，挥金如土，不像现在这样柴、米、油、盐、酱、醋、茶都要斤斤计算了。我是一个被埋没了的“天才”。

还有一件小事，就是滚铁圈。我一闭眼，仿佛就能看到一个八岁的孩子，用一根前面弯成钩的铁条，推着一个铁圈，在升官街上从东向西飞跑，耳中仿佛还能听到铁圈在青石板路上滚动的声音。这就是我自己。有一阵子，我迷上了滚铁圈这种活动。在南门内外的大街上没法推滚，因为车马行人，喧闹拥挤，一转入升官街，车少人稀，英雄就大有用武之地了。我用不着拐弯，一气就推到附小的大门。

——《回忆一师附小》

客观环境起了变化，季羡林的性格，也在一点一点蜕变。以前在老家，天老大，他老二，洑水，打枣，捉知了，摸虾，想啥干啥，无拘无束，自由自在。现今到了城里，上面有叔父镇着。叔父虽说拿他当儿子待，老人家望子成龙，规矩极严。叔父之外，又有婶母管着。婶母比起叔父，感情已隔了一层，婶母自己有一个女儿，这就又疏了几分，对他，难免另眼相看。季羡林寄人篱下，久而久之，孤独袭来，锥心蚀骨，莫可名状。关于这位婶母，季羡林从未形诸文字，他说，“虽然是把我养大的，我应当感谢她；但是，留给我的却不都是愉快的回忆。我写不出什么文章。”他的中学日记，有首十七字的打油诗，恰与婶母有关，录在这里，略窥当日的心境。诗曰：“叔婶不我爱，于我何有哉。但知尽孝道，应该！”

季老的亲属，多次给笔者谈过同一个细节：季老平常吃饭，不管桌上有多少盘菜，总是只夹眼前的，其余的，一筷不动，而且埋头吃饭，闷声不响，速度极快，三下五除二，风卷残云，吃罢了事。问他，远处的是不是够不着？他说，不是。那为什么不动筷子？不吭，问多了，才淡淡地讲，这是从小养成的习惯。习惯，而且还是从小就养成？问的人莫名其妙。老人解释，他说：“这都是小时候让叔父管的，那年头，吃饭有种种规矩，比如搛菜，你只能搛眼前的，而且有节制，一种菜连着搛三次，筷子就要被打落，所以我懂得‘夹尾巴做人’，并不是打解放后‘脱裤子，割尾巴’运动开始，而是早在叔父家，就深谙其中的三昧。”——哦，原来如此。原来如此！

最伤心的，伤透了他的心的，是失去了母爱。季羡林离开家，只有六岁半。“一个六七岁的孩子离开母亲，他心里会是什么滋味？”季羡林古稀之年回忆，“非有亲身经历者，实难体会。我曾有几次从梦里哭着醒来。尽管此时不但能吃上白面馒头，而且还能吃上肉；但是我宁愿再啃红高粱饼子就苦咸菜。这种愿望当然只是一个幻想。”奈之何哉！奈之何哉！季羡林托身济南十三载半，拢共回过三次老家，第一次奔大奶奶的丧，第二次因父亲病笃，第三次是送父亲大归。每次只待了几天。父亲殁后，家里剩下寡母和二妹，季羡林明白，母亲哪怕有一丝一毫的力量，勉强能养活他，也决不会放他走。可怜母亲连这种起码的能力也没有，只好眼睁睁地看着心头肉离开。季羡林远离慈母，有泪只能往肚里咽。他在离愁和孤苦中度日，曾经的天真热烈、活泼顽皮，日益为多愁善感、顾影自怜取替。季羡林说：“我是一个颇为敏感的人。”又说：“我是一个很容易受环境支配的人。”到了高中三年，骨子里，顽梗倔强之气犹存，但在表面上，已变得内敛，温驯，甚至木讷，与刚来城里那阵子判若两人。

第二章 清华时光

（1930—1934）

1934年，季羡林先生从清华大学毕业

积七八十年之经验，我得到下面这个公式：天资 + 勤奋 + 机遇 = 成功。

——季羡林 2006 年于 301 医院

（六）金榜题名，中文、英文俱佳，而数学一塌糊涂

1930 年夏，季羡林高中毕业，进京赶考；故都高校林立，他独钟北大、清华。

北大、清华自己出题，分别考试。清华的考题，允规允矩，党议（也就是政治吧）：孙先生民生史观与马克思唯物史观差异何在？国文：1. 将来拟入何系，入该系之志愿如何？2. 新旧文学书中，任择一书加以批评。国文二题，季羡林究竟选的是哪一道，年深日久，他已经记不得了。反正，考来得心应手，感觉要多好有多好。

北大自抬门槛，考题犹如“杀威棒”。先说国语作文：何谓科学方法，试分析详论之，岂但出乎意料，简直匪夷所思。而英语汉译英，更加奇而怪之，选的是南唐后主李煜的《清平乐》，半阕：“别来春半，触目愁肠断。砌下落梅如雪乱，拂了一身还满。”李煜的词无疑写得很美，这是他以九五之尊（之阅历、之代价）炼出的佳句，要吃透他的神髓风骨，首先要把握他的韵脉气息；笔者试着玩了一把，乖乖！“春半”、“砌下”云云，端的“触目愁肠断”，颇费斟酌。这样没头没脑的朦胧

诗，对一般高中生，不用说汉译英，就是把它翻成明白晓畅的白话，也是一件挠头活。

老鼠拖木锨——大头还在后面。除了规定的笔试，北大还搞了一个突然袭击，加试英文听写。听写在如今，家常便饭，但在当日，以季羡林同校的八十多位考生为例，谁也没经过这种西式训练，结果纷纷抓瞎，如听天书，莫知所云。

南唐后主的词，季羡林耳濡目染，烂熟于心，自是不在话下。英文听写，关于狐狸和鸡的寓言，也听个八九不离十。叔父的眼光果然犀利，他暗自庆幸，当年古文和英文没有白抓，节骨眼上，终于显出“厚积薄发”，“冰冻三尺，非一日之寒”。

煌煌北大，焕焕清华，成立以来，一直是全国士子首选之学府。那年，1930 年，与季羡林同聚北平的考生，有八九千之众，至少有二分之一，报考了这两所名校。而录取人数，清华仅二百来人，北大更少，约清华的一半，竞争之激烈，之残酷……就不说了吧。君非过来人，难解其中味。季羡林记叙他的一位山东老乡，以前连续五年报考北大、清华，每次都铩羽而归，这次又来报考，仍旧榜上无名，此君被绝望击倒，魂魄出窍，一人在西山幽灵般飘荡了七天，一口闷痰才吐出来，复归清醒。

季羡林吉星高照，连中双元，一举把北大、清华同时收入囊中。“春风得意马蹄疾”，唐人孟郊登科后的快意，他如今是充分领略了。行文至此，笔者突发奇想，假如他那富有天才的叔父，在战略眼光之外再放出些须商业眼光，动笔写一写季羡林是如何学习的，题目不妨叫作《一个同时考上北大、清华的男孩》，保管一纸风行，畅销华夏。遗憾，那是八十九年前错失的机遇，我无法改写历史。言归正传，季羡林快意之余，还未等“看尽长安花”，苦恼便不请自至，“才下眉头，却上心头”：北大若鱼，清华若熊掌，一人不可兼得，他究竟是进北大，还是进清华？

当时体制，一人可同时报考多所院校，各校自制考题，自设考期，互不冲突，因此，连中双元，乃至三元的，届不乏人。如1929届，乔冠华同时考取清华、武大，王竹溪同时考取清华、中大；1930届，钱锺韩同时考取清华、交大。但清华比起武大、中大、交大，明显高出一头，当事人不存在鱼与熊掌孰取孰舍的苦恼（钱锺韩是特例，他为了和堂兄钱锺书较劲，才宁弃清华而就交大）。像季羡林这样同时囊括双璧的，笔者孤陋寡闻，在他之前，向未听说。这是幸运儿的苦恼。也可名之为季羡林式的苦恼。

客观说，北大资格较老，名头响亮，思想激进，师资优越，而清华属后起之秀，奋起直追，至20世纪30年代初，无论师资、设备，还是名望、生源，均堪与北大媲美；更有一条，清华前身为“留美预备学堂”，出国留学一途，尤为便捷。季羡林中学起，就向往留洋镀金，好挣一个铁饭碗，因此，权衡来，权衡去，最后锁定清华。

1930年，季羡林先生毕业于山东济南高级中学，考入清华，时年19岁

报名之后选系，季羡林填了“西洋文学”。先他一年，钱锺书报的就是这个系。钱锺书英文、国文双优，才学夺人，但数学拖后，只考了15分，本来没有希望，校长罗家伦惜才，采光剖璞，传为佳话。后他一年，吴晗报的是历史系。吴晗中文、英文不逊钱锺书，双双都是满分，数学却又在钱锺书之下，为零蛋，结果援钱氏先例特批，传为美谈。季羡林毕业于文科高中，几乎没有碰过数学，成绩自然也是马尾巴串豆腐——提不起来，他在《我和外国文学》中透露，清华“入学考试，数学不到10分。”笔者曾追问：“到底几分？”季老笑答：“4分。”（此三位，钱锺书、吴晗，还有季羡林本人，都应了他后来的一个结论：所谓天才，都是偏才。）尽管他对理科心怀暗恋，入学后一度想选择数学，但机会已失，前缘早定，只能在文科的疆场跃马扬鞭了。

我想根据在清华学习四年的印象，对西洋文学系做一点评价。先从古希腊找一张护身符："吾爱吾师，吾尤爱真理。"如此一来，我就可以心安理得，畅所欲言了。

——季羡林

（七）四载清华，只学了一个聋子哑巴德语

西洋文学系三分天下：英文、德文、法文。季羡林选择了德文，因为什么，没讲，笔者猜，应和高中学过一段德语有关；虽然只学了些皮毛，那些皮那些毛就是远因，就是缘分。季羡林说呢，"缘分一词似乎有点迷信。如果我们换一个词儿，叫做偶然性，似乎就非常妥当了。缘分也罢，偶然性也罢，其背后都有其必然性。"（《日本人之心》）

德文是从字母学起。大一，大二，教员为杨丙辰，北大德语系主任，在清华是兼职。杨先生留德多年，译过席勒的《强盗》，水平没说的，论到教学，却不敢恭维，教字母 a，谓是丹田里的一口气，学生信以为真，纷纷像歌唱家那样吊嗓，接下来教 b，教 c，教 d，每次都讲是丹田里的一口气，这就让丹田无所适从。说到考试，更形荒唐，学生交上考卷，他看也不看，信手打分。你若嫌低，赖着不走，他立刻大笔一挥，送你最高分。

大三，教员为石坦安，德国佬，哲学博士。此君有一股德意志民族的认真劲，一是一，二是二，丁是丁，卯是卯。大四，教员为艾克，也是德国佬，也是哲学博士。此博士不如彼博士，他讲课用英语，学生希望他改用德语，他便逞如簧之舌，哇啦哇啦讲了一通德文，速度之快，若龙门怒涛，庐山飞瀑，然后发问："大家听懂了吗?"底下没人回答，他耸肩摊手而笑，随即又理直气壮地改回英语。

于是乎这般，四年下来，季羡林的成绩，尽管年年皆优，充其量只学了一个聋子哑巴德语，能读，不能听，更不能说。

西洋文学系其实是英语的天下，不仅外籍教员普遍讲英语，中国教员也多半采用英语授课，课程以英国文学为主，教材皆英文，有"欧洲文学史""欧洲古典文学""中世纪文学""文艺复兴文学""文艺批评""莎士比亚""英国浪漫诗人""近代长篇小说""文学概论""文艺心理学（美学）""西洋通史""大一国文""一二年级英语"等等。据季羡林观察，上述课程的外国教员，大多名不副实，在他们本国，只怕连中学教员也混不上，到了中国，竟然摇身一变，成了名校的名教授，实在滑天下之大稽!

也不尽然，教大三法文兼文艺复兴文学的美籍老师温德，英文就非常棒，棒得让人发晕。季羡林曾感叹，即使让中国教授中的佼佼者吴宓，再去苦读十年，依然难望其项背。至于叶公超先生，就更不能与之颉颃的了。不过，叶先生也有其长处，他家学渊源，国学根底不错，且在美、英、法求学多年，对英国散文和诗歌都有研究，恰到好处地厕身在温德和吴宓之间。季羡林值此大环境，加之毕业论文，也是用英文写作，故四年下来，英语水涨船高，不是专业，胜似专业的了。

英文、德文而外，季羡林又选修了法文。教员为华兰德女士，冲这煞费苦心的中文名儿：华夏之华，法兰西之兰，德意志之德，可以想见她也是德国出身。女士不小，早过了徐娘半老的年纪，只因为独身，故一般习惯仍称之为小姐。也许正因为独身，养成乖戾的脾气，动不动就骂人，尤喜在课堂上骂，而且你学得越好，让她挑不出毛病，她的无名火就越旺，骂人的分贝越发往高里蹿。结果，没上几周，学生让她骂走了一半。只有不怕骂，及骂不怕的，如季羡林、华罗庚之辈，硬着头皮坚持。情况最糟的一次，有堂课，只剩下季羡林一位“孤胆英雄”。学生们正是心高气傲的年龄，尤其是清华这帮天之骄子，他们连校长也敢于驱逐，哪里把这位番邦的老小姐放在眼里，以前是让着她，不愿跟女斗，现在，他们忍无可忍，终于群体爆发，在课堂上，以横对横，狠狠顶撞了她一番。真是不打不相识，华兰德小姐由此晓得中国学生的厉害，居然化戾为祥、客客气气起来，转而文明授课，课余还请学生吃饭，主动修好。

英、德、法三种文字之外，季羡林还选修了俄文、希腊文。教俄文的，是一个白俄，中文名陈作福，个儿极高，望之凛凛。他不懂英文，又不懂中文，上来就用俄语讲。一次上课，他把三十二个字母，按次序念了两遍，然后在黑板上列出一些单词，让学生拼读。他的字，花里胡哨，学生大瞪其眼，莫能辨识。季羡林坚持了一阵，收效甚微，索性放弃。至于希腊文，限于精力，未及入门，便不了了之。

以上所述，均取材于季羡林的回忆，看得出，他对西洋文学系的教师是大不恭的。大概有人提出过责疑，他在写《学海泛槎·西洋文学系》这一节时，特意加了一个注脚，他说：“中国古话：为尊者讳，为贤者讳。这道理我不是不懂。但是为了真理，我不能用撒谎来讳，我只能据实直说。我也决不是说，西洋文学系一无是处。这个系能出像钱锺书和万家宝（曹禺）这样大师级的人物，必然有它的道理。我在这里无法详细推究了。”——顺便说一句，季羡林的文章中正式出现钱、万两位师兄的大名，这是第一次。有人曾以季、钱互不理睬，推测他俩一定有什么过节。依笔者之见，问题并没有那样复杂，只不过是“道不同不相为谋”罢了。

> 此外，我还旁听了或偷听了很多外系的课，比如朱自清、俞平伯、谢婉莹（冰心）、郑振铎等先生的。其中有成功，也有失败，最失败的一次，是被冰心先生赶出了课堂。
>
> ——季羡林

（八）幸亏有了陈寅恪、朱光潜、吴宓

针对清华西洋文学系，季羡林还曾老实不客气地指出："在本系所有的必修课中，没有哪一门课我感到满意。反而是我旁听和选修的两门课，令我终生难忘，终身受益。"这里提到的旁听和选修，分别是陈寅恪的"佛经翻译文学"与朱光潜的"文艺心理学"，也就是美学。

陈寅恪（1890—1969），集历史学家、古典文学研究家、语言学家、诗人于一身，与叶企孙、潘光旦、梅贻琦一起被列为清华大学百年历史上四大哲人，与吕思勉、陈垣、钱穆并称为"史学四大家"

陈寅恪是晚清湖南巡抚陈宝箴之孙，早年出国，游学东瀛、欧美，广修东西方语言，兼治佛经、历史。他学贯中西、博览古今，而又洋溢瑰琦磊落的个性。季羡林感叹："寅恪师讲课，同他写文章一样，先把必要的材料写在黑板上，然后再根据材料进行解释、考证、分析、综合，对地名和人名更是特别注意。他的分析细如毫发，如剥蕉叶，愈剥愈细愈深，不武断，不夸张，不歪曲，不断章取义，

他仿佛引导我们走在山阴道上，盘旋曲折，山重水复，柳暗花明，最终豁然开朗，把我们引上阳光大道。读他的文章，听他的课，简直是一种享受，无法比拟的享受。”（《回忆陈寅恪先生》）季羡林旁听陈先生的课，常常有石破天惊的震撼、酷暑饮冰的清凉、茅塞顿开的贯通，说句不太确切的比喻，有点像隋末的红拂女，一见大将军李靖，目光立刻通了电，被之牢牢吸引。季羡林他日负笈德意志，师从瓦尔德施米特教授，主修梵文、巴利文，究其根源，正是当年陈先生播下的种子，因缘际会，在异国他乡生根发芽，吐叶绽花。

朱光潜（1897—1986），现当代著名美学家、文艺理论家、教育家、翻译家

朱光潜出身书香门第，香港大学教育系毕业，拿过英国的硕士，法国的博士，精研美学，兼治文艺理论、翻译。那时，20 世纪 30 年代，国外的美学尚未流入国内，他的传道，宛然空谷跫音。季羡林回忆：“朱先生不是那种口若悬河的人，他的口才并不好，讲一口带安徽味的蓝青官话，听起来并不‘美’。看来他不是一个演说家。他讲课从来不看学生，两只眼向上翻，看的好像是天花板上或者窗户上的某一块地方。然而却没有废话，每一句话都清清楚楚。他介绍西方各国流行的文艺理论，有时候举一些中国旧诗词做例子，并不牵强附会，我们一听就懂。对那些古里古怪的理论，他确实能讲出一个道理来。我听起来津津有味。我觉得，他是一个有学问的人，一个在学术上诚实的人。他不哗众取宠，他不用连自己都不懂的洋玩意儿去欺骗、吓唬年轻的中国学生。因此，在开课以后不久，我就爱上了这门课。每周盼望上课，成为我的乐趣了。”（《他实现了生命的价值——悼念朱光潜先生》）

美学讲究移情，讲究距离，恋爱讲究一见钟情，讲究历久弥新。季羡林选朱光潜的课，正值寡母去世不久，悼心失图，常常悲从中来，神不守舍，心不在焉。但是听着听着，就入了耳，听着听着，又入了心。

灵机在于一动，润物贵乎无声。“当时只道是寻常”，讵料若干年后，季羡林倾心比较文学、文艺理论，那一份情愫，正是由此滥觞。

关于这一门旁听和一门选修，季羡林是如此作结的，他说：“陈、朱二师的这两门课，使我终生受用不尽。虽然我当时还没有敢梦想当什么学者，然而这两门课的内容和精神却已在潜移默化中融入了我的内心深处。如果说我的所谓‘学术研究’真有一个待‘发’的‘轫’的话，那个‘轫’就隐藏在这两门课里面。”（《学海泛槎·受用终生的两门课》）

除却陈、朱二位先生的课，季羡林属意的，还有吴宓的“中西诗之比较”及“英国浪漫诗人”。季羡林认为，吴宓的“中西诗之比较”，即今日之比较文学，他是中国比较文学的开山人之一。因其影响，季羡林曾试着把陶渊明和英国的一位浪漫诗人加以比照，情形有点生拉硬扯，类似一出现代版的“拉郎配”。对象选择的精当与否，是学生的事，与老师无涉，季羡林打心眼里认为，在西洋文学系，讲融汇中西，真才实学，吴宓当之无愧。

吴宓（1894—1978），中国现代著名西洋文学家、国学大师、诗人。清华大学国学院创办人之一，被称为中国比较文学之父，与陈寅恪、汤用彤并称“哈佛三杰”

由学问及人，季羡林对吴师亦满怀敬仰，他说：“雨僧先生是一个奇特的人，身上也有不少的矛盾。他古貌古心，同其他教授不一样，所以奇特；他言行一致，表里如一，同其他教授不一样，所以奇特；别人写白话文，写新诗，他偏写古文，写旧诗，所以奇特。他反对白话文，但又十分推崇用白话写成的《红楼梦》，所以矛盾；他看似严肃、古板，但又颇有一些恋爱的浪漫史，所以矛盾；他能同青年学生来往，但又凛然、俨然，所以矛盾。”（《回忆雨僧先生》）就是这样一位奇特而又矛盾的吴宓，曾邀季羡林等一干文学青年，做客他的“藤影荷声之馆”，至今忆起，仍令当事人肠暖心热，感慨万千。

1931 年，梅贻琦出任清华校长，他在就职演说中讲道：“一个大学之所以为大学，全在于有没有好教授。孟子说：‘所谓故国者，非谓有乔木之谓也，有世臣之谓也。’我现在可以仿照说：所谓大学者，非谓有大楼之谓也，有大师之谓也。”

梅校长这番话可谓说到了季羡林的心坎里去。设若季羡林在清华只是学了一门德语，他的发展空间将极为有限，纵然遂了他的愿去德国留学，终其一生，大概也只是一个单项的语言工作者；幸亏有了陈寅恪、朱光潜，以及吴宓，正是“听君一席话，胜读十年书”，他的天地顿时扩大了不知多少倍！——所谓大师也者，并不在于朝夕与共，耳提面命，而在于轻轻帮你打开顶门上的第三只眼。

一次，梁思成对学生说：“别看我现在又驼又瘸，当年我可是马约翰先生的好学生，是有名的足球健将，在校运动会上得过跳高第一名，单双杠和爬绳的技巧也是顶呱呱的。”

——摘自《梁思成传》

（九）球迷，爱上手球与网球

晚年季羡林奉行“三不主义”，第一即为“不锻炼”，若据此推断他毕生与运动无缘，错了，起码在清华，他曾是狂热的球迷。当时球类运动，以篮球、足球为主，逢到比赛，不论规模、层次，他是“有球必看”。试翻先生的《清华园日记》，例：“今天本定清华对中大赛球，因故不能举行，不然德文又有不上的可能，球瘾实在太大了。”“到图书馆去读《西班牙悲剧》，未读完，因为心急去看足球。”“听说一、二年级赛球，非看不行。”“过午同辅仁赛篮、足球，我还能在屋里安坐吗?”倘是校际对抗，他当然为清华摇旗呐喊，铁杆嘛。一次燕大上门搦战，主队两大球双双落败，他因事外出，没有到场，回来听说战况，伤心不已，深感奇耻大辱。不过，他是文明球迷，遇到对方球员有水平出色的，亦不吝送上掌声。比如这则日记：“看清华对新学足、篮球赛。篮球清华相差还甚，新学沈聿功是龙腾虎跃，矫健非凡。”他就为沈君折服，在日记郑重写下一笔。

季羡林对女子球赛别有衷情，他老实招供："同志成中学赛足球和女子篮球。所谓看女子篮球者，实在就是去看大腿。说真的，不然的话，谁还去看呢?"又招供："看清华对附中女子篮球赛……附中女同学大腿倍儿黑，只看半场而返。"

铁杆球迷季羡林本身的运动水平，却是羞答答难与人言。据他同期的日记曝光："跑一千六百米，共四圈……到第二圈就想下来，好歹携着两条腿跑下来，头也晕，眼也花，也想吐，一切毛病全来。""跑百米，标准是十四秒五分之二，而我跑了十五秒。""跳高，标准是四尺，我只跳了三尺七。""跳远勉强及格；棒球掷远，差的多。""打篮球笑话百出，球一到手，立刻眼前发黑，分不清东西南北乱投一气。""打排球……技术坏到不可开交"云云。

球迷只要用眼饕餮，运动要亲自下场实践，这就如鉴赏家和画师，两者不是一回事。季羡林体育成绩如此之差，自然同总作壁上观有关；长期只看不练，体质注定好不到哪儿去。

不是好不到哪儿去，实际上已经够呛。季羡林想不到他的私人日记，有朝一日会作为文献公开出版，他一不小心，把老底泄个精光。1932 年 9 月 14 日，他自诉："我一年总有三百六十次感冒，今天特别厉害，乃蒙头大睡。"同年 10 月 31 日，又交底："因为伤风太厉害，早睡。伤风几乎成了我的家常便饭，几乎每天有，不知是甚么原因。"

是该认真查查原因，大病没有，头疼脑热、伤风咳嗽不断……在经历运动上的一次次失败，和生理上的一次次折磨之后，季羡林幡然醒悟：锻炼太少了！他告诫自己："……兴念及此，能不悚然！以后还得运动啊!"

运动，先得选准项目，看季羡林晚年的模样，斯斯文文，从容不迫，你或许想到他练的是太极拳，一比一划，一引一伸，似乎还能挂上钩。又错了，季羡林试过跑步、游泳、溜冰，最终却爱上了手球。球类在中国，是洋玩意，手球在球类，又是洋中之洋。查季羡林的日记，他第一次接触手球，是 1933 年 4 月 14 日，他写道："下体育后，同吕、陈打手球，颇有趣，自运动以来，未有如是之累者。"累而有趣，累是身体反应，玩什么都累，关键是有趣。趣就是诱惑，是媒介，是花粉。果然，第二天，季羡林“过午又去打手球，同吕”，结果，“比昨天更累，后来，连臂都不能抬了，浑身痛，腰也不能直”。没关系，累，休息一天半日就会恢复，兴趣，却会愈来愈浓，愈来愈炽烈。又果然，到了同年11月20日，他发现：“说到运动，我是个十足的门外汉，但是对手球，却产生了极大的兴趣，我喜欢它的迅速和紧张。”这就是瘾。凡事一上了瘾，欲罢就不能了。稍后，季羡林又爱上网球，网球在当日，也绝对是洋中之洋。他说：“我现在对网球忽然发生极大的兴趣，我觉得其中有不可言之妙。”妙而不可言说，这更是致命的诱惑。他那一阶段的日记频繁记录：“打网球及手球，汗下如雨。”“过午打网球，从三点半一直打到六点半，痛快淋漓。”“又打网球，从三点半一直打到六点多，也觉得有点累。”注意，不是曾经的“未有如是之累者”，也不是曾经的“连臂都不能抬了，浑身痛，腰也不能直”，而仅仅是“也觉得有点累”，而是“痛快淋漓”！

季羡林对琴棋书画，传统文人的那一套，一艺不精，对剑道拳路，所谓国术也者，亦一窍不通，独对手球、网球，这舶来的运动品种，一见倾心，热情高涨。这大概是他在西洋文学系泡了四年，沾染的唯一“洋气”。手球、网球在吾国，要到半个世纪后，才能为少数得天独厚的人士所宠幸，他可谓得风气之先。奇怪的是他以后到了德国，钻入洋鬼子的腹心，对这些洋玩意反而“近”而远之，《留德十年》除了散步，再未提到第二项运动。笔者真为他扼腕叹息，他要是再接再厉，继续打下去，体魄之强健，自不必说，光这一手球艺，在国内的教授堆中就没有几人能敌啊！季大博士加上季大健将，那将是多么帅气的人生！

季羡林的清华园日记从未出现体育部主任马约翰，马约翰的影子却无处不在。看来，这才是关键！正是在马约翰带有强制性的倡导下，清华的体育锻炼才蔚然成风。运动不仅使人痛快淋漓，更能增进健康，强化体魄，正如顽铁在千锤万锤的反复锻打之下就成了钢，有一天，病秧子季羡林忽然觉察：“有半年没曾伤风了”。

五更归梦三百里

一日思亲十二时

——宋·黄庭坚

（一〇）晴空霹雳，人天永相隔，生死两茫茫

母亲就这样去了么，永久，永远，1933 年 9 月下旬，那个感伤的日子，季羡林接到叔父发来的电报，“母病速归”，当头一槌，天旋地转，莫非……难道……他不敢想，不敢往下想，一路心惊肉跳，怔怔忡忡。及至回到济南，预感变成现实，撕心裂肺的现实，母亲，果然是走了。他的第一反应，是不相信，不相信，啊，母亲，生我养我的母亲，含辛茹苦的母亲，生前，八年未见儿子一面的母亲，您甘心就这样撒手西去么？不会的，不会的，儿子早在心里做好了计划，只等明年大学毕业，找一个工作，安顿下来，然后，第一件事，就是迎养您老人家。然而，残酷的然而，母亲竟然等不及这一天，您没能抚摸长高长大了的儿子，没见过进门四载了的儿媳，甚至，没能看一眼牙牙学语的小孙女。母亲啊，我真恨，真恨，自打母子最后一次相见，八年了，这八年来，多少寒假，多少暑假，我居然没有抽出一次机会，回去看望我日思夜念的母亲。母想儿，倚闾怅望，儿想母，泪洒梦乡，眼看团聚的一天日益逼近，无常却把一切热望粉碎……季羡林跌跌撞撞赶回老家，母亲已经成殓，隔着一层薄薄的棺材板，隔着幽渺的阴阳界，人天悬隔，万箭钻

心，抚棺大恸，苍天同悲。季羡林一度想到自杀，以追随母亲于地下。这是他有生以来第一次想到自杀，倘若人死了果然有魂魄，倘若魂魄依旧能相依，他一定以头触棺，舍弃皮囊而去。人说母子同心，母亲啊，您等一等我，您睁开眼再看看我，啊，您是无法，啊，母亲，您采取了唯一的不是办法的办法。对门宁大叔来唤，“喜子，你娘叫你哩。”娘，娘，您在哪里？急匆匆走过去，迎面听得宁大婶连哭带喊的一声：“喜子呀，娘想你啊。”季羡林明白，这是民间俗谓的“撞客”，阴魂附体，理论上，他不信，感情上，又多么希望是真的，是真的。母亲啊，即使不是真的，也珍贵无比，无比珍贵，因为从这一声之后，世界上就再也没人唤他儿子了，他成了无父无母的孤儿。当晚，陪伴他守灵的，是一条老狗，母亲生前喂过的狗，母亲身边唯一的灵物。父亲走了，二妹后来也去了济南，家里剩下母亲一人，形单影只，孤苦伶仃，只有这条老狗，厮守着母亲打发日月，苦度春秋。狗啊，我季羡林向你表示感谢。改天，母亲丧葬处理完毕，他离开故乡之前，特地抱着老狗的头，狠狠亲了一口……从此，别了，母亲，别了，故乡，别了，老狗，明日隔山岳，生死两茫茫……回到北平，再也回不到从前的生活，难以接受母亲已经弃世，不相信，不忍信。啊，母亲是不死的，在儿子的心目中，在梦中，梦里依稀慈母泪，常常，醒来还抓着母亲的衣襟，一次又一次，犹如六岁那年离开老家，投身济南，第一天在叔父家过夜的情景。不，这是不一样的，当时还抱着希望，现在拥的却是绝望，唯梦境不断，唯梦里悲欢……两年后，在德国小城哥廷根，隔着国，隔着洲，隔不断痴心的孺慕，他又一次夜里梦到母亲，然后哭着醒来，醒来再想捉住那梦的时候，梦却不知飞到什么地方去了。他瞪大眼睛看着黑暗，眼前飞动着梦的碎片，当他想把这些梦的碎片捉起，拼成一个整体，眨眼，连碎片也不知飞到什么地方去了，眼前就只有母亲依稀的面影……是依稀，轮廓依旧，但具体到五官，一眉，一眼，乃至一颦，一笑，却是模模糊糊，混沌不清。“天哪，你连一个清晰的梦，都不肯给我吗？”他怅望窗外灰暗的天空，泪光里，再次幻化出母亲依稀的面影……有娘的孩子是宝贝疙瘩，即使身在天涯，也有温暖的念想；没娘的孩子是断线的风筝，飘飘摇摇，无所傍依。大学时，他的好友李长之，因为接到慈母的信而伤感，出于好意，他近前动问，而长之说，长之居然说："你是没有母亲的人，我不愿意对你讲。"——天哪，他是没有母亲的人，他还能说什么呢，他有话又去对谁说呢……啊啊，母亲的去世，是他永久的痛，"树欲静而风不止，子欲养而亲不待"，是他永远的悔，他悔恨自己不该离开母亲。1994 年，他曾说，世界上无论什么名誉，什么地位，什么幸福，什么尊荣，都比不上偎依在母亲身边，即使她一字不识，即使缺吃少穿。同年，他又曾说："在七八十年的漫长时期中，不管是什么时候，也不管我是在什么地方，只要提到了失去母爱，失去母亲，我必然立即泪水盈眶。对人是如此，对鸟兽也是如此，中国古人常说'终天之恨'，我这真正是'终天之恨'了，这个恨只能等我离开人世才能消泯。"2001 年 8 月，九十高龄的季羡林回老家祭祖，在母亲墓前，他重重地磕了三个响头，边磕边祷告："娘啊，这恐怕是你儿子今生最后一次来给你扫墓了，将来我要睡在你的身边"……在季羡林的老泪里，将来，待他离开这个世界，无论上天还是入地，他都要追随母亲，他相信，届时相伴母亲的，除了他，还会有那条忠诚的老狗。

（备注：母亲逝后，季羡林终生处于追悔中，那些情悲意切的怀念之作，每使笔者叹息流涕，不忍卒读。由是，笔者也注意到：若干年来，季羡林身上已有意无意地滋长了一种"恋母情结"，不独为文，在其他方面——包括对母校、故乡、政党、祖国等——亦如是。)

《年》的最后一句话是："一切都交给命运去安排吧！"这就被当时的左派刊物抓住了辫子，大大地嘲笑了一通没落的教授阶级垂死的哀鸣。我当时只是一个穷学生，哪里有资格代表什么没落的教授阶级呢？

——季羡林

（一一）借文学之酒杯，浇自家胸中之块垒

作家一途，季羡林久已向往，高中没毕业，就有三个短篇在天津《益世报》问世，但真正动了心，发了狠，却是在1933年初冬，他母亲去世之后，难道，写作跟丧亲有什么关系吗？有的，笔者认为，季羡林顿遭变故，积郁在胸，不吐不快，写作，便成了他最佳的发泄渠道。试看，1934年2月20日，季羡林的日记写道："我现在总觉得，一切事情都可以不去作，但却不能不写文章。我并不以为我的文章是千古伟业，藏之名山，传之其人，只不过我觉得这比一切都有聊，都更真实而已。"有聊而真实，就是发自内心的渴求，是对空虚的一种填充，失落的一种补偿。

要说空落，还得扯上一以贯之的孤独，及自卑，及自怜。从前在济南，是因寄人篱下，孤苦伶仃。现今在清华，则因落落寡合，空傍无

依。证之他1933年8月19日的日记，他写道：“我最近感到很孤独。我需要人的爱，但是谁能爱我呢？我需要人的了解，但是谁能了解我呢？我仿佛站在辽阔的沙漠里，听不到一点人声。”然则西洋文学系不有的是同学少年？是啊，是啊，自然有的是。然则——还是然则，那帮风华正茂的同学少年，哪一个背后没有明亮的家世和白花花的银子罩着、显着；像他这样，出身寒微，失去父亲，离开母亲（母亲很快又去世），靠着叔父和老家县里有限的津贴，勉强维持学业的，能有几人？兼之还有一个大他四岁、包办婚姻的老婆，兼之还有一副滞钝内敛、拙于应酬的脾性。《诗经》说：“嘤其鸣矣，求其友声”，不是他不嘤，不求，是气味相左，难得凑到一块。这并非笔者杜撰，观诸现实世界，有的是贫富异趣、壁垒分明的鸿沟。（季羡林在西洋文学系待了四年，除了《清华园日记》，他从未提到过同班同学，据笔者所知，也没有任何同班同学提到过他！）

此中况味，亦可从他的笔下得到指证。他发愿成为作家，最早写的，有《枸杞树》《黄昏》《回忆》《寂寞》《老妇人》《年》《兔子》等，字里行间，尽多苍凉而幽怨的薄雾。例：“寂寞像大毒蛇，盘住了我整个的心。”“到了世界的末日了吗？世界的末日，多可怕！以前我曾自己想像，自己是世界上最后的一个生物，因了这无谓的想像，我流过不知多少汗，但是现在却真教我尝到这个滋味了。”（《寂寞》）“这古老都市的影子，便像一个秤锤，沉重地压在我的心上。”（《枸杞树》）“当我们沿着一条大路走着的时候，遥望前路茫茫，花样似乎很多。但是，及至走上前去，身临切近，却正如向水里扑自己的影子，捉到的只有空虚。”“在这微白的长长的路的终点，在雾的深处，谁也说不清是什么地方，有一个充满了威吓的黑洞，在向我们狞笑，那就是我们的归宿。障在我们眼前的幕，到底也不全撤去。我们眼前仍然只有当前一刹那的亮，带了一个大浑沌，走进这个黑洞去。”（《年》）

回溯季羡林的写作之路，走得弯弯曲曲，坎坎坷坷。平心而论，他不是那种下笔千言、倚马可待的快才，他是慢工出细活，杜甫式的惨淡经营，李贺式的呕心沥血。这么说是高抬他了，惨淡固然惨淡，呕心固然呕心，是否出的就是细活，还有待时光的验证。在这点上，毋宁说他像老农，精耕细作，一丝不苟。季羡林从不苟且行文，落笔之前，总要先打腹稿，想妥了，想圆了，再往稿纸上写。这办法其实不赖，问题在于，往往，腹稿打得妥而又妥，圆而又圆，自觉一旦形诸文字，纵不能惊风雨，泣鬼神，也会令读者舌底生津，拍案称奇，可是呢，待到真的拿起笔，那些先前想好的意象、警句，瞬间都没了踪影，连个尾巴都抓不着——失去了感觉，笔下自然味同嚼蜡，面目可憎。他被一次次的失败，折磨得神经衰弱，头昏脑涨：天啊！难道我不是写文章的料，难道我无缘成为作家？

他向李长之诉苦——他在系外的好友；长之从心理角度疏导："写作，你不要想它是如何之难，它自然就不难了！"

长之就是这样的强者，他写什么，都有一股摧枯拉朽的气势。季羡林接着写散文《枸杞树》，就按长之说的办，想好题，捉笔就写，任灵感或曰感觉推着走，逢山爬山，遇水涉水，随弯转向，顺风扯篷，见好就收，结果，没费多少工夫，文章便一气呵成。因为是初试，这样写究竟行不行？殊无把握，季羡林把文稿拿给长之，请他定夺。长之看罢，一拍大腿，说："行，就这样写下去！"

长之真够朋友，不仅给他长气，还把文稿拿走，直接寄给与他相熟的沈从文。沈从文你不会不知道，他是从湘西杀出来的作家，其人其文，都有着彼地山水的一股灵魅。当时在天津《大公报》编副刊，那是文坛名士必争的要津。季羡林自惭形秽，担心对方看不上他这种小人物，孰料沈从文很快就把《枸杞树》编发，并且来信，约季羡林见面。

这说明沈从文是认可他的，季羡林受到激励，又一口气写了四篇散文：《黄昏》、《寂寞》、《年》，以及《兔子》。因为写的都是自己的真情实感，久已郁积在胸，一旦宣泄，颇觉情酣意畅。但临到誊抄，又发觉这也疙瘩，那也别扭，于是再改，于是再抄，抄了改，改了抄，简直没有尽时。这是他的唯美心态作怪，文章有一丝一毫瑕疵，心里就过不去，吃不香，睡不安，脑子里总纠缠着它——谢天谢地，如今，那一切终于过去，文章终于出手，他把《黄昏》寄给了《文艺月刊》，把《年》投给了《现代》。

《年》写的是人生途中的普遍遭际，也可说是普遍命运。写作途中，万象纷驰，思如泉涌，不择地而出，稿成掷笔，感觉棒极了！自信让郁达夫来评，也是“通篇无一败笔”。谁知《现代》的编辑不买账，把它给退了回来。季羡林感到委屈，他把稿子拿给长之，想听他一句称赞。在季羡林看来，长之这家伙有点倔，喜欢剑走偏锋，通常，你喜欢的，他总摇头，你不喜欢的，他倒大声喝彩。这回也是。对于《年》，他评价甚低，而对另一篇季羡林不太中意的《兔子》，反而大加夸奖。季羡林敬重长之，但也不是全无主见，于是，他撇开长之，另请高明——他找的是英文教授叶公超。

季羡林找对了人，名士风度加上导师责任，叶公超一口气读完了他送去的三篇散文：《枸杞树》、《年》和《兔子》，随后约他面谈。叶公超着重称赞了《年》，指出它表达的不是狭隘的情感，而是扩大的意识，应予坚决肯定。叶公超还告诫季羡林，文章要坚持朴实，要写扩大的意识，带有普遍性的感觉，不要陷入个人的怪癖，为早晨而早晨，为黄昏而黄昏，那是没出息的。依笔者之见，叶公超的观点，固然有一定道理，尤其是“要坚持朴实，要写扩大的意识”，是正中肯綮之谈，但李长之的观点，也不能说错，从长之的成名作《鲁迅批判》看，他是相当有见解、有魄力的，譬如他的论断：“鲁迅在情感上是病态的，在人格上是全然无缺的。”只是比较起来，季羡林的气质更接近叶公超一点，因此他很容易就接受教授先生的指点，而把长之的话撂到一边。

宁与敌人作小卒，作奴隶，不与朋友作小卒，作奴隶。我诚恳地祈祷：《现代》把我的文章发表了吧。不然我这口气怎样出呢？

——季羡林

（一二）所谓“四剑客”，实则文坛四个“愤青”

季羡林走上作家之路，也与师友的砥砺有关。他在系内同气难求，在系外却有三位莫逆：李长之、吴组缃、林庚。三位都是文学中人，李长之擅于评论，吴组缃擅于小说，林庚擅于诗。季羡林坦言，“我最近很想成为一个作家”，原因之一，就是“受长之的刺激”（1932 年 11 月 23 日日记）。

李长之大季羡林一岁，低季羡林一级，读的是生物，而后改为哲学。他是季羡林的山东老乡，兼小学同学。季羡林高中开始写日记，进清华后，搁下了，1932 年 8 月 22 日恢复。翻开他新写的日记，第二篇，第三篇，乃至第四、第五篇，都与长之有关，或是你来访我，或是我去看你，过从甚密。双方交谈的话题之一，是关于徐志摩。徐志摩猝遭空难，《新月》杂志推出一组纪念文章，长之认为内容空泛，只在感情上兜圈子，没有涉及志摩的文艺创作，他看不惯，写了一篇文章加以抨击。季羡林认为志摩刚死，一般哀悼之文，旨在人情世故，这是可以理解的，至于他的文学价值、文坛地位，是以后的事。双方各执己见，谁也没能说服谁。从日记还可看出，长之虽然学的是生物，对德国语言和文学也满怀兴味，他建议组织德国文学研究会，请杨丙辰老师做指导，这显然是受了季羡林的影响。

吴组缃大季羡林三岁，高两级，安徽人，念的是经济，后转为中文，毕业后进入清华研究院。吴组缃少负文才，中学即崭露头角，清华园时期，是他创作的高峰，他的写实小说《一千八百担》《天下太平》《樊家铺》，已享誉文坛。由文学牵线，吴组缃和季羡林彼此走拢，成为好友，经常一起侃大山，一起偷听冰心和郑振铎等先生的课。吴组缃家境宽裕，读书期间把夫人带了来，住在西柳村，季羡林曾去拜访。吴组缃很欣赏季羡林的才情，据季羡林 1934 年 4 月 5 日的日记，他读到季羡林在《文学季刊》发表的《兔子》后，大加赞赏，认为写得好极了，令他深受感动。季羡林得到大哥哥的赞许，心里美滋滋的，十分快慰。

林庚原籍福建，生于北京，长季羡林一岁，高一级，念的是中文，毕业后留校，任朱自清先生的助教。林庚于 1933 年秋出版了第一本自由体诗集《夜》，是闻一多作的封面，俞平伯作的序，林庚颇为自得，称诗集为他的“大学毕业论文”。季羡林结识林庚，正是后者出版《夜》之际。据季羡林的日记，是林庚主动找上门来，除了谈诗，还谈了办刊物的事，两人一见如故，相见恨晚。

季羡林和李长之、吴组缃、林庚，当时正值二十上下，还是四个愣头青，他们凑到一起，指点文坛，揄扬人物，放言高论，无话不谈；兼之，人人都夸自己的文章好，不是梦笔生花，就是如有神助。一日，林庚晨醒，见风吹帐动，忽有所悟，得两句白话：“破晓时天旁的水声，深林中老虎的眼睛。”他极为得意，当日就袖去向三人炫耀。茅盾《子夜》出版，是文坛的大事，四人又不约而同地聚到工字厅，大谈感想，意见分为两派，季羡林为反方，觉得茅盾行文死板、机械，没有鲁迅的那种灵气，吴组缃为正方，认为《子夜》结构闳大，气象万千，不容小觑。双方唇枪舌剑，互不相让，少年意气，挥斥方遒，末了哈哈一笑，散伙走人。

师辈中，叶公超而外，还有一人值得提及，他就是郑振铎。郑师作风随和，与同学接触，绝无半点架子。对于有一技之长者，更是青眼有加。举个例子，郑振铎和巴金、靳以一道编辑《文学季刊》，按照惯例，是要请出一些名人装点门面的，他也的确这么做了，然而，像季羡林、李长之这样的初出茅庐之辈，居然也被延为上宾，列为主编或特约撰稿人，名字赫然刊于杂志的封面。

四人在清华，有“四剑客”之称。“四剑客”的提法，最早见于季羡林的《悼组缃》（1994 年 2 月 2 日作）一文，想必是有所本的吧。乍读，觉得和季羡林的公众形象搭不上边，“剑客”云云，在笔者的意识，应是锋芒毕露、头角峥嵘之辈，用来形容以评论做武器，读书期间写出《〈红楼梦〉批判》《王国维文艺批评著作批判》《鲁迅批判》的李长之，倒还贴切，按在恂恂儒者、谦谦君子的季羡林身上，似乎显得不伦不类。近读季羡林的《清华园日记》，得窥他当日的真性情，转而释然。先生那时年少，热血蠢动，对同学，求全责备，见“大人”，惯于“藐之”，试举几例：“我的同屋陈兆祊君，这朋友我真不能交——没热情，没思想，死木头一块，没有生命力，丝毫也没有。”“吕宝东更是混蛋一个，没人味。”“王真没出息，眼光如豆，具女人风。”“早晨上了一课古代文学，有百余人之多，个个都歪头斜眼，不成东西，真讨厌死了。”“我以为老叶（叶公超）不上班，他却上了，我没去，不知放了些什么屁！”“我总觉得胡（适）先生（大不敬！）浅薄，无论读他的文字，听他的说话。”“晚上西洋文学系开会……吴（宓）主任大写其红布条，摇其头，直其臂，神气十足，令人喷茶。”“这些混蛋教授，不但不知道自己泄气，还整天考，不是你考，就是我考，考他娘的什么东西？”“今天文学季刊社请客……北平文艺界知名之士差不多全到了，有的像理发匠，有的像流氓，有的像政客，有的像罪囚，有的东招西呼，认识人，有的仰面朝天，一个也不理……回校……脑子里老是晃动着这个会影子，那一个个的怪物都浮现出来”。季羡林一度想写几篇文章，骂倒文坛许多人。那时他常用的一个句式，便是“滑天下之大稽、笑天下之大话、糟天下之大糕、混天下之大蛋”！嚯，青年季羡林的脾气还不小哩！据此，我们不妨说，所谓“四剑客”，实则是文坛四个“愤青”。

清华“四剑客”：季羡林、吴组缃、林庚和李长之（晚年照片）

第三章 留德十年

（1935—1945）

季羡林先生赴德后拍摄的照片

九万里风鹏正举，风休住，蓬舟吹取三山去。

——李清照

（一三）天降赴德留学的良机

1935 年夏，季羡林被录取为留德研究生，概括说来，这是他继“求学济南”“考中清华”之后，获得的第三大机遇。

留学，这是季羡林梦寐以求的。当初弃北大而取清华，看中的就是它出国方便；在清华念书的日子里，他深切地感到文科生，像他这样，既没背景又没金钱的，出国之难，难过骆驼钻针眼，但他不死心，1934 年 6 月 13 日，大学即将毕业之际，他写道：“最近我一心想去德国，现在去当然不可能。我想作几年事积几千块钱，非去一趟住三年四年不成。我今自誓：倘今生不能到德国去，死不瞑目。”

留学，为的是镀金。镀金，为的是稳当而令人艳羡的饭碗。除此而外，还有没有其他更深或更高的动机呢？季羡林说：“冠冕堂皇的理由自然也不能没有。但仔细追究起来，却只有一个极单纯的要求：我总觉得，在无量的，无论在空间上或时间上，宇宙进程中，我们有这次生命，不是容易的事；比电火还要快，一闪便会消逝到永恒的沉默里去。我们不要放过这短短的时间，我们要多看一些东西。就因了这点小小的愿望，我想到外国去。”（《去故国——欧游散记之一》）

季羡林走出清华校门，开始实践做事赚钱，他谋得的是济南省立高中国文教员的职位，这是他的母校，月薪160块大洋，是大学助教的一倍，相当优渥的了。这段时期，可以看作他前进中的倒退，为了跳跃而暂时后撤。一年国文教员的粉笔生涯，从长远看，不是浪费，不是虚度，而是大有裨益。季羡林虽然有古文的根柢，有写作的爱好，但对于一个未来的东方文化研究者，左揽亚非、右拥欧美的学术宗师，他的国文造诣，尚嫌支离疏浅，因此，这段边学边教、教学相长的日子，就成为他深造途中必要的补充。

季羡林先生在济南高中任教时留影

他在中学只待了一年，情况发生变化，错综复杂的人际关系，似乎不允许他再待下去，饭碗随时有被砸的危险，钱，没攒下几个，出国，更是无望，恰恰这时，机会来了：清华与德国确立交换研究生。他是清华毕业的，专业又是德文，成绩四年全优——这名额，简直就是冲着他来的。因此，一经报名，无须考核，即获通过。

这是天上掉馅饼。机会难得，难得不等于白得，凡机会，都要付出相应的代价。他第一次离开老家，跻身济南，机遇也，然而，就其家庭来说，代价之一，便是亲离子散，他母亲后来懊悔：“早知道送出去回不来，我无论如何也不会放他走的！”他本人晚年也懊悔：“千不该万不该离开母亲。”“我是一个从小就失去母爱的人。这是我心灵中最大的创伤，虽起华佗或岐伯于地下，也是无法治愈我这个创伤的。”“一个缺少母爱的孩子，是灵魂不全的人。我怀着不全的灵魂，抱终天之恨。”二番机遇是考上清华，天之骄子，人所共羡也，但对身为小职员，一度濒临破产的叔父来说，则是在如牛负重之外，付出更为不堪的心力物力，而母亲，在八年望眼欲穿的等待后，终于饮恨辞世。这次留学，第三大机遇也，古人言“割慈忍爱，离邦去里”，“死别已吞声，生别常恻恻”，自不必说，孰料这一去，原定交换期两年，因为“七七”卢沟桥事变，日寇侵华，济南沦陷，道路阻隔，有家难回，季羡林“万里投荒，一身吊影”，竟然在欧洲苦挨苦熬了十一年。当初如果确知真相，他是不会贸然起程的吧。

机遇与机遇的叠加，即为奇迹。这次与德国互换研究生，是哲学系主任兼文学院院长冯友兰代表清华出面洽谈的，换句话说，这奇迹是冯先生为他创造的。因此，季羡林 8 月初重返清华，在等待出国的日子里，他邀上好友李长之，一同拜谒了冯友兰先生。清华四年，季羡林无缘聆听冯先生的教导，对他著述的《人生哲学》，却是早有接触，因为那是他高中的必修教材。可以说，在人生这堂大课上，他早已是冯先生的弟子。而后季羡林学成归来，在北京大学，有幸与冯先生成为同事，前后长达四十余年，他对冯先生，始终执弟子礼。

季羡林还拜会了闻一多先生。他对闻先生景仰已久，当然是由于他灼热的诗歌，以及更加灼热的声望。可惜，这一见竟成永诀，十一年后，当他从欧洲归来，闻先生已死于国民党特务的暗杀。

乔冠华与季羡林（右）在德国

清华这次前往欧洲留学的（德国与英国），凡六人，即：季羡林、乔冠华、王竹溪、谢家泽、敦福堂，还有一位，季羡林的回忆没有提及，被“等”掉了，而据王竹溪的回忆，为梁祖荫。其中，乔冠华、王竹溪很值得一提。乔冠华在清华念哲学系，比季羡林小两岁，而又高一级，可见其出道之早。据季羡林的《留德十年》："在校时，他经常腋下夹一册又厚又大的德文版黑格尔全集，昂首阔步，旁若无人，徜徉于清华园中（笔者：这姿态，季羡林无论如何也作不来）。因为不是一个行道，我们虽认识，但并不熟。同被录取为交换研究生，才熟了起来。到了柏林以后，更是天天在一起，几乎形影不离。我们共同上课、吃饭、访友、游玩婉湖（Wansee）和动物园。我们都是书呆子，念念不忘逛旧书铺，颇买了几本好书。他颇有些才气，有一些古典文学的修养。我们很谈得来。有时闲谈到深夜，有次就睡在他那里。"乔冠华酷爱读书，此事不假，若说他是书呆子，则是看走了眼。1956 年，为季羡林入党一事，东语系的党组织找到了乔冠华，请他出具季羡林在德国的情况证明。我们这位外交界的新星在证明老朋友历史清白的同时，特意强调"我在德国是搞革命的，而他是搞学术的"云云，彼二人也，孰为死读书，孰为读活书，不是十分清楚了吗？

再说王竹溪。他是学物理的，擅围棋，象棋下得也不错。季羡林晚年说王竹溪的象棋在清华是第三名，第一名是日后成为"两弹一星元勋"的彭桓武。但就这个第三名，让季羡林领略了什么叫技高一筹。十几天的火车长途，闲极无聊，他们就下象棋。王竹溪坐庄，另外五人轮流跟他下。一盘败北，两盘败北，三盘四盘、七盘八盘也总是败北。五人急了，索性联合起来，跟他一人下，结果依然是大输特输。哲学家乔冠华的哲学也帮不上忙，整个行程中，五人就没有赢过他一局。王竹溪后来回国，在西南联大任教，诺贝尔奖奖金得主杨振宁就是他的研究生。新中国成立后，王竹溪转入北大，曾任副校长，和季羡林成为同事。

这些都是后话，且按下不表。1935 年 8 月 31 日，季羡林与乔冠华、王竹溪等五位清华校友，在前门火车站结伴登车，踏上了追风逐电的梦幻之旅。方是时，"眼底山河，胸中事业，一声长啸"，"犹冀凌云志，万里共翩翩!"

因缘关系或者缘分——哲学家应该称之为偶然性吧——是无法抗御的，也是无法解释的。

——季羡林

（一四）入哥廷根大学，师从瓦尔德施米特

1935年9月14日，历经半月的行程，季羡林抵达柏林。这是旅途的终点，但不是留学的目的地，季羡林面临再一次选择，到德国来学什么。

乔冠华毕业于哲学系，到德国，自然仍研究哲学，不存在选择；敦福堂读的是心理学，此番仍循旧辙，也不存在选择；谢家泽的专业是土木工程，此番进柏林工科大学，也顺理成章；季羡林在清华学的是德语，在他看来，德语，仅仅是做学问的工具，不宜作终身目标，因此，他必须再作选择。

月前，季羡林从济南回到北平，住在清华工字厅招待所，与一位前辈学长同屋。这位前辈是一家地方保险公司的总经理，夜半联床，娓娓而谈，他以切身体验，再三劝季羡林到德国后学保险，因为将来回国，饭碗决计不成问题，弄得好，还是一只金饭碗。这当然很有诱惑力，奈何季羡林对经商毫无兴趣，此议只好作罢。

那么，当官呢？彼时习俗，小学毕业为秀才，高中毕业为举人，大

学毕业为进士，留洋镀金，则为翰林一流，而留学德国，镀的金成色最好，24K，所以，那些达官贵人，如蒋介石、宋子文、孔祥熙、冯玉祥、戴传贤、居正，都争着把子女送往德国。季羡林既然有了在德国镀金的机会，只要存入仕之念，哪怕什么也不学，瞎混几年，回国后也有的是途径。可惜季羡林志不在此，他对官场一向敬而远之。

且慢——在选择专业之前，他还必须先选择大学。德方起初提出东普鲁士哥尼斯堡大学，那是康德曾经执教鞭的地方，康德终生守着那个小城，没有离开一步，想必非常可爱，因为有康德耀着，纵不可爱也可爱，流风余韵，悠然令人神往。只是，他冷静思考，觉得该地去柏林太远，过于偏僻，他毕竟不是康德，也不会成为康德，所以不想成行。德方倒也通融，几经磋商，改派他去哥廷根大学。

哥廷根城市很小，人口只有十万，大学却很壮丽，已有五六百年历史，名流辈出，蜚声世界。季羡林 10 月 31 日来到这里，第二天，他在日记里写道："我梦想，我在哥廷根，在这比较长一点的安定的生活里，我能读一点书，读点古代有过光荣而这光荣将永远不会消灭的文字。"这里说得清楚，他的意向已定：研究古文字，即那些在"古代有过光荣

哥廷根大学

而这光荣将永远不会消灭的文字”。这是他的光荣与梦想。但是，属于那个范畴的古代文字有好多种，希腊文是，拉丁文是，古埃及文是，梵文、巴利文也是，究竟学习哪一种，他还没有拿定主意。

在柏林的日子里，清华老校友汪殿华，劝他学习希腊文和拉丁文，认为这是国内需要的。到了哥廷根，新交的朋友章用，那个大名鼎鼎的“老虎总长”章士钊的公子，建议他专攻希腊，放弃拉丁，因为两年时间，如果兼学，无论如何来不及。季羡林认为有理，第一学期，他选了希腊文，也选了德国文学和英国语言，后两项是他在清华的主打，借机作“百尺竿头，更进一步”。

选择并没有到此结束，季羡林在学习希腊文的过程中，感到不适应，客观，老师讲课声音太小，听不明白，主观，审美不到位，感情别扭。试看他 12 月 5 日的日记：“上了课，Rabbow 的声音太低，我简直听不懂。他也不问我，如坐针毡，难过极了。下了课走回家来的时候，痛苦啃着我的心——我在哥廷根做的唯一的美丽的梦，就是学希腊文。然而，照今天的样子看来，学希腊文又成了一种绝大的痛苦。我岂不要一事无成了吗?”

感情无法投入，心神不定，他忽而改学拉丁语，忽而又想学古埃及语，这就像恋爱，在没有锁定终极目标之前，撩人心弦的对象越多，越彷徨，越痛苦。

说到恋爱对象，学术上的恋爱对象，季羡林在国内有过一次怦然心动，那是听陈寅恪先生讲“佛经翻译文学”，乍闻之下，如聆梵音，如窥仙乡，顿时燃起学习梵文的热望（那么多的人听陈寅恪讲课，怎么偏他立刻爱上梵文，并且非学不可呢？佛性乎，慧根乎，总归不会是毫无因由的吧），可惜国内没有这方面的教员，只能流于空想。这次来到哥廷根，他结识了一位湖南籍的留学生龙丕炎，此君主攻冶金，不知为什么，却修了一年的梵文。季羡林从他那里得到一册梵文语法，又勾起了学梵文的念头。念头来得非常猛烈，不能自已。他在 12 月 16 日的日记里写道：“我又想到我终于非读 Sanskrit（梵文）不行。中国文化受印度文化的影响太大了。我要对中印文化关系彻底研究一下，或能有所发明。”改天写道：“我又想到 Sanskrit，我左想右想，觉得非学不行。”事隔半月写道：“仍然决意读 Sanskrit。自己兴趣之易变，使自己都有点吃惊了。决意读希腊文的时候，自己发誓而且希望，这次不要再变了，而且自己也坚信不会再变了，但终于又变了。我现在仍然发誓而且希望不要再变了。再变下去，会一事无成的。不知道 Schicksal（命运）可能允许我这次坚定我的信念吗？”

天遂人愿，1936 年夏学期开始之际，季羡林偶尔在大学教务处门外，浏览各系各教授开设的课程表，忽然，眼前一亮，他看到其中赫然列有梵文课，教授为瓦尔德施米特。而且，这瓦尔德施米特不是别个，正是陈寅恪先生当年的同窗。人的一生实在波诡云谲，因果交互影响，季羡林若不到德国，到德国若不到哥廷根，到哥廷根若碰不上瓦尔德施米特，他就不会一圆大学时的梵文梦，因而也就不会成为今日之季羡林。“世事纷纭果造因，错疑微似便成真。”（吴宓诗句）季羡林决意师从瓦尔德施米特教授学习梵文，在做出最终选择的那一刻，他仿佛听到了命运的敲门声。

欧洲古代大几何学家欧几里得对国王说："几何学里面没有御道！""御道"，就是皇帝走的道路。学外语也没有捷径，人人平等。

——季羡林

（一五）在梵文、巴利文、英文、德文、阿拉伯文的海洋游泳

自打把梵文列为主攻方向，作为学者的季羡林，便掀开历史的帷幕，走到灯火交辉的前台。

导师瓦尔德施米特，印度佛教史专家，精通梵文、巴利文，也擅长汉文、藏文，年纪四十不到，看上去则更年轻。当时报梵文的，仅季羡林一人。第一堂课，教授照例念字母，梵文字母啰唆得要命，是英文、德文不可类比，但再啰唆，也只是字母而已，13 个元音，33 个辅音，季羡林鹦鹉学舌，跟着导师念，并未感到多大障碍。以为就这样按部就班，循序渐进，按照《梵文基础读本》，字母下面应该讲词法与语法，谁知到了第二堂课，瓦尔德施米特撇开词法、语法，直接跳到书后的例句。梵文是印度的古代语言，属于死文字，那些练习例句，都是摘自梵文典籍，季羡林才上了一堂课，46 个字母还没记全，文法更是一窍不通，如今上来就念，并且要把它翻成德文——他又不是梵界的神仙！结果，读得结结巴巴，译得稀里糊涂，急得七窍生烟。过后思量，这就是

瓦尔德施米特的教学法。这也是流行于德国的外语教学法。野蛮，霸道，不通人情。季羡林想起一则掌故：德国一位前辈学者如是说，教学生学外语，拿游泳作比方，就是把他们带到游泳池旁，冷不丁推下水，倘不淹死，就算学会；而淹死的事儿，绝无仅有，甚至根本不可能。得，季羡林现在就是被瓦尔德施米特推下了水，要想活命，只有拼命扑腾——拼命预习。那真是蚂蚁啃骨头，往往耗费一个时辰，才能弄懂一个例句，花上两天时光，才能准备一堂正课。就这样，始于无奈，达于发狠，臻于自如，仅仅用了五周，便把读本后边的例句全部拿下，一整套复杂之极的梵文文法，也闹了个大概齐。季羡林事后回想，觉得像有神助。

前面说过，初到哥廷根那阵，季羡林因为举棋不定，在主系的选择上，白白浪费了许多时间，待到后来确定梵文，两年交换期限，已过去了四分之一。尽管如此，他还是惦着拿博士学位，这是他的心结。博士这玩意，有人不在乎，比如陈寅恪。清华成立国学研究院，梁启超推荐陈当导师，校长曹云祥问："陈寅恪是哪一国的博士？"梁启超答："他连学士都没有，更不是博士。"曹又问："那他有什么著作吗？"梁说："我梁启超也没有什么博士学位，著作算是等身了，但总共还不如陈先生的寥寥数百字的价值。"由人及己，梁启超当然也不在乎，王国维、鲁迅也可以不在乎，他们要的是学问，要的是实力。可是季羡林在乎，他认为自己贫寒而卑微，博士这招牌，有助于他谋饭碗。再说，吃文化这碗饭，免不了要跟这博士那博士的打交道，与其日后看人家的嘴脸，受无谓的气，不如现在自己也挣个博士，好半斤对八两——弄它个平起平坐（胡适也在乎，他当初在哥伦比亚大学完成博士论文而没能拿到学位，回国后讲学、出书，照样祭起博士的金字招牌吓人）。按照德国规定，考博士必须读三个系，一个主系，两个副系。如今，主系选定梵文、巴利文（即印度学）；两个副系，分别是德国语言学和英国语言学，到第三学期，他又放弃德国语言学，改为阿拉伯语言学。想想都令人咋舌，日月双丸一掷梭，在一年多一点的时间里，在以德语为背景的环境下，他要把梵文、巴利文、英文、阿拉伯文，统统织成知识的网，织成文化的锦！

若问：难度系数能不能往下降一降？答曰：可以的。方法是，把副系之一，改成汉文，或与中国有关的学科。这为规则所允许，不算投机取巧。但这种做法，为鲁迅所不屑。鲁迅嘲讽说，有的中国留学生，在国外用老子与庄子谋取博士头衔，令洋人大吃一惊，回国后却大讲康德、黑格尔，又令国人大吃一惊。鲁迅是斗士，他这话明显是冲着某些留学欧美的博士去的（譬如胡适在哥伦比亚大学的博士论文题是《中国逻辑思想的演变》，林语堂在莱比锡大学的博士论文题是《中国古音韵之研究》）。鲁迅的话语威力太强了，季羡林为之震慑，早在国内，他就拿定主意，论文科目，决不沾中国的边。到了德国，听说汉堡一位学数学的同胞，副系选了汉学。结果，口试时，汉学教授上来就问："杜甫与莎士比亚，谁早谁晚？"杜甫乃中国唐代诗人，生于公元 8 世纪，莎士比亚乃欧洲文艺复兴时期的英国剧作家，生于公元 16 世纪，晚杜甫整整 8 个世纪。这位留学生没有历史概念，脱口回答："莎士比亚在前，杜甫在后。"汉学教授一笑，说："你考砸了！下面的问题不需要再提！"这件事，也从反面刺激季羡林，不管千难万难，也要以洋论洋，以夷制夷。

那是集聚全身力量的冲刺：每天，季羡林遵循两点一线，从寄宿的住处到梵文研究所，再从研究所回住处，除了吃饭、睡觉，就是读书读书读书。梵文当然是重点，重中之重。都说梵文难学，究竟怎么难？看看季羡林是如何用他人来烘托自己的吧。季羡林说，梵文班原先只有他一个，第三学期开始，增加了一名德国学生，是学历史的，早先读过一年梵文。对这位德国同窗，季羡林起初十分尊敬，因为他是高年级的前辈，且懂得英文、法文、希腊文和拉丁文。然而，季羡林很快发现，他虽然有多门外语铺垫，但在语法规则纠缠如乱麻的梵文面前，仍显得呆头呆脑，笨手笨脚。课堂上，只要老师一发问，他就傻了眼，根本不知如何回答。如此学了两年，直到二战爆发，他被召从军，也没能征服梵文。用季羡林的话说："这位仁兄始终没能跳过龙门。"（《学海泛槎·梵文和巴利文的学习》）

季羡林正是抱着"跳龙门"的信念，在梵文、巴利文，以及英文、德文、阿拉伯文的海洋游泳。前次考清华，被视为第一次跃龙门，现在是第二次，跃的是洋龙门。

有一段时间，全城只有我一个中国人。这种孤独寂静的环境，正好给了我空前绝后的读书机会。

——季羡林

（一六）一件天大的坏事，从反面成全了他

任凭季羡林有三头六臂，两年的交换期内（1935 年 9 月至 1937 年 9 月），他决计拿不到印度学的博士学位，拿不到就是拿不到，此事非关天才天资天赋或头悬梁锥刺股，是由他的根基和学业量决定的。倘若当初主攻德国语言学或英国语言学，则另当别论（乔冠华就用一年半完成了博士论文《庄子的哲学阐释》；他不在乎鲁迅的嘲讽，他在乎的是时间）。因此，到得 1937 年夏，眼看期限迫近，他开始收拾行囊，准备踏上归程之际，这时，一件天大的坏事——日寇侵华，济南沦陷——却从反面成全了他。因为这番变故，他变得有国难回，有家难奔；又因为这番变故，哥大汉学所雪中送炭，主动聘他为讲师。如此一来，他既解决了生计，又得以继续师从瓦尔德施米特，攻读梵文。

让我们全面浏览一下他的学业。迄今为止，他的主系，梵文和巴利文，前者进入阅读原著，算是一帆风顺，后者刚刚接触，还停留在语言初阶；两个副系，英国语言学坚持不变，德国语言学中途放弃，改为阿拉伯语；至于博士论文，那是遥如海上蓬莱三山，题目八字还没有一

撇。忽然不走了，不，是走不成了（任他如何钻研佛经，也召不来一张神话中的魔毡，载他飞越千山万水，飞回他魂牵梦萦的祖国）。代之而起的是，他由一名政府资助的交换研究生，变成自食其力的汉学研究所的职员。好在那工作很轻松，仅担负少量的中文课，有的是空闲。他于是从长计议，着手冲击博士学位。如是过了一年，一切似乎大局已定，他却再度临阵换马：放弃学得好好的阿拉伯语，改成陌生的斯拉夫语，而且不是以一兑一，是以一兑二，因为按规定，以斯拉夫语言学为副系，除了俄文，还得另选一种——他选的是塞尔维亚·克罗地亚语。为什么要作如此变动？季羡林的解释是“灵机一动，心血来潮”。以笔者看，这次不同于高中选学德文，心血是来潮了，灵机却未必。季羡林晚年也承认：“学习阿拉伯文和塞尔维亚·克罗地亚文，也是用了不少的精力的；可是到了今天，这两种语言对我的研究工作一点用处都没有……简直等于‘竹篮子打水一场空’。”

1938 年夏学期，季羡林确定博士论文，题目为《〈大事〉中伽陀部分限定动词的变化》，与之同时，进入瓦尔德施米特的高级讨论班，研读新疆吐鲁番出土的梵文佛经残卷。1939 年 9 月，德国进攻波兰，二战爆发，瓦尔德施米特被征从军，退隐多年的西克教授重出江湖，再执教鞭。西克教授堪称季羡林年龄和学业意义上的双重祖父，老马嘶风，英姿未减，输肝剖胆，竭诚相教，在代课的三个学期中，他把自己的硕学——印度古代诗歌集《梨俱吠陀》与印度古典语法《大疏》以及长篇小说《十王子传》，连带绝学吐火罗文，悉数传给了这位东方古国的青年学子。

如是又过了一年，季羡林终于完成博士论文，1940 年 12 月和来年 2 月，分别通过梵文、斯拉夫文和英文的口试。关于口试过程，这里就不赘述了，读者只需知道：论文加口试，四项全优。倒是季羡林的临场心态，颇值得探究。且看他 1940 年 12 月 23 日的日记：

> 早晨五点就醒来。心里只是想到口试，再也睡不着。七点

> 起来，吃过早点，又胡乱看了一阵书，心里极慌。九点半到大学办公处去。走在路上，像待决的囚徒。十点多开始口试……主科进行得异常顺利。但当 Prof. Braun（布劳恩教授）开始问的时候，他让我预备的全没问到。我心里大慌。他的问题极简单，简直都是常识。但我还不能思维，颇呈慌张之相。十二点下来，心里极难过。此时，及格不及格倒不成问题了。

明明成竹在胸，游刃有余，表现却临深履薄，战战兢兢。在季羡林，并非偶然。你看他四年清华，八项全优，每逢考试，不也是嘀嘀咕咕，惴惴不安；尤其是投稿，文章未刊之前，总是望眼欲穿，忧心如焚。心理压力为什么大成这样，哪有半点“剑客”的风神气度？笔者认为，这和他的出身、处境有关。季羡林生于贫困，尝谓“胸无大志”，他的志，比“大志”小若干号的志，首先是饭碗，衣食为天，志在必得，不容丝毫闪失；其次是荣誉，佛争一炉香，人争一口气，他争的，先前是一己、一家，而今兼之一族、一国的尊严。

现在好了，博士学位到手，季羡林首先想到的是，“我没有给中国人丢脸，可以告慰我亲爱的祖国，也可以告慰母亲在天之灵了。”接下来，就是筹备还乡。六年了，整整六年！“山川信美非吾土，漂泊天涯胡不归？”1942 年 10 月，他辞别哥廷根，抵达柏林，打算从那儿取道瑞士，辗转回国。孰料大战方殷，炮火连天，所有的归路都被切断，“已恨碧山相阻隔，碧山还被暮云遮”，“等是有家归不得，杜鹃休向耳边啼”！无奈，只得重返哥城，再续书缘。他在《留德十年》中记述：

1941年，季羡林先生获得哲学博士学位，其在德发表的多篇论文，获得国际学术界高度评价

> 我又恢复了七年来的刻板单调的生活。每天在家里吃过早点，就到高斯—韦伯楼梵文研

究所去，在那里一直工作到中午。午饭照例在外面饭馆子里吃。吃完仍然回到研究所。……我继续钻研佛教混合梵语，沿着我的博士论文所开辟的道路前进。除了肚子饿和间或有的空袭外，生活极有规律，极为平静。……因此，我的写作成果是极为可观的。在博士后的五年内，我写了几篇相当长的论文，刊登在《哥廷根科学院院刊》上，自谓每一篇都有新的创见；直到今天，已经过了将近半个世纪，还不断有人引用。这是我毕生学术生活的黄金时期，从那以后再没有过了。

记住他的话，这是他毕生学术生活的黄金时期；记住他的处境，一半是天堂，一半是炼狱。“祸兮福所倚，福兮祸所伏”，造化之道，老子早在“子在川上曰”之前，就阐述得一清二楚，无奈人们总要等到“千帆过尽”之后，才恍然。

我现在立一新义：在大多数情况下，只有到杂志缝里才能找到新意。在大部头的专著中，在字里行间，也能找到新意的，旧日所谓“读书得间”，指的就是这种情况。

——季羡林

（一七）没有新意，决不写文章

季羡林的博士论文：《〈大事〉中伽陀部分限定动词的变化》，以及他博士后发表的四篇论文：《吐火罗文本的〈佛说福力太子因缘经〉诸异本》《中世纪印度语言中语尾 - am 变为 - o 和 - u 的现象》《巴利文 Aslyati》《应用不定过去时的使用以断定佛典的产生时间和地区》，前文说到，被同行交口称赞，在学术圈内引发轰动；如今，六十多年过去了，还在不断为他人引用。遗憾的是，笔者无缘拜读——哈，这话说差了，不是无缘，是无能，真要想读，也找得到，可惜原文是德文，看不懂，即使拿到中文译本，也照样看不明白。

倒是有两则与论文有关的花絮，笔者看懂了，不仅看懂了，且过目不忘，现把它写出来，与读者分享。

花絮之一：季羡林的博士论文，如前面提到的，叫《〈大事〉中伽陀部分限定动词的变化》，冲这题目，你可以想象，要多枯燥有多枯燥。

季羡林是性情中人，向以才子自命，因此，在论文写得差不多的时候，突发奇想，决意在文章之前，加上一篇绪论，借以展露才情，烘托气势。他夜以继日忙活了半年，终于大功告成，洋洋洒洒数万言，摛章绘句，文采飞扬。他相信，此举定会给导师留下深刻印象，说不定还会得到夸奖。时过不久，瓦尔德施米特从部队休假回家，季羡林把绪论呈上去，然后满怀期冀，等待教授的佳评。一星期后，教授把绪论退还给他，季羡林心里一咯噔，预感不妙，打开稿子一看，没见任何改动，只在文前加了一个前括号，在文后加了一个后括号，意思是说，一笔勾销，统统删去。季羡林遭此当头一击，眼前金星乱爆，茫然中，听得教授说："你的文章费劲很大，引书不少。但是都是别人的意见，根本没有你自己的创见。看上去面面俱到，实际上毫无价值。你重复别人的话，又不完全准确。如果有人对你的文章进行挑剔，从任何地方都能对你加以抨击，而且我相信你根本无力还手。因此，我建议，把绪论统统删掉！"

——类似的棒喝，季羡林以前也遭遇过。初中，有次作文，他也是想露一手，通篇采用骈体，四六杂陈，音韵铿锵，结果，被老师改得体无完肤，老师告诫他："要作花样文章，非多记古典不可。"

大学，他写过一篇散文《年》，得到叶公超教授的赞赏，并帮他在《学文》杂志发表。出于感激，兼巴结，他又写了一篇长文《我是怎样写起文章来的?》，送呈叶先生。然而，先生这次一反常态，当面将原稿扔回，大声说："我一个字都没有看！"

初中老师的告诫，他听进去了，因为那正中要害。大学先生的怒斥，他不买账，您看都没看，怎么知道好与不好?

这回，瓦尔德施米特的批评，他完全听进去了。教授用了"抨击"一词，他终生谨记不忘。季羡林尔后自律："没有新意，决不写文章！"

花絮之二：博士学位到手，论文的事还没有完。教授让他从头到尾仔细核对一遍。德国人嘴里的仔细，那真叫仔细，凡文章引用的资料，包括作者、年代、出版物、版本，以及行文、图表、数字、标点之类，都要一一勘正，不许丝毫纰漏。可怜季羡林如蜂采蜜，几年来使用了大量的图书、报刊，而这些读物，早已归还了各家图书馆。当初借阅时，就感到十分繁杂，现在不得不再一一借出来，从头翻检，认真校对，心里是要多腻味有多腻味。季羡林留德数年，深知德国图书的错误之少，令人赞叹。德国人为什么能做到这一点呢？他从论文的扫尾工作上悟出，他们并非都是超人的天才，他们高人一筹的地方，就在于他们的"笨"。套改一句吾国老祖宗的话，就是："德国人其智可及也，其笨（愚）不可及也。"季羡林硬着头皮，耐着性子，把论文仔仔细细核对一遍。光这项善后，就花去了他数月光阴。他从中领略了德国人的彻底性，自觉终生受用无穷。

——受用无穷的，还有区区在下。曾经有幸阅读季先生的手稿，那是他患老年性白内障，在做第二次手术之前，摸索着写下的。先生自称"伸手难见五指"，"目中无人"，然而他一千来字的文章，却字字清晰，行行工整，页页干净，连半点涂改也没有，实在令人拍案叫绝。又曾经有一次，在季府，笔者与季老谈到某当红作家，文章因为一些常识性的错误，而屡屡被人指摘，闹得不亦乐乎。季老说："那是他字典翻少了。"还有一次，季老身体欠佳，住院治疗，刚出院没几天，我没话找话，随口问了一个英文单词，私心琢磨：这词既要有难度，能显出我的学养，又要不太偏僻，以免卡壳。当时究竟问的什么词，现在已忘记了。忘不了的是，季老一边回答，一边让我查英文字典，并随口说出，这词大概在哪一页，又在页面的哪一角——在老先生是随口而说，在我，却不啻是振聋发聩，还用说什么吗？不用了，不用了，先生的言行昭示，学问是老老实实的事，任是大师大家，也要不得半点奸巧。

按照章门的亲属排序，章用算得是章含之的哥哥，乔冠华未来的内兄，如果把季羡林换成乔冠华，这篇文章将更有嚼头。可惜乔官人彼时不在哥廷根，这出戏无从上演。

——笔者

（一八）章士钊的这个公子，是值得认真阅读的

说到文章的新意，让我想到季羡林的散文。如本书第二章所示，季羡林散文创作的第一波，涌现在1934年1月：恰值寒假，大四上宣告结束，最后一学期行将到来，作家梦加上足够的闲暇，再加上“毕业即失业”的恐慌，“情动于中而形于言”，因此才有了《黄昏》《回忆》《寂寞》的沉重，才有了《年》的虚缥以及结尾处那颇惹讥议的喟叹：“一切都交给命运去安排吧。”细察季羡林的命运轨迹，他的第二波散文创作高潮，应该涌现在20世纪40年代之初——博士学位到手，而又有国难回，“国家不幸诗家幸，赋到沧桑句便工”（赵翼语），正是他感情喷薄、经验升华的大好时机。一切也都无可争议地朝着这方向发展：1941年，他写下思念祖国的《海棠花》，写下怀念一位波兰少女的“Wala”，又写下《忆章用》——以笔者之见，这是他早期散文的巅峰；无论自信还是公认，他30年代散文创作的起点是相当高的，如今又得以更增一

箦，按照这个态势，崛起为40年代的散文大家，指日可待。然而，应该而却没有，也算是命吧；《忆章用》写了差不多，只剩得一个尾巴，他却搁下了，一搁就是五年，其间，再没染指任何散文，直到1946年7月，回到国内，才补写完篇。

这篇《忆章用》，不，毋宁说章用这个人，是值得认真阅读的，让我们慢慢进入。

小学和中学，季羡林的好友都有谁？不记得他说过，想必是没得说。大学，倒有三位：李长之、吴组缃、林庚。留学哥廷根呢，确定无疑的，只有一位：章用。

笔者在前面讲到，1935年10月底，季羡林抵达在德国的终点站哥廷根。哥城中国留学生很少，仅三四位，章用为其一，相互结识，是很自然的。初次见面，是在章用的寓所，章用寡于言，不大开口，只有他的目光，那在谈话的间隙，从眼镜边上流出来，投向虚空的茫然注视，在季羡林的心头留下神秘的投影。

这里要说一说他的家世。章用的父亲章士钊，担任过北洋政府的教育总长，是鲁迅任佥事时的顶头上司，外祖父是晚清淮军名将吴长庆，母亲吴弱男，做过孙中山的秘书。总而言之，在中国赫赫有名。季羡林认识章用的时候，其父母已经离异，家庭的阴影，无疑要投射到他的心上。这位贵公子，人倒极随和，丝毫没沾染纨绔习气，他来哥廷根已八年，念的是数学，对哲学和文学也满怀兴味，尤喜旧诗。正是由于后一点，季羡林和他愈走愈近。11月，哥廷根还是深秋，他俩时常结伴到城外的树林散步。芝兰同味，惺惺相惜，人如玉树临风，话如清溪淙淙，连带眼前的风物也五彩斑斓起来。且看季羡林笔下的描绘："有谁见过未来派的画没有？这小城东面的一片山林在秋天就是一幅未来派的画，你抬眼就看到一片耀眼的绚烂。只说黄色，就数不清有多少等级，从淡黄一直到接近棕色的深黄，参差地抹在这一片秋林的梢上，里面杂了冬青树的浓绿，这里那里还点缀上一星星的鲜红，给这惨淡的秋色涂上一片凄艳。”

冬天来了，大雪纷飞。雪把人们都赶进屋，雪把炉火映得通红。火光里坐着他和他，总有谈不完的话，总有扯不尽的丝。章伯母告诉季羡林，自从他来后，儿子仿佛换了一个人，以前，儿子同谁也不多说话，包括同她，跟别人散步、围炉，更是不可想象。那时候，那时候么：儿子在家，总是一人呆坐，眼望半空，愣愣地，不知道在想些什么。若同他谈家常，根本不理。只有谈到学问，才搭腔。他对吃饭也不感兴趣，人坐在饭桌边，脑筋不知飞到了哪里，眼睛根本不看碗和菜，夹到什么吃什么。倘若催他吃，就吃，不催，也就算了。要是突然问他，刚才吃的是什么？他想了半天，也答不上来。

章伯母的话，不久为季羡林证实。那是 1936 年的元旦过后，章伯母有事去英国，家里只剩下章用。季羡林每次去，都看到桌上一块干面包，伴着一瓶凉水。问他吃过没有，他说吃了。再问吃的什么，他的眼光就落到干面包和凉水上，什么也不说。不说，也等于说了。他当然不缺买香肠牛奶的钱，而且厨房有煤气炉，手一拧，就能得到一壶热咖啡。但这些他都没做，也许是忘了，也许是从来就没有往心里去过，他的脑子永远在盘旋着别的问题。什么是天才？季羡林日后醒悟，这就是天才。他太专注于学问，以至于把现实都驱逐出了脑外。在章用面前，季羡林承认自己不是天才，至少，他迷什么，都还没有迷到章用这种程度。

在章用的眼里呢，季羡林的出现，无疑是他的天涯知己。他曾有诗为证：

空谷足音一识君
相期诗伯苦相薰
体裁新旧同尝试
胎息中西沐见闻
胸宿赋才徕物与

气嘘史笔发清芬
千金敝帚孰轻重
后世凭猜定小文

谁知，好梦难长，彩云易散，几个月后，章用的经济来源发生障碍。这里有国难的大形势，也有他纷纭复杂的家庭琐因。本来，刘姥姥有言，瘦死的骆驼比马大，以他父系和母系的背景，设法周转一下，易如反掌。譬如有一位德国朋友，随即就解囊相赠，并允诺以后每月周济。但是章用拒绝了，他的狷介，他的孤高，不允许他这么做。终于在初夏的一天，他坚持上完留学生涯的“最后一课”，然后，起程回国。

途中，船每停一地，章用都要给季羡林来函，报告见闻，谈论学业，免不了还要夹上一些旧诗。到了国内，他以教数学糊口，先是在山东大学，后来转到浙江大学，因为日寇压境，又随校迁到江西。在那里，他给季羡林发出最后一信，并附了一卷诗稿，囊括他归国后的所有诗作。他仿佛预感自己生命无几，急于把历年的吟咏，寄给一位知心的朋友保存，这个朋友，就选中了季羡林。

此后，便音信杳然。再此后，便是他的死讯了，是从别的朋友那儿辗转得知的。章用殁于香港，殉于病。直到若干年后，季羡林也不知他患的是什么病。唉，以他那种天才，那种个性，值此国破家亦破的乱世，又焉能不病不殉！章用在世的时候，季羡林只是觉得彼此有共同语言，与之交往，心里愉快，此外，并不觉得有什么特殊。章用去世后，季羡林才恍然，他已于无意间损失了一个知己，一个当代的钟子期。啊，彼苍者天，彼茫者地，他顿时感到天地都空洞洞的没有着落。他写道：“我站在人群里，只觉得自己的渺小和孤独，我仿佛失掉了倚靠似的，徘徊在寂寞的大空虚里。”

哥廷根仍然同以前一样美，空气仍然同以前一样爽，时光仍然同以前一样流，但是这美中有了不足，这爽中有了浑浊，这流中有了停顿——生活的生命的停顿。相濡以沫的那一沫涸了，砥砺以学的那一砥失了，孤独袭来时将更形孤独，怅惘升起时将更见怅惘。

季羡林动笔回忆章用，始于1941年，当是在好友去世不久。笔者以为，文章写到这儿，尽可戛然而止，不失为一篇佳构。然而，当断而不断，应止而不止——非不能也，实乃不愿，不忍；那一腔未尽的思念就永远弥漫心头，伴他苦挨异国的春秋。直到五年后的1946年，在南京，在石头城的怀抱，他才喘了一口长气，给文章缀上一个欲罢不能、欲说还休的“豹尾”：

逝去的时光不能再捉回来，这我知道；人死了不能复活，这我也知道。我到现在这个世界上来活了三十年，我曾经看到过无数的死：父亲、母亲和婶母都悄悄地死去了，尤其是母亲的死在我心里留下无论如何也补不起来的创痕。到现在已经十多年了，差不多隔几天我就会梦到母亲，每次都是哭着醒来。我甚至不敢再看讲母亲的爱的小说、剧本和电影。有一次偶然看一个电影片，我一直从剧场里哭到家。但俊之（章用）的死却同别人的死都不一样：生死之悲当然有，但另外还有知己之感。这感觉我无论如何也排除不掉。我一直到现在还要问：世界上可以死的人太多太多了，为什么单单死俊之一个人？倘若我不同他认识也就完了；但命运却偏偏把我同他在离祖国几万里的一个小城里拉在一起，他却又偏偏死去。在我的饱经忧患的生命里再加上这幕悲剧，难道命运觉得对我还不够残酷吗？

但我并不悲观，我还要活下去。有的人说：“死人活在活人的记忆里。”俊之就活在我的记忆里，只是为了这，我也要活去。当然这回忆对我是一个无比的重担；但我却甘心肩起这一份重担，而且还希望能肩下去，愈久愈好。

一路走好，章用。岂不闻“便与先生应永诀，九重泉路尽交期”（杜甫语）；你已活在季羡林的心里，也势必活在季先生读者的心里。

十年前，如果有人告诉我：你必须在这里住上五年，我一定会跳起来的。然而现在，不但过了五年，而且是五年的两倍，我一点也没感到有什么了不得。

——季羡林

（一九）夫子自道，留学生涯的 N 个最

最书呆：“在生活方面，我是一个最枯燥乏味的人，所有玩的东西，我几乎全不会，也几乎全无兴趣。……哥廷根是一个小城，除了一个剧院和几个电影院以外，任何消遣的地方都没有。我又是一介穷书生，没有钱，其实也是没有时间冬夏两季到高山和海滨去旅游。我所有的，仅仅是时间和书籍。学校从来不开什么会，有一些学生偶尔举办晚会跳舞，我去了以后，也只能枯坐一旁，呆若木鸡。这里中国学生也极少，有一段时间，全城只有我一个中国人。这种孤独寂静的环境，正好给了我空前绝后的读书机会。”

最傻瓜：“早点后，我一般是到梵文研究所去，在那里一待就是一天，午饭在学生食堂或者饭馆吃，吃完就回研究所。整整十年，不懂什么叫午睡。”

最入迷：1937 年后，“有很长一段时间，汉学研究所就由我一个人管理。……在绝对的寂静中，我盘桓于成排的大书架之间，架上摆的是

中国人民智慧的结晶，我心中充满了自豪感。我翻阅的书很多；但是我读得最多的还是一大套上百册的中国笔记丛刊”。

最扼腕：“在没有出国以前，我虽然也知道留学生的泄气，然而终究对他们存在着敬畏的观念，觉得他们终究有神圣的地方，尤其是德国留学生。然而现在自己也成了留学生了。在柏林看到不知有多少中国留学生，每人手里提着照相机，一脸满不在乎的神气。谈话，不是怎样去跳舞，就是国内某某人作了科长了，某某人作了司长了。不客气地说，我简直还没有看到一个像样的‘人’。到今天我才真知道了留学生的真面目！……我曾动念头，写一本《新留西外史》。如果这一本书真能写成的话，我相信，它一定会是一部杰作，洛阳纸贵，不卜可知。可惜我在柏林待的时间太短，只有一个多月，致使这一部杰作没能写出来，真要为中国文坛惋惜。”

最难忍：饥饿的地狱。二战爆发，食品奇缺。“为什么东西方宗教家都幻想地狱，而在地狱中又必须忍受饥饿的折磨呢？他们大概都认为饥饿最难忍受，恶人在地狱中必须尝一尝饥饿的滋味。这个问题我且置而不论。不管怎样，我当时实在是正处在饥饿地狱中，如果有人向我嘴里投掷热铁丸或者泥土，为了抑制住难忍的饥饿，我一定会毫不迟疑地不顾一切地把它们吞了下去，至于肚子烧焦不烧焦，就管不了那样多了。”

最欣慰：“我打破了纪录，是自己吃饭的纪录。有一天，我同一位德国女士骑自行车下乡，去帮助农民摘苹果。……工作结束时，农民送了我一篮子苹果，其中包括几个最优品种的；另外还有五六斤土豆。我大喜过望，跨上了自行车，有如列子御风而行，一路青山绿水看不尽，轻车已过数重山。到了家，把土豆全部煮上，蘸着积存下的白糖，一鼓作气，全吞进肚子，但仍然还没有饱意。”

最梦寐以求的珍馐：“我从来没有梦到过什么燕窝、鱼翅、猴头、熊掌，这些东西本来就与我缘分不大。我做梦梦到最多的是吃炒花生米和锅饼（北京人叫‘锅盔’）。”

最瞠目的散步：“有一次，我在山上林中，看到她母女二人（季羡林在哥大的同学伯恩克小姐和她的寡母）散步，使我顿悟了一层道理。‘散步’这两个字似乎只适用于中国人，对德国人则完全不适用。只见她们母女二人并肩站定，母右女左，挽起胳膊，然后同出左脚，好像是在演兵场上，有无形的人喊着口令，步伐整齐，不容紊乱，目光直视，刷刷刷地走上前去，速度是竞走的速度，只听得脚下鞋声击地，转瞬就消逝在密林深处了。这同中国人的悠闲自在，慢慢腾腾，简直是风马牛不相及。其中乐趣我百思不解。只能怪我自己缘分太浅了。”

最难忘的师生情：不是程门立雪，是师徒踏雪。“有一天，下课以后，黄昏已经提前降临到人间，因为天阴，又由于灯火管制，大街上已经完全陷入一团黑暗中。我扶着老人（西克教授）走下楼梯，走出大门。十里长街积雪已深，阒无一人。周围静得令人发怵，脚下响起了我们踏雪的声音，眼中闪耀着积雪的银光。好像宇宙间就只剩下我们师徒二人。我怕老师摔倒，紧紧地扶住了他，就这样一直把他送到家。我生平可以回忆值得回忆的事情，多如牛毛。但是这一件小事却牢牢地印在我的记忆里。每一回忆就感到一阵凄清中的温暖，成为我回忆的‘保留节目’。”

最自得的馈赠：“有一次，我发下宏愿大誓，要给老人（西克教授）增加点营养，给老人一点欢悦。要想做到这一点，只有从自己的少得可怜的食品分配中硬挤。我大概有一两个月没有吃奶油，忘记了是从哪里弄到的面粉和贵似金蛋的鸡蛋，以及一斤白糖，到一个最有名的糕点店里，请他们烤一个蛋糕。这无疑是一件极其贵重的礼物，我像捧着一个宝盒一样把蛋糕捧到老教授家里。这显然有点出他意料，他的双手有点颤抖，叫来了老伴，共同接了过去，连‘谢谢’二字都说不出来了。这当然会在我腹中饥饿之火上又加上了一把火。然而我心里是愉快的，成为我一生最愉快的回忆之一。”

最真诚的绝情：季羡林与德国姑娘伊姆加德相爱，1945 年 9 月 24 日，他在日记里写道，“她劝我不要离开德国。她今天特别活泼可爱。我真有点舍不得离开她。但又有什么办法？像我这样一个人不配爱她这样一个美丽的女孩子。”10 月 2 日，离开哥城的前四天，又写道：“伊姆加德只是依依不舍，令我不知怎样好”。（呜呼，此情可待成追忆，只是当时已惘然！）

最崇拜的学者：“我最爱读中外两位大学者的文章，中国是陈寅恪先生，西方就是吕德斯先生（季羡林的师祖）。这两位大师实有异曲同工之妙。他们为文，如剥春笋，一层层剥下去，愈剥愈细；面面俱到，巨细无遗；叙述不讲空话，论证必有根据；从来不引僻书以自炫，所引者多为常见书籍；别人视而不见的，他们偏能注意；表面上并不艰深玄奥，于平淡中却能见神奇；有时真如‘山重水复疑无路’，转眼间‘柳暗花明又一村’；迂回曲折，最后得出结论，让你顿时觉得豁然开朗，口服心服。”

最快意的收获：“至于我的博士论文，当时颇引起了一点轰动。轰动主要来自 Prof. Krause（克劳泽教授）。他是一位蜚声世界的比较语言学家，是一位非凡的人物，自幼双目失明，但有惊人的记忆力，过耳不忘，像照相机那样准确无误。他能掌握几十种古今的语言，北欧几种语言，他都能说。上课前，只需别人给他念一遍讲稿，他就能几乎是一字不差地讲上两个小时。他也跟西克教授学过吐火罗语，他的大著（《西吐火罗语语法》），被公认为能够跟西克、西格灵（Siegling）、舒尔策（Schulze）的吐罗火语语法媲美。他对我的博士论文中关于语尾——mathe 的一段附录，给予了极高的评价，因为据说在古希腊文中有类似的语尾，这种偶合对研究印欧语系比较语言学有突破性的意义。”

最庄严的抉择：1942 年，“德国法西斯政府承认了汪伪政府。这就影响到我们中国留学生的居留问题：护照到了期，到哪里去请求延长呢？这个护照算是哪一个国家的使馆签发的呢？这是一个事关重大又亟待解决的问题。我同张维等几个还留在哥廷根的中国留学生，严肃地商议了一下，决意到警察局去宣布自己为无国籍者。这在国际法上是可以允许的。所谓‘无国籍者’就是对任何国家都没有任何义务，但同时也不受任何国家的保护”。（以上均见《留德十年》与《学海泛槎·负笈德意志》）

初入北大

（1946—1949）

1946年起，季羡林先生开始在北大任教

设若不是蔡（元培）先生，我胡某人还真不知道在哪家三流小报做编辑！

——胡适

（二〇）副教授一周转正，创北大历史纪录

1945 年 9 月中旬，陈寅恪先生赴伦敦治眼疾，季羡林闻讯，随即从哥廷根发出一封慰安信，兼汇报自己的学业及处境。这是他初次和先生联络，当初在清华，虽然旁听过先生的课，但不是及门弟子，彼此没有往来。苏轼有言："作诗火急追亡逋，清景一失后难摹。"说的是灵感。季羡林此举，恐怕也有灵感在背后驱策吧。说来也巧，陈先生当年在柏林大学攻读梵文，恰与瓦尔德施米特同窗，所以他对这位师弟的高足，一览倾心，当下复函，除必要的勉励外，并郑重许诺，回国后，将介绍他到北大任教。

1945 年 10 月 6 日，季羡林离开哥廷根，转道瑞士，在彼邦居停了四个月，然后乘火车至法国马赛港，改走海路，途中千阻万隔，好事多磨，延宕至 1946 年 5 月 19 日，始抵上海。正应了"一身去国六千里，万死投荒十二年"。（柳宗元诗句）此前，陈寅恪先生已从伦敦返回南京，季羡林得悉，在沪上稍事逗留，便赶去谒见。师生劫后重逢，免不了感慨万千。陈先生践其前诺，分别给北大校长胡适、代校长傅斯年、

文学院长汤用彤写了推荐书。当时胡适居美未归，傅斯年适在南京，住鸡鸣寺下中央研究院，陈先生指示季羡林持他的信，并在德国发表的论文，前往拜会。傅先生曾是北大五四游行的总指挥，为人豪迈、博学，见了陈先生的荐书和季羡林的论文，当下首肯，只是强调，在海外拿到了博士学位，初入北大，按校方规定，只能安排做副教授。

季羡林的工作，就这样落实了。副教授就副教授，关键是能进北大。想当初高中毕业，同时报考北大、清华，而又同时为两家录取，之所以弃北大而就清华，是考虑出国留学镀金方便。如今，国也出了，学也留了，金也镀了，剩下的，就是实质性的岗位（饭碗也），现在，蒙陈先生提携和傅先生青睐，得以跻身巍巍上庠，再继前缘，在他，求之不得，欢喜万分，哪里还去计较职称的高低。

汤用彤（1893—1964），哲学家、佛学家、教育家、国学大师，是现代中国学术史上少数几位能会通中西、接通华梵、熔铸古今的国学大师之一，与陈寅恪、吴宓并称“哈佛三杰”

时值暑假，不能去北大报到；另一个，也是更尴尬的无奈，内战，津浦线中断，有家仍然难回，只能在南京枯等。一直等到秋深，树叶儿飘黄了，才返回上海，搭海轮北上，至秦皇岛，然后乘火车，折回北平。阴法鲁先生到车站迎迓。当日安排在沙滩红楼。第二天，拜谒汤用彤院长。初次见面，汤院长略作寒暄，又重申一遍傅校长说过的话，国外归来的留学生，不管拿到什么学位，最高只能定为副教授，工作几年，考核合格，再考虑晋升。季羡林表示理解，尤其想到在柏林见到的那些留学生，深感校方此举，大有必要。“试玉要烧三日满，辨才须待七年期”嘛。

谁知，一周后，汤院长突然通知季羡林，学校决定聘任他为正教授，兼文学院东方语言文学系系主任，另兼文科研究所导师。这个决定，大大出乎季羡林的意料。他任副教授才七天，课还未上一堂，陡然提为正教授，这在北大历史上，是没有先例的。证之以国内外高校，恐怕也是绝无仅有。季羡林受宠若惊，百喟丛生。他明白，这个决定，固然得力于陈寅恪先生的力荐，以及胡适校长和傅斯年代校长的赏识，但更直接，也更为枢纽的，则是汤用彤院长的扶掖。汤院长生于世家，幼承庭训，精于典籍，十九岁进清华，毕业后留美，入汉姆林大学，主修哲学、心理学，后又入哈佛大学研究院，与陈寅恪同修梵文、巴利文及佛学（妙啊，又是一位师叔！又是一位佛门学人！岂非因缘早定）。俗话说，内行看门道，他对季羡林的造诣及潜质，自是察一知十，一目了然。

行笔至此，在下也感慨万分。一路走来，季羡林的运气怎的就那样好？好事几乎都让他沾上了！我为季羡林激动，也为北大东语系激动。成名多赖此破格，倘若季羡林不是随即转为正教授，当上系主任，那个位置换了别人，他的命运就会完全呈现另一种走向。

客观而言，那一代人的成名，都相当早，譬如胡适，二十六岁即暴得大名，成为北大教授；傅斯年，三十岁出任中山大学教授、文学院院长；汤用彤，二十九岁担任东南大学教授。因此，比较起来，季羡林还是晚的，他当时已经三十五岁，只能算“大器晚成”。

这里有个背景：北大早有设立东语系的打算，奈何缺少领军人物，季羡林一出现，在汤用彤院长，顿有“众里寻他千百度，蓦然回首，那人却在灯火阑珊处”的欣悦。“玉经磨琢多成器，剑拔沉埋更倚天。”此时不用君，更待何时！于是，一纸任命，季羡林便抖擞精神，披挂上阵了。

回过头来看，假如陈寅恪推迟月把赴英伦，季羡林就无从发出那封信；假如陈寅恪推迟月把返国，季羡林也不会匆匆赶往南京，因而也就不会适时拜会傅斯年，并被后者当场纳入麾下；假如汤用彤不是会通中西、熔铸华梵的大师，对季羡林的学业了如指掌，他副教授的职称不会七天就转正，更不会立马坐上东语系主任的交椅。机遇，在上帝的手里；上帝，在人的把握中。季羡林曾经坦言：“如果我一生还能算得上有些微成就的话，主要是靠机遇。”又曾进一步诠释：“‘机遇’是报纸上的词儿，哲学上的术语是‘偶然性’，老百姓嘴里就叫作‘缘分’或‘命运’。”如何？这一段经历，姑且就看作季羡林的缘分或命运吧。

胡适之先生基本上是一位恂恂儒雅、有为有守的白面书生，他是不能搞政治的。因为，他没有大政治家的肩膀、中上级官僚的脸皮和政客或外交家的手腕；他甚至也没有足够做政治家的眼光！

——唐德刚

（二一）季羡林眼中的胡适，胡适眼中的季羡林

胡适少年得志，年未而立即被蔡元培聘为北大教授，是五四那一辈新潮学人的龙中之龙。季羡林念大三时，听过胡适一次演讲，题目是关于文化冲突。这是他首次见胡先生，当天在日记里留言：“我总觉得胡先生（大不敬！）浅薄，无论读他的文字，听他的说话。但是，他的眼光远大，常站在时代前面，我是承认的。我们看西洋，领导一派新思潮的人，自己的思想常常不深刻，胡先生也或者是这样罢。”（1933 年 10 月 13 日）甭说，季羡林这个毛头小伙对胡大师的随便“一瞥”，还是顶入木三分的。

1946 年 7 月底，胡适由美国返回北平，正式就任北大校长。晚数月，季羡林进北大，担任东语系主任。本来是相距遥而又遥的两代学人，忽然走到一起。作为系主任，季羡林要向胡适校长请示汇报，作为

学者，他要向胡适主编的报纸学术副刊供稿，所以，那间设在孑民堂前东屋的校长办公室，他是常客。胡适给人第一也是永恒的印象，是他那典型的“我的朋友”式的微笑，对教授是满面春风，对职员、学生、工友也是春风满面。当时名人、教授普遍有架子，蔚为时髦，据季羡林观察，胡适与此绝缘。他说：“我作为一个年轻的后辈，在他面前，决没有什么局促之感，经常如坐春风。”

胡适的好接近，还在于他擅长利用幽默。一次开教授会，季羡林在场，适逢杨振声先生新收得一幅名贵的古画，他带来，铺在桌上，请大家欣赏。教授们大饱眼福，啧啧称羡。这时，胡适突然站起来，抢到桌前，把画卷起，作纳入袖笼状，引得众人哄堂大笑。

胡适不赞成共产主义，同时也反对三民主义。有两件小事，季羡林刻骨铭心。之一：新中国成立前夕，北平学生经常举行示威游行，比如“沈崇事件”“反饥饿反迫害”，背后都有中共地下党指挥，对此，胡适心知肚明。但是，每次国民党的宪兵和警察逮捕学生，他都乘坐他那辆当时北平还十分稀罕的小轿车，奔走于各大衙门，逼迫国民党当局释放学生。之二：一天，季羡林去校长办公室，正好碰到一个学生闯进来，对胡适说，昨夜延安广播电台对他有专线广播，希望他不要走，北平解放后，将任命他为北大校长兼北京图书馆馆长。胡适莞然一笑，说：“人家信任我吗？”谈话戛然而止。这个学生的身份，他自然清楚，但他没有动怒，仍然和颜悦色，不失长者之风。

胡适终生在学术和政务之间荡秋千。他忙忙碌碌，倥偬奔波，形同“过河卒子”，拼命向前，然而，又总是顾此失彼，顾彼失此。他大智，也大愚，他的大智缘于他对中国传统文化的清醒认识，和对转轨时代的敏锐把握，他大愚，往往把政治学术化，把学术考据化、雕虫化。这问题，许多人都指出过，不知他自己有没有意识。季羡林觉得，甭管胡适本人如何定位，他终究是一介书生，说难听一点，就是一个书呆子。季羡林记得，一天下午，在北图开评议会，胡适匆忙赶到，首先声明，后面还有一个重要会议，他要提早退席。没有想到，会开着开着跑了题，有人忽然谈起《水经注》，一听到他最感兴趣的话题，胡适立即来了精神，接过话茬，口若悬河，眉飞色舞，早把另一个会抛在脑后，直到散会，也没有退席，而且意犹未尽，恨不得挑灯夜战——这不是书呆子又是什么！

至于胡适的治学窍门："大胆地假设，小心地求证"，季羡林认为是不刊之论。他年轻时奉为圭臬，到老犹拳拳服膺。在学问面前，假设当然要大胆，不大胆就不能突破框框，上天入地，自由驰骋。求证必定要小心，不小心就不能去粗取精，去伪存真。拿这把尺子度人，他曾以闻一多、郭沫若为例，他认为二位先生大胆假设有余，而小心求证不足，因此在异想天开、逸兴遄飞的当儿，也常常闹出一些常识性的笑话。

那么，胡适眼中的季羡林又如何呢？季羡林初入北大，写了一篇《浮屠与佛》。说起来，这篇文章正是缘胡适而起。佛教从印度传入中华，汉译有两个关键字眼，一为"浮屠"，一为"佛"，"浮屠"与"佛"，究竟哪个译在先，哪个译在后？胡适与陈垣两位先生各执一词，争得不可开交。鉴于佛教并不是由印度直接传入中国，而是经由中亚各国的媒介，这里存在着转译，季羡林利用自己的独门秘术：吐火罗文，成功破解了这一难题。文章经陈寅恪推荐，发表在《中央研究院史语所集刊》，季羡林以为这种小玩意，是不入胡校长的法眼的。哪晓得胡适不仅看了，还大为激赏。而后，季羡林又写了一篇《列子与佛典》。《列子》是一部伪造的书，此事已成定论，但伪造的时间及作者，尚缺乏深入的探讨。季羡林通过对与《列子》有关的《生经》的考证，彻底弄清了它的来龙去脉。文章写好后，这次他主动呈送胡适。胡适连夜看完，次日便给季羡林复函，内中说："《生经》一证，确凿之至！"（须知，胡适乃"考证派宗师"，向来主张"无征不信"，有一分证据说一分话，有九分证据不能说十分话）这两篇论文，无疑使胡适大感快慰，乃至他晚年任台湾"中央研究院"院长，与年轻的学人聊天，还忍不住说："做学问，就得像北大的季羡林研究佛教那样。"

一个白人与一个黑人同住旅社中的一间屋内。夜里，黑人把白人的脸用墨涂黑，偷了他的东西，溜之大吉。白人醒来，看到自己的东西都已不见，照了照镜子，惊诧地说道："原来黑人在这里，可我到哪里去了呢？"

——季羡林

（二二）别出机杼，移情比较文学

季羡林的主业是印度学，印度学是一个广义的范畴，他的兴趣聚焦在印度古代与中世佛典梵文，尤其是"混合梵文"。哥廷根城市很小，梵文的天地却很大，为写作论文，他借阅过上千种专著和杂志，只有一次落空，转而向普鲁士国家图书馆求援。北平城市很大，梵文的天地却很小，小到如沙漠，如荒原，如真空。英雄失去舞台，也只能徒唤奈何。东语系呢，初建，搭架子，教员四五人，学生更少，只有一个梵文班，三人。"政务"清闲，若干年后，神州流行"一杯茶，一支烟，一张报纸看半天"的神仙日子，在他，已提前进入。

可怜他不是神仙中人，享不惯清福，他得找活干。汤用彤先生开讲《魏晋玄学》，他征得同意，前往旁听。没有书，也没有讲义，汤先生口讲，他笔记，汤先生讲了一年，他记了一年，厚厚一本，至今保存。周祖谟先生授音韵学，他也征得同意，前去旁听。周先生年纪比他小，级别比他低，外人觉得奇怪，不可思议，他则泰然俯首，虚心折节。

中间也有过动摇，也有过苦恼，苦恼由于英国剑桥大学的浮出而愈发尖锐。曩昔在哥大汉学所，曾收到剑桥大学的聘约，是由古斯塔夫·哈隆教授介绍，哈隆教授不是别个，是哥大汉学所的前任所长，当初就是他在季羡林交换期满，主动请他出任汉学讲师，尔后此公去了剑桥，他欣赏季羡林的才华，向校方郑重推荐，剑桥大学也正需要季羡林这样的学者，热诚发出邀请。欧洲—剑桥—梵文，这样一条道路，将是季羡林学术的宝塔，事业的天梯。如果他要“羡林”“希逋”一下，那就往剑桥去，那里没有西湖，但有风光同样旖旎的康河，没有断桥，但有同样令人感之慨之的叹息桥……他当然向往，迫不及待。不，再迫也必须等待，因为他已有十一年没回国，没回家。于是他先答应下来，复函说等回去把家庭安置好，再前往剑桥。

归国，季羡林进入北大，职务的职称的待遇，远远超乎他的望外，士为知己者死，本来已放弃了去剑桥的打算，只是，鉴于梵文典籍的阙如，夜阑更深，屡兴龙困沙滩、虎落平川之叹，免不了又想起剑桥的种种好处。去，还是不去？这就有了思想斗争。斗争的结果，决定把宝押在家庭：若家里状况许可，他就去剑桥，反之，则留在北大。这里要交代一下，季羡林回国之后，由于内战兴起，道路阻隔，至今还没有回过老家。这年，

1973年，季羡林回济南时与婶母等人在大明湖畔合影留念

1947 年，暑假，他乘飞机返回阔别十二载的济南。

尽管恢复了一年的通信，对家中的状况大体有个想象，及至迈进家门，还是大吃一惊。郑板桥有诗云："归家何所有？兀然空四墙；井蛙跳我灶，狐狸踞我床。"前两句，简直是对叔父一家，也是他自己一家的素描，后两句，虽不中，亦神似。叔父年老，疾病缠身，妻子奉老扶小，身心憔悴，苦不堪言，两个孩子，女儿十四，儿子十二，衣衫褴褛，见了父亲，犹如面对生客，目瞪口呆，不知所措，全家仅靠续弦的婶母，在街头摆小摊，勉强维持生计。屈指算来，季羡林从老家到济南，已经过去了整整三十年，也就是说，这个家庭，巴望他的肩膀支撑，亦已整整巴望了三十年！人生能有几个三十年?！老人、妻子、儿女，又岂能再容他萍漂万里，浪迹欧洲?！季羡林心痛了，心酸了，心哭了。他后来回忆："我立即忍痛决定，不再返回欧洲。我不是一个失掉天良的人，我为人子，为人夫，为人父的责任，必须承担起来。"

剑桥，不去了，专业，又没有什么事好干，总不能就这样无所事事？他得发挥自己的长处。他的长处是什么？他熟悉中国古籍，又熟悉印度与西方古籍，何不就此着手。这就是吴宓师传授的比较文学吧。他就开始比。他发现，自佛教东传，中国典籍中的许多故事，都有印度或西方文化的影子。譬如，《三国志》中的"曹冲称象"，就见于汉译《大藏经》，只是主角的名字不同而已；柳宗元的《黔之驴》，在印度、希腊、法国的寓言中，都有它的母本；吴敬梓的《儒林外史》，更有多处涉嫌跨国抄袭、模仿；最有趣的，是他揭去罩在帝王头上的光环：《三国演义》说，刘备"两耳垂肩，双手过膝"，主大贵，不少正史，如《三国志》《晋书》《陈书》《北齐书》《周书》，提及帝王时，都有类似的描绘，以强调与普通人的不同，季羡林发现，这种把大人物异化的根据，还是来自印度，如佛教认为，释迦牟尼有异相，其中之二，即"耳厚修长""正立不屈手过去（膝）相"云云。季羡林的这种比较，在文化学上，无疑有它的独特处，不失为一家之言，可惜他比倒了，在政治学上，不及格。什么意思？这还用说吗，季羡林证帝王之异相源于佛教，已是胡风作长诗《时间开始了》的 1949 年，转眼就是新中国成立，转眼就是越来越“左”倾的年代，时势需要的是大长国人的志气，大灭洋人的威风，你若是能适时证出莎士比亚剽窃《诗经》，“文艺复兴”拾“百家争鸣”之牙慧，那该是多妙，多酷！

1948年，季羡林（前左一）与胡适、徐悲鸿、朱光潜、冯友兰等在举办泰戈尔绘画展时留影

第五章 学术之梦

（1949—1965）

季羡林先生参加塔什干亚非作家会议（1958年）

1949年10月13日，毛泽东复冯友兰信："友兰先生：10月5日来函已悉。我们是欢迎人们进步的。像你这样的人，过去犯过错误，现在准备改正错误，如果能实践，那是好的。也不必急于求效，可以慢慢地改，总以采取老实态度为宜。"

——摘自《冯友兰自述》

（二三）背负"原罪"的十字架，洗心革面，脱胎换骨

这当然是强人所难，季羡林哪会有这种"觉悟"。他说胡适是书生，自家比胡适还书生。就这书生气，也是慢慢培育的。高中毕业，他的欲望，只是一只邮务员的饭碗；幸亏考砸了，才有了后来的清华岁月。毕业险乎失业，绝处逢生，抢着母校掷过来的绣球，有了去德国镀金的机会。什么专业不好选？他却选了梵文，冷门，冷得不能再冷。那碗自然也只盛得清茶淡饭，油水多不到哪儿去。他的理想，至多是一间书房，几架书。连红袖添香，也望而却步，异国艳遇，知难而退（在婚姻问题上，季羡林倒与胡适相若，双方都有个属于长辈包办、年龄大过自己、识字无多，但一经结合便不离不弃、生死相依的小脚伴侣）。回国，入北大，梵文梦灭，饭碗总算有保障。新中国成立，季羡林和大多数知识

分子一样，喜跃，抃舞，欢呼。当然有个渐变，起初，开会喊口号，居然张不开嘴，连脱去长袍大褂，换上中山装，也感到别扭。形势比人强，陌生的，很快熟悉，不惯的，转眼自然。开会再喊口号，音调之高亢，音质之饱满，感情之丰沛，不输于任何人。中山装穿上，就脱不下，直到今天。

季羡林的感情是真诚的，他急于跟上时代，跟上历史疾转的车轮。他在《我的心是一面镜子》中说：当时，“反观自己，觉得百无是处。我从内心深处认为自己是一个地地道道的‘摘桃派’。中国人民站起来了，自己也跟着挺直了腰板。任何类似贾桂的思想，都一扫而空。我享受着‘解放’的幸福，然而我干了什么事呢？我做出了什么贡献呢？我确实没有当汉奸，也没有加入国民党，没有屈服于德国法西斯。但是，当中华民族的优秀儿女把脑袋挂在裤腰带上，浴血奋战、壮烈牺牲的时候，我却躲在万里之外的异邦，在追求自己的名山事业。天下可耻事宁有过于此者乎？我觉得无比地羞耻。连我那一点所谓学问——如果真正有的话——也是极端可耻的。”

这的确是一件可耻的事，在当日那种政治气氛中。即使季羡林心存蒙昧，也会有革命同志帮他洗心革面。既然他自己主动亮丑，那就说明他弃旧图新，勇于改造，大有希望。他的确心若怀冰，战战栗栗，束身修行，日慎一日。他《学问人生》一书中说：“我左思右想，沉痛内疚，觉得自己有罪，觉得知识分子真是不干净。我仿佛变成了一个基督教徒，深信‘原罪’的说法。在好多好多年，这种‘原罪’感深深地印在我的灵魂中。”

是的，这绝不止他一个人。很多人都是这样，很多很多。罪孽感种下了，终有一天要发芽，长成光怪陆离的树，结出酸甜苦辣的果。且看季羡林继续挖掘：“我当时时发奇想，我希望时间之轮倒拨回去，拨回到战争年代，给我一个机会，让我立功赎罪。我一定会不惜牺牲自己的性命，为了革命，为了民族。我甚至有近乎疯狂的幻想：如果我们的领袖遇到生死危机，我一定会挺身而出，用自己的鲜血与性命来保卫领

袖。”（《学问人生》）

这是见诸公开文字的，流于口头的活思想更多。比如他向党总支书记贺剑城汇报，则幻想：“假设有特务向大饭厅扔炸弹，而我恰好在一侧，我一定奋不顾身地把炸弹捡起，再扔到没人的地方。”（《学问人生》）

大家来照照镜子，有多少过来人是和他一样奇想、幻想。也不算奇，也不算幻，世事很快证明，机会总是有的，不在大小，不在形式，只要虔诚寻求。

季羡林是急了，他说：“我处处自惭形秽。我当时最羡慕、最崇拜的是三种人：老干部、解放军和工人阶级。对我来说，他们的形象至高无上，神圣不可侵犯。在我眼中，他们都是‘最可爱的人’，是我终生学习也无法赶上的人。”

“就这样，我背着沉重的‘原罪’的十字架，随时准备……改造自己的资产阶级思想，真正树立无产阶级思想……脱胎换骨，重新做人。”

新中国成立初期的第一场大型政治运动，是“三反”“五反”与思想改造。季羡林实心任事，廉隅清正，“三反”“五反”与他无缘，思想改造，天网恢恢，疏而不漏。

在群众的眼里，季羡林的罪孽不算深重，凑合着洗了一个‘中盆’。他的罪行，主要有两条：第一条，新中国成立前，他从对国民党的观察中，得出一个结论，政治这玩意儿，肮脏，污浊，最好躲得远远的；第二条，他认为，外蒙是被苏联抢走的，中共是受苏共左右的。为此，他检查了一次，没通过，再认识，再上纲，再提高，再检查。他回忆：虽然是“中盆”，那水也是够烫的。大家发言异常激烈，有的出于真心实意，有的也不见得。他生平第一次经历这阵势，句句都像利箭，射向他的灵魂。他没倒下，怀着虔敬的“原罪”感，仿佛批判越激烈，他就越舒服。他浑身燥热，大汗淋漓，犹如洗了一场土耳其蒸汽浴。当大会最后宣布，准予过关，他检查时没哭，也哭不出来，这时倒唰唰流下了泪，热泪。他感到浑身轻健，通体舒泰，资产阶级思想仿佛一涤而光。

1953 年，胡风举家北迁，在景山公园与什刹海之间的一所幽静小院里安家落户。他在院子的四角种上了四棵树。因此，把自己的书房命名为“四树斋”。有人提醒他，这不是“四面树敌吗”？

——摘自《胡风碎影》

（二四）坚守批判的底线：不违心，不出卖，不跟风

季羡林的改造是卓有成效的，因此，1956 年 4 月 4 日，他加入了中国共产党。

回头再说东语系。1949 年春，北平和平解放，人民政府接管北大，“东风压倒西风”，东语系得天时地利，教员、学生遽增，从北大最小，一举蹿为最大。季羡林官没升，摊子却大了，担子却重了，加之兼工会要职，先组织部长，继秘书长，继主席（居然兼工会主席！他的出身，他的踏实，以及他典型的老实巴交相，无疑派上了大用场）。忙啊，忙，忙得不可开交。事多，会就多；会一多，事更多。批判的鼙鼓挟着会议动地而来。人人踏着批判的旋律跳舞。是真跳，手之舞之，足之蹈之，兼之口之呼之，拳之挥之。山呼海啸，震地殷天。

革命批判，是从赵丹主演的电影《武训传》开刀。罪名很大，有人

定调：武训是封建帝王的忠实走狗，他那一套行乞办学的做法，比如趴在地上，让人骑跨，不外迷惑视听，麻痹群众，目的在于延续封建王朝统治。由武训又扯出包拯、海瑞："清官"云云，都是骗人的，他们的作为，缓和了人民大众与封建帝王之间你死我活、不共戴天的矛盾，客观上助纣为虐，为虎作伥，是可忍，孰不可忍！

这次批《武训传》，也让世人，包括季羡林，认识了江青。在这之前，她只在中宣部电影处挂了个处长的职，深居简出，寂寂无闻；自从她以李进的化名，去山东武训老家调查，又在袁水拍的协助下，炮制了长达数万字的"武训罪行报告"，遂一鸣惊人，一飞冲天。

接着批俞平伯。俞平伯是晚清经学大师俞樾的孙子，和朱自清玩过同题散文《桨声灯影里的秦淮河》，也是季羡林的清华师长，北大同侪，挺儒雅挺风趣的一个人，却入了"火牛阵"。导火索是他的《红楼梦研究》，要害是"胡适派资产阶级唯心论"。这就又顺藤摸瓜拽出了胡适。胡适远在美国，隔岸观火，倒也逍遥自在。唐德刚在《胡适杂忆》中说，大陆上《胡适思想批判》百余万字的长文，他都一篇篇读过，认为"不值一驳"。有次唐德刚问胡适，大陆的批判文章，难道就没有一点学问和真理?！胡适答："没有学术自由，哪里谈得到学问?"

胡适在美国当寓公的情况，季羡林是不清楚的，也是他无法清楚的。他只能暗自想象，想象当事者远在重洋之外，只留下他的名字当"草人"。箭射在谁的身上都是箭，射在草人身上，真身不仅毫发无损，反而会乐得开怀大笑。笑者自笑，批者自批。批判就是跟着什么人的什么逻辑，把一种"唯心论"批到唯心。对于围剿批判胡适，季羡林一直保持沉默。不容易！真的不容易！记得在什么书上看到一则资料：某次批胡座谈，与胡适有牵连的几位老先生不得不表态。沈尹默起而揭发，他说一次去看胡适，胡博士正在写文章，但见案头满是打开的书，他边写边抄，沈说："这哪里是做学问的样子?"沈的姿态，现在流为美谈。季羡林呢，他连这个"姿态"也不摆，干脆一言不发。要知道，新中国成立后季羡林无时不在追求进步，但他宁愿牺牲进步也不出卖良心！（在他同辈的学人中，他是始终坚持良心的）对于批判，他有自己的底线：不违心，不出卖，不跟风。

一路批批批，斗斗斗，转身又揪出“胡风反革命集团”，眨眼又挖出“丁玲、陈企霞反党集团”，排山倒海，轰轰烈烈。不知怎么一来，又株连上了陈寅恪。陈寅恪于季羡林有引路之恩，恩过胡适，自不必说。撇开这一层，陈寅恪的风骨、气节，也令他高山仰止。兹举两例：新中国成立前夕，国民党政府经济崩溃，民不聊生，时任清华“教授的教授”之陈公寅恪亦不能幸免，岂但食无鱼，出无车，到了冬天，连买煤取暖的钱都告罄，囊空如洗，一至于斯。穷到这个份上，按陈师的生活习惯，是既不能作文，更不能作诗的了。北大校长胡适得悉，拟奉赠一笔美元，助解燃眉之急。陈寅恪不愿白拿，提出以珍藏的典籍交换。这事是季羡林出马办的，他用胡适的汽车，从寅恪先生家拖走一车图书，是关于佛教和中亚古代语言的。这都是陈寅恪游学欧美多年的积累，其价值，纵不连城，也十分可观。但是，寅恪先生坚持只收两千美元。这个数目，抵不上其中一部《圣彼得堡梵德大词典》的市价。又：1948 年底，解放军包围北平，陈寅恪与胡适乘南京政府的专机南下，他没有跟蒋介石去台湾，也没有随胡适去国外，而是到了广州，落脚岭南大学（后并入中山大学）。凡此种种，都使季羡林对陈寅恪心怀崇敬，不愿违心出手，落井下石，虽经再三动员，晓以大义，他仍效金人三缄其口。季羡林晚年回忆：“我不愿意厚着面皮，充当事后的诸葛亮，我当时的认识也是十分模糊的。但是，我毕竟没有行动。现在时过境迁，在四十年之后，想到我没有出卖我的良心，差堪自慰，能够对得起老师在天之灵了。”（《回忆陈寅恪先生》）

另有一幕，批《早春二月》，也被季羡林记录在案。这是 1964 年的事，他把它和 20 世纪 50 年代批武训批俞平伯混在了一起。他记得，批判《早春二月》，是在西四大街一所大院里开始的，当时是电影局（或另外别的名称）所在地，上面把一批文化界的名流找去，请看电影，看完座谈，不定调，不露底，让你随心所欲，自由发挥。发言者说的当然都是影片的好话。然后，组织者把发言整理成文，上纲上线，大批特批。为什么？因为上面说了，《早春二月》宣扬资产阶级人道主义，是大毒草！季羡林本来也想为影片唱唱赞歌的，临时有事，中途离场，由此又神奇地逃过一劫。

那一幕幕“左”得可爱的批判，后来证明都错了；唯其证明都错了，才更显出当初的唯我独革，舍我其谁！

话又说回来，不是那些唯我独革、舍我其谁的口诛笔伐，批人者与被批者，判人者与被判者，名头都不会像今天这般“响亮”。季羡林既无批判的业绩，也没有被批判的记录，在那个年头的断代史，他的名字可以忽略不计。

迄今为止，幸运女神一直在眷顾季羡林。甚至1957年的反右，他也因忙于处理系务（部分学生闹转系），再一次置身局外。他回忆当时的状况，说：“我成了‘逍遥派’，既不被批，也不批别人，逍遥自在，为所欲为。现在全校到处摆满了反击右派分子的战场，办公楼礼堂是最大的一个。此处离东语系最近，我有时候就坐在办公楼前的台阶上，听大礼堂中批右派分子的发言，其声清越，震动楼瓦。听腻了，便也念点书，也写点文章。”（《学海泛槎·政治运动》）瞧，季羡林的运气简直好得邪门，连“文化大革命”中应运而生的“逍遥派”，也被他提前若干年当上了。

有人说，这是阴谋。我们说，这是阳谋。因为事先告诉了敌人：牛鬼蛇神只有让它们出笼，才好歼灭它们，毒草只有让它们出土，才便于锄掉。

——毛泽东

（二五）“自由共道文人笔，最是文人不自由”

若干年后，季羡林为1957年的“逍遥”感到愧怍。他在《记张岱年先生》一文中说：“我有一个自己认为是正确的意见，也是纠结：在我了解的‘右派’中，大部分都是好人，都是正直的人，敢讲真话的人，真正热爱党的人。但是，我决不是说，凡没有被划者都不是好人，好人没有被划者遍天下，只是没有得到被划的‘幸福’而已。至于我自己，我蹲过牛棚，说明我还不是坏人，是我毕生的骄傲。独没有被划为右派，说明我还不够好，我认为这是一生憾事，永远再没有机会来补课了。”

季羡林这番“觉悟”来得太迟，假若他在20世纪50年代末有此认识，且诉诸口头或文字，保管立竿见影，享受被划为右派的“幸福”。手头有现成的例子。诗人孙静轩本来和右派不沾边，只因他在反右过后，私底下跟人发牢骚，说：“这个也是右派，那个也是右派，谁有本事把我也打成右派试试!”他的牢骚被人揭发，于是被追加一顶“右派分子”的高帽。

现在，让我们看一看季羡林最亲近的几位师友，在反右前后的沉浮。

胡适——已如前述。如是据闻，毛泽东曾表示，将来要替胡适恢复名誉。又据闻，1957 年前后，大陆曾派人向胡适婉转致意：我们尊重胡适先生的人格，我们所反对的不过是胡适的思想。

陈寅恪——新中国成立后在中山大学历史系执教。1953 年，中国科学院设立历史研究所，其上古史、近代史二所所长，分别为郭沫若和范文澜，中古史所长空缺，拟请陈寅恪出任。陈寅恪提出两个先决条件：一、允许研究所不宗奉马列主义，并不学习政治。二、请毛公、刘公给一允许证明书，以作挡箭牌。此处所谓“毛公、刘公”，即毛泽东、刘少奇。对新政权如此之大不敬，公然冒天下之大不韪，按说，早就该“揪出示众”，并“碎尸万段”。然而，整个 20 世纪 50 年代，陈寅恪基本没受到什么冲击。原因——又是据闻——当年，毛泽东访苏期间，斯大林曾当面向毛泽东打听陈寅恪，并说知道他的历史著作。毛泽东回国后，查实陈寅恪在中山大学，便嘱咐广东当局，要他们好生优待。

朱光潜——曾任北大西语系主任，兼文学院代理院长。1948 年底，北平成了解放军控制下的围城，国民党把东单广场辟为临时机场，抢运知名学者，朱光潜名列其中，但他没有跟着走，坚持留在北大。新中国成立初期，北大率先开展思想改造，朱光潜因为曾出任国民党中央监察委员，虽经多次检查，仍不得通过，后来，还是上头发了话，无非是网开一面云云，他才得以侥幸过关。主任自然当不成了，工资仅按讲师级待遇。1956 年至 1964 年，学术界开展了对朱光潜美学思想的大清算，李泽厚因之一战成名。

吴宓——抗战胜利，西南联大解散，清华、北大迁回北平，他却脱离清华，去了四川。季羡林心生诧异，他分析，一定是老先生乖戾悖逆，为环境所不容。此后人海茫茫，音讯杳然。新中国成立后，吴宓执教于西南师范学院，1957 年大鸣大放，因反对汉字简化和拼音化，险乎被打成右派。1961 年春学期，又因在课堂上随口说了一句“三两尚且不足，况二两乎?”惹了诋毁社会主义制度的大祸，被勒令停课反省，闭门思过。吴宓由闲暇生出别绪，这年暑假，他南下广州，探视双目失明的老友陈寅恪。陈有诗记述他的到来：“问疾宁辞蜀道难，相逢握手泪汍澜。暮年一晤非容易，应作生离死别看。”或许正是怀了诀别的悲壮，转身，他又北上京华，看望昔日的朋友和学生，包括温德、钱稻孙、赵紫宸、张奚若、金岳霖、贺麟、钱锺书、李赋宁，以及他的前妻陈心一等。季羡林便是在低他五级的师弟李赋宁家里，见了吴师一面。嗟乎，“世乱为儒贱尘土，眼高四海命如丝”，夫复何言？夫复何言?!

沈从文——20 世纪 40 年代末，执教于北大中文系。1948 年，郭沫若在香港发表檄文《斥反动文艺》，指沈从文为专写颓废色情的“桃红色作家”，“是有意识地作为反动派而活动着”，这就为沈从文定了性。1949 年初，北大校园贴出标语：“打倒新月派、现代评论派、第三条路线的沈从文!”天震地骇，万钧压顶，沈从文慑于未卜的形势，乱了方寸，忧而自杀。未遂，从此掷笔，退出文坛。若说看风使舵而又使不了舵干脆顺势落帆的，沈从文是绝佳例证。季羡林心有戚戚焉，据马逢华透露，季羡林曾对沈从文私语：“咱们都像是下了锅的螃蟹，只等人家加一把火，就都要变红了。”

李长之——“清华四剑客”中才气最纵横者，正应了“翘翘者易折，皎皎者易污”，他也是最早运交华盖。倒霉就倒霉在他的《鲁迅批判》。按，李长之撰写该书是 1935 年，当时的“批判”一词，等同于后来的“评论”，所谓“鲁迅批判”，其实就是“鲁迅评论”或“鲁迅介绍”。该文起先是在报纸上连载，得到鲁迅本人的认可，鲁迅还给李长之寄去一帧肖像照，供出书时印在封面。20 世纪 50 年代的革命闯将无须咬文嚼字或刨根究底，他们只要知道，鲁迅是新文化运动的旗手，批判鲁迅，就是批判新文化运动，就是反革命，即行。最愚昧的也最实用。李长之吃不了兜着走，1957 年只有老老实实地认领他的“右派”。

季羡林的师友中，也有革命功成、官运亨通的，如胡乔木、乔冠华；也有投身洪流、泯然俱化的，如老舍、臧克家；也有本人安然无恙，而伴侣却有恙且恙成右派的，如冰心；也有风光无限，却半道陨落的，如郑振铎；也有与时俱进，觉今是而昨非的，如金岳霖；也有跋前疐后、踉跄前行的，如冯友兰；也有谨言慎行、埋头教学的，如吴组缃、林庚；也有老骥伏枥、扶病著述的，如汤用彤；也有谠言直声、大起大落的，如马寅初；等等。

到了 20 世纪 60 年代，照例又有一番天翻地覆慨而慷或慨而不慷或不慨而慷的鱼龙变化。变来化去，成龙的多为跳梁小丑，成虫的多为知识中人。呜呼！正应了陈寅恪当年的谶语：“自由共道文人笔，最是文人不自由。”

> 没有自由思想，没有独立精神，即不能发扬真理，即不能研究学术。独立精神和自由思想是必须争的，且须以生死力争。
>
> ——陈寅恪

（二六）大政治下的小学术

季羡林晚年，在《学海泛槎·我的学术研究》一节中，对20世纪50年代初期的学术写作，做了立此存照的回顾：

> 1950年，写了两篇文章：1.《纪念开国后第一个国庆日》；2.《记〈根本说一切有部律〉梵文原本的发现》。
>
> 注：学术论文等于零。
>
> 1951年，写了八篇文章：1.《〈新时代亚洲小丛书〉序》；2.《语言学家的新任务》；3.《介绍马克思〈印度大事年表〉》；4.《从斯大林论语言学谈到“直译”和“意译”》；5.《对于编修中国翻译史的一点意见》；6.《史学界的另一个新任务》；7.《不列颠在印度的统治》（翻译）；8.《不列颠在印度统治的未来结果》（翻译）。另，出版汉译马克思《论印度》。
>
> 注：学术论文，依然等于零。
>
> 1952年，仅写了一篇文章：《随意创造复音字的风气必须

停止》。

注：当然又是一个零。

1953 年，写了两篇文章：1.《学习〈实践论〉心得》；2.《纪念马克思的〈不列颠在印度的统治〉著成一百周年》。

注：谁也不会把它当成学术论文。

1954 年，写了三篇文章：1.《中国纸和造纸法传入印度的时间和地点问题》；2.《中印文化交流》；3.《中缅两国人民的传统友谊》。

注：首篇为学术论文。

1955 年，写了四篇文章：1.《〈金刚般若波罗蜜经谚解〉序》；2.《吐火罗语的发现与考释及其在中印文化交流中的作用》；3.《中国蚕丝输入印度问题的初步研究》；4.《为我们伟大的祖国而欢呼》。另，出版汉译《安娜·西格斯短篇小说集》。

注：次篇纯粹是摭拾旧文，重新拼凑，没有创造；第三篇算得上学术论文。

1956 年，写了五篇文章：1.《纪念印度古代伟大诗人迦梨陀娑》；2.《印度古代诗人迦梨陀娑的〈云使〉》；3.《〈中印文化关系史论丛〉序》；4.《沉重的时刻》（译文）；5.《原始佛教的语言问题》。

注：最后一篇可以算是学术论文。

为什么立此存照？季羡林说："用意是在'示众'。"

季羡林 1952 年被评为一级教授，根据什么？主要就是他在德国的那几篇论文。那几篇论文不啻"天书"，北大没有几人能懂，难免招惹非议。与他常在一个餐厅吃饭的几位教授，出于善意的又介乎可理解与不可理解之间的心理，背后赐给他一个诨名，曰"一级"。只要他一走进食堂，有人就窃窃私语，会心而笑，"'一级'来了！"1956 年教授重评，主要学术成果，还是那几篇论文。有人提出反对，理由是他没有著作。支持者则认为，评一级不能光看有没有著作，要看论文的水平，那几篇论文既然国内无人能及，这就是“无比”，就是“顶尖”。结果，还是让他“无比”上了。而他的好友，著名小说家、《红楼梦》研究专家、中国作家协会书记处书记、中文系教授吴组缃，只评上二级。当年，全国评出的一级教授，总共只有五十六人，季羡林为其一，他是够牛皮的了！

这位堂堂的北大一级教授，新膺选的中国科学院哲学社会科学部委员，学富五车、才高八斗的大知识分子，在1950—1956年七年内，学术研究成果，仅区区三篇。

他也是够窝囊的了！

季羡林把矛头，直指无休无止的运动，以及由运动派生的开会。当年，诗人冯至曾套用李后主的词讽喻：“春花秋月何时了？开会知多少。”梁思成在1957年夏天，接受人民日报记者叶迈采访时说：“从5月20日到7月中旬，每天都有会，说是整风工作两不误，其实把工作误得一塌糊涂。”季羡林晚年也曾用幽默的话语指控：“我的专业变成开会，专门化也是开会。可惜大学里没有开设‘开会学’，否则，我是最理想的教授。”又说：“如果教委和国务院学位委员会批准建立‘开会学’，我相信，我将是第一个合格的‘博导’。”

“国民党的税多，共产党的会多。”季羡林曾听周扬如是说，许多人都曾如是说。

光是会，还好应付，会议是形式，批判是实质，逢会必批，今天批张三，明天批李四，批得万马齐喑，人人自危，动辄得咎，遍地寒蝉。

这说的是客观，那么，主观呢？

“真正大学问大事业”，是由那些“同一般人不一样，甚至被他们看作怪人和呆子的人做出来的”。这是季羡林在《忆章用》一文中的自省。正确。精当之至。陈寅恪就是这样的“怪人和呆子”，他在革命烈火燎原烛天，眼看就要烧到自己头上的1953年，仍秉其“独立之精神，自由之思想”，居然跟中央叫板，拒绝参加政治学习，遑论与会！这是特例，是异数，非常人所能及。在同一篇文章中，季羡林反省自己，他说：“我自己虽然这样想，甚至也试着这样做过，也竟有人认为我有点怪；但我自问，有的时候自己还太妥协平稳，同别人一样的地方还太多。”

这番话写于20世纪40年代初，季羡林自责有的时候还太“妥协平稳，同别人一样”，进入50年代后，笔者认为，他已无须自责，而应庆幸，庆幸自己“妥协平稳，同别人一样”。革命要速成大批“驯服工具”，其特点，就是毁弃个性，戕灭自我。如果说，50年代的季羡林身上还有一点“怪和呆”，显出与众不同，那不是缺点，恰恰是革命最需要的宝贵元素。譬如说，他一个洋博士，里里外外找不出星点洋气，穿戴直比老农老圃；他一个大教授，即之也温，观之也诚，待人比工友还平易；他一个系主任、工会主席、学部委员，长期住单身公寓（妻子一直在济南服侍叔父），见天从早到黑，一门心思地扑在工作；甚至（我猜想）他的口讷言拙，“粥粥若无能”状，这时也成了优势——一件介

20世纪50年代初，汤用彤、邓广铭、季羡林（左5）等教授签名支持我国抗美援朝

乎忠诚与老实的外衣，大大降低他人的猜忌、提防。回看那一代的大知识分子：马寅初、熊十力、梁漱溟、冯友兰、陈寅恪、吴宓、金岳霖、梁思成、林徽因……谁没有一派书生气？譬如梁漱溟与毛泽东之争。譬如金岳霖的老顽童习性。对了，坊间流传：金岳霖任北大哲学系主任，请艾思奇给学生做报告。艾思奇在讲话中大批金岳霖的形式逻辑，金岳霖带头鼓掌，艾思奇很得意。末了，金岳霖作总结，他说："艾思奇同志今天讲得很好，好就好在他的话完全符合形式逻辑。"金岳霖并送艾思奇一副对联："少奇同志，思奇同志；湖南一人，云南一人。"弄得艾思奇啼笑皆非。无独有偶，50年代初，季羡林也曾请乔冠华给北大学生做报告，散场，季恭送出门，途中遇艾思奇。他俩显然很熟识。艾说："你也到北大来老王卖瓜了！"乔说："只许你卖，就不许我卖吗？"说罢，彼此大笑。从这段简洁的描述中，你很难把握季羡林的爱憎，但它又实实在在包含着爱憎。西谚说："性格即命运。"季羡林的性格及作风被新政权看中，很快接纳入党，树为典型。人是环境的产物，存在决定意识。当年，他长夜梦回，扪心自问，可能有些许失落，有些许怅惘，但第二天爬起来，又会精神抖擞，汇入革命的洪流。

试看他前面论可的两篇学术论文：《中国纸和造纸法传入印度的时间和地点问题》及《中国蚕丝输入印度问题的初步研究》，与20世纪40年代末的写作大异其趣。同是中印文化互动，当年证的是由印向华，是拿来，现在证的是由华向印，是送去，专业没变，叙述的角度变了，是偶然的吗？不，偶然中有必然，这里有抹不去的时代徽记。

1960 年秋，甘肃省省长邓宝珊给毛泽东主席寄去一份用油渣和榆树皮粉掺和而成的食物，这是当时天水一带老百姓赖以生存的东西。他说：“我要实事求是地向毛主席、党中央反映问题，个人的进退荣辱并不是什么大事，群众的吃饭问题要紧啊。”

——摘自《心明如镜的邓宝珊》

（二七）荒诞借虔诚上演，愈加荒诞

共产党人是讲唯物主义的，1958 年却煽动了唯心的狂热。当时有一句口号叫“人定胜天”，把人的作用夸大到无以复加，比神仙还神仙。

季羡林回忆：“1958 年，又开始了‘大跃进’，浮夸之风达到了登峰造极、骇人听闻的程度。每一亩地的产量——当然是虚构的幻想的产量——简直像火箭似地上升。几百斤当然不行了，要上几千斤。几千斤又不行了，要上几万斤。当时有一句众口传诵的口号：‘人有多大胆，地有多大产。’把人的主观能动性夸张到了无边无际。当时苏联也沉不住气了，他们说：把一亩地铺上粮食，铺到一米厚，也达不到中国报纸上吹嘘的产量。”（《学海泛槎·政治运动》）

季羡林精研佛学，但不信佛，不拜佛，保持纯然客观的清醒。那么，他对上述亩产几万斤的神话，又是如何看待的呢？他要是不信，但出于对政治的屈从，违心地、言不由衷地跟着鼓掌（相信不少人属于这个状态），也不失为识时务的俊杰。然而，不——

季羡林说："那时我已经有四十七八岁，不是小孩子了；我是受过高等教育、留过洋的大学教授，然而我对这一切都深信不疑。'人有多大胆，地有多大产'，我是坚信的。我在心中还暗暗地嘲笑那一些'思想没有解放'的'胆小鬼'。觉得唯我独马，唯我独革。"（《我的心是一面镜子》）

试看季羡林 1958 年写给海外侨胞的报告——《在大跃进中庆祝国庆节》，文章劈头写道：

> 我以前常用"祖国的建设简直是日新月异"这句话；但是在今年，这句话无论如何也不够了。如果允许我杜撰的话，我想改为"祖国建设简直是秒新分异"。

他接着袒露自己的认识过程：

> 最初在报纸上读到有人想亩产小麦千斤的时候，我的脑袋里也满是问号。然而不久亩产千斤的纪录就出现了。不但出现了，而且像给风吹着一样，纪录一天天升高。有的时候晚报上的最高纪录，第二天早晨就被打破。有一些科学家也着了慌，他们用最高深的数学、物理和化学来证明，小麦亩产最高产量是三千斤；然而事实却打了他们一记耳光，纪录一直升到七千多斤，这是人类历史上前所未有的纪录。现在有许多农民和科学家已做出计划，明年的产量不是以千斤计，而是以万斤计。
>
> 稻子也是一样，早稻的最高纪录已经达到亩产三万六千九百多斤，中稻竟达到四万三千多斤。有些人觉得这些数字简直是神话，他们有点半信半疑。信嘛，他们不能够想象，在那有限的一点点地方，这么多的稻子如何摆得下；疑嘛，他们又知

道，中国报纸从来不说谎话。不管这些人怎么想，我可以告诉诸位侨胞：这些纪录还只是牛刀小试，不用说明年，就是在今年，也还会有许多地方打破这一纪录。至于最高纪录究竟是多少，现在很难预言；我只希望侨胞们有一个思想准备，将来不至于过分吃惊。

侨胞们生活在另一个“场”，不知对报告中小麦和水稻的产量有几人相信。有一点季羡林没有说错，他列举的纪录，仅是“牛刀小试”。大概这篇应景之作，是提前多日写好，所以9月18日，广西容县放的那个水稻亩产十三万斤的特大“卫星”，就没能收入。

冯友兰笔下，还有更离奇的。冯说：“1958年北大的各系，都要下乡参加劳动。我们这个系分配到长辛店附近的黄村。在我们下去之前，黄村的同志来向我们介绍情况，据他说，他们的生产指标是每亩地产十二万斤。他们说我们找到了一个绝招，就是杀狗，用狗肉作肥料。等到我们下去以后，才知道，生产指标又提高了十倍，每亩地要产一百二十万斤，并且设置了试验田，上面写着一百二十万斤。”（《冯友兰自述》）

放眼全国，在“大跃进”中蹦得最高最欢的，是河南。卫星满天飞，新纪录层出不穷。著名哲学家、中央党校党委书记兼校长杨献珍满怀好奇前往河南采风，结果，不看不知道，一看吓一跳：所谓高产卫星，小麦亩产多少千斤，玉米亩产多少万斤云云，统统是假的。真实情况：老百姓已经饿得前心贴后背，村无炊烟，人皆浮肿，野有毙殍。“这是叫花子共产主义，”杨献珍愤怒地指斥，“甚至比叫花子还穷，因为叫花子还有一条打狗棍嘛！”——缘是之故，杨献珍注定要为他的恫瘝在抱付出代价，睚眦必报不待十年，那是眨眼而至的鸣鼓而攻，是“一分为二”对“合二而一”的全面围剿，斩尽杀绝。彼时，当时，哲学家若想坚守本位，只有放弃传布真理，让哲学变成无口的折学。（参见《无悔人生·杨献珍》）

也就在这一年，僻居台湾岛的于右任写了一首诗：“能养能生共几何，不教饭碗引干戈。将来麦子木瓜大，四季开花结实多。”论者称之流露了朴质天然的民本思想，他这里的“将来麦子木瓜大”，焉知不是受了“大跃进”的影响，抑或是一种音在弦外的讥刺？

得了疟疾打摆子，发了高烧说昏话。集体发昏自有集体发昏的报应。季羡林说，“大跃进”之后，三年自然灾害接踵而至，人们普遍没饭吃，有的地方还饿死了人。尽管瘪着肚子，大学还是运动不误，这一次名曰“拔白旗”，每系选出几个靶子，当然都是资产阶级臭知识分子，照例是以大批判开路，以当事者把自己骂得一无是处的检查结束。奈何革命有意，自然无情，折腾来折腾去，肚子还是填不饱。

填不饱肚子事小，失去脑袋事大。

饿肚子还可以唱“空城计”，失去脑袋就只能做无头的苍蝇。

荒诞借虔诚上演，愈加荒诞。

> **吴组缃和林庚，20 世纪 50 年代初，也从清华转到北大。三人同在燕园，无复当年的眼高于顶，恣意妄评，茅盾倘有新的力作问世（惜乎《子夜》已成绝唱），除了叫好，不会再有别的杂音。“剑客”云云，更是讳莫如深，你是谁家的剑？你要刺向谁？**
>
> ——笔者

（二八）再论大政治下的小学术

关于 1957 至 1965，季羡林也有过一番学术盘点：

> 一、出版了两部专集：《中印文化关系论丛》和《印度简史》。
>
> 二、翻译并出版了两部印度古代文学作品：《五卷书》和《优哩婆湿》。
>
> 三、写作了十五篇论文。

笔者对其间的政治运动，也趁机做一番盘点，这九年，粗粗算来，大致有：反右、“大跃进”、人民公社化、批判马寅初“新人口论”、批判彭德怀为代表的右倾机会主义、“千万不要忘记阶级斗争”、社会主义教育、学习雷锋、工业学大庆、农业学大寨、京剧改革、批判“合二而一”、城市“五反”、农村“四清”、批判《早春二月》《李慧娘》《林家铺子》《不夜城》、批判《海瑞罢官》，等等。

这里有个中国特色，季羡林说，每次运动，北大都首当其冲。冲就冲吧。他又说：“知识分子们，经过十几年连续不断的运动，都已锻炼成了‘运动健将’，都已成了运动的内行里手。这一次我整你，下一次你整我，大家都已习惯这一套了。于是乱乱哄哄，时松时紧，时强时弱。”正所谓“乱哄哄我方唱罢你登场”，值此背景，他能冲浪般抢出上述成果，也算差强人意。

这九年，政治上，他是芝麻开花——节节高：1958 年，出席在苏联塔什干举行的“亚非作家会议”；1959 年和 1964 年，持续当选全国政协委员；1962 年，应邀前往伊拉克参加“巴格达建城一千二百周年纪念大会”，并去埃及、叙利亚观光；同年当选中国亚非学会理事兼副秘书长；1964 年，参加中国教育团，前往埃及、阿尔及利亚、马里、几内亚等国参观访问；1964 年，当选中国亚洲非洲团结委员会委员。

1962年，季羡林（右一）、吴晗（左二）等在叙利亚留影

笔者曾就此走访东语系的一些老先生，他们回忆，季羡林政治走红，有几大因素。首先，上头有人关照（譬如说胡乔木、江隆基）；其次，他出身好，在那个讲究阶级成分的年头，像他这种“苦大仇深”的一级教授，可说是凤毛麟角，绝无仅有；再次，他听话，老老实实，规规矩矩。老先生们特别佩服他口风紧，一大帮人聚在食堂用餐，大家高谈阔论，忘乎所以，他一个人坐在旁边，不声不响，埋头扒饭，你不问，他决不插一句嘴，他回答你的话，就像报刊的社论——这么说有点过，反正是中规中矩，一点不出格。“圣之时者也”，他当然也是时代的产物。

政治在任何朝代任何学科，都是文章的封面或封底。譬如季羡林下列三篇论文：1957 年的《试论 1857 年至 1859 年印度大起义的起因性质和影响》、1958 年的《最近几年来东方语文研究的情况》，以及 1959 年的《五四运动后四十年来中国关于亚非各国文学的介绍和研究》，就明显属于应时应景，尤其是后两篇。但政治自大得过了头，自大得想包办一切代替一切，后果就不妙。我们试看他下面的三篇论文：1958 年的《印度文学在中国》、1961 年的《泰戈尔与中国》以及《泰戈尔的生平、思想和创作》，望题生义，不外是关于印度文学之东渐以及泰戈尔其人其事，谁知政治这次出马干预，它借检查官之口，说，三篇文章都有问题，不予发表。什么问题？当然是政治问题。政治问题有时简直像鬼打墙，不知道什么时辰什么地点就会撞上。季羡林虽然在政治前面壁苦修多年，但道行远远不够。不过，还好，还好，三篇仅仅是封杀，没有追加什么罪名。也许是吃一堑，长一智，1962 年起，季羡林干脆避开近代而下的题材，一头钻进印度的古典古籍，选题生僻而艰深，尽量不引人注目，如：《〈优哩婆湿〉译本前言》、《古代印度的文化》（1962 年），《关于巴利文〈佛本生故事〉》、《〈十王子传〉浅论》（1963 年），以及《原始佛教的历史起源问题》（1965 年）等。如此一来，既圆了自己的专业梦，又照顾了检查官的神经，你好我好，彼此无碍，皆大欢喜。

1965年，季羡林五十四岁，迄今为止，他活得自如，自在。他是个本分的人，从小就没有“大丈夫当如是也”“彼可取而代之”一类的奢望，他信仰的是农人哲学，有多大的碗，吃多少饭。然而，正应了吉人天相，他有着好得出奇的运气。以小学转学为例，面试，仅仅比同时转学的堂兄多认识了一个“骡”字，就比他高出一级，真是一字千金。此事使他开窍：关键时刻，还得肚里有货。高中而后，他发奋图强，图的不是官，不是财，正是满肚皮的学问。而他一路走来，所以能撞着那么多好运气，靠的也正是腹笥充盈，学有所成。

但是，季羡林的学术成就，就绝对高度而言，还要数留德期间的博士及博士后论文。那是他事业的金字塔，耸立在他三十五岁之前的地平线。客观说，这几乎是那一代人的宿命。即以人们熟知的冰心、茅盾、巴金、曹禺而言，也都是在中年之前，就完成了一生创造性的建树。原因固然各异，殊途却是同归。在以后的岁月里，季羡林诚然也开出了芬芳的花，结出了甜硕的果，但那多赖于节外生枝——那枝不管长得多粗，多壮，毕竟偏离了主干。而他新扦的枝条，欲待长大成材，绿其绿，荣其荣，荫其荫，还得假以时日……

正在这时，恰巧有一群小孩也来看茶花，一个个仰着鲜红的小脸，甜蜜蜜地笑着，唧唧喳喳叫个不休。

一个念头忽然跳进我的脑子，我得到一幅画的构思。如果用最浓最艳的朱红，画一大朵含露乍开的童子面茶花，岂不正可以象征着祖国的面貌？

——杨朔《茶花赋》

（二九）从《春满燕园》说开去

整个20世纪50年代，季羡林只写了三篇散文，数量之少，令后人，也就是今人，难以想象。而且第一篇：《到达印度》（作于1952年3月22日），完稿之日即是打入冷宫之时，长期被扣压，被埋没。这是偶然的吗？不，文艺创作总是和形势息息相关。50年代旨在革掉“小我”，泯灭个性，君不见大右派丁玲的罪行之一，就是“作品以个人为中心，每篇散文都离不开一个‘我’”。季羡林是乖巧人，下笔自然谨慎，能不写，便不写，能不发，则不发，免得招来无妄之灾。后两篇作于1959年，读者应该记得这个年份：政治上的疾风暴雨、惊涛骇浪已成了过去，“大跃进”仅剩得一个大灾难的余响，饥荒的事刚刚在农村蔓延，一时半会还波及不到城市，心稍定，气稍匀，于是应景而歌：《歌唱塔什干》，于是投石问路：《研究学问的三个境界》。

如是迎来了20世纪60年代。1961年，他尝试恢复散文心态，断断续续写了三篇，头一篇：《忆日内瓦》，继续雪藏（雪藏必有雪藏的理由，绝非忘却），后两篇：《塔什干的一个男孩子》《一双长满老茧的手》，试探着抛出，嗯——哈——反应还蛮好，出乎他的意外。这下手更痒了，1962年，他一口气捧出十篇——写作的状态绝对和饥荒的溃退以及政治的宽松成正比（后来又有“右倾回潮”之批）。1963年更上层楼，完成并发表了十一篇！停……作为活跃的散文健将，笔者正是在这两年，认识季羡林教授的。“愤怒出诗人”，宽松出散文，散文是要养的，是要有色彩点缀和音乐伴奏的。季羡林中学的外号叫“诗人”——这几乎是规律，天下才子的青春期都是诗人；大学而后，他就渐渐疏离缪斯，而把满腹诗情化成了散文。60年代初，我正值高二高三，一个年轻读者稚嫩的反应是，得时代滋养的散文大家，莫如杨朔、秦牧，也许还有刘白羽，还有……仅在北大，据我所知，三位外文系主任，西语系的冯至，俄语系的曹靖华，东语系的季羡林，都是个中高手。对不起，中文系主任是谁，忘了，似乎不是散文中人，大学者则无疑，据说，中文系旨在培养研究人才而不是作家，主任自然不便带头下海的了。

纵览季羡林20世纪60年代的散文，影响最大的，为《春满燕园》。这是一篇千字文，写于1962年5月，曾被收入多种选本及教科书。作者说：“这是我比较喜欢的一篇东西，一写出来，我就知道，我个人感觉，它的优点就在一个‘真’字。”

“真”，是毫无疑问的。且看作者的描绘：春末夏初，燕园花事阑珊，桃花、杏花早已辞枝，一度繁花满树的榆叶梅，已抽出了绿油油的嫩叶，几天前还显得花团锦簇的西府海棠，也已落英缤纷、残红满地。“雨横风狂三月暮，门掩黄昏，无计留春住”。看来，春天就要归去了。

但是——注意这个文眼，今人忍俊不禁而曾被时人视为匠心的套路，作者说：

> 但是人们心头的春天却在繁荣滋长。这个春天，同在大自然里一样，也是万紫千红、风光旖旎的。但它却比大自然里的春天更美、更可爱、更真实、更持久。郑板桥有两句诗：“闭门只是栽兰竹，留得春光过四时。”我们不栽兰，不种竹，我们就把春天栽种在心中，它不但能过今年的四时，而且能过明年、后年不知道多少年的四时，它要常驻我们心中，成为永恒的春天了。

接着是倒叙：昨天晚上，作者走过校园，四周一片静谧，只有稀落的蛙鸣断断续续地此响彼应。黑暗凝成了团，结成了块，似乎伸手就能触摸。走着走着，蓦地看到远处有灯光一闪，浮漾在夜色朦胧的窗口。他心里一愣，他的眼睛仿佛有了佛经上叫作天眼通的那种神力，透过墙壁，直看了进去：呈现在他眼底的，是一位似曾相识的老教授，也许是在潜思凝虑，总结数十年的治学心得；也许是在认真备课，那时流行一句话，你腹中有一口井，才能舀给学生一桶水；也许是在审阅青年教师的论文……但见他时而以指击额，默默萦思，时而仰首拊掌，望空微笑。对于这位老教授来说，此时此刻，工作就是一切，除此而外，什么都不存在。

转而回到眼前：今天早晨，作者又走过校园，晨光乍露，晓风未拂，经过一夜休眠，苍黛的松柏愈显其苍，翠碧的杨柳越呈其翠，阔叶杨与细叶槐枝接柯连，似在悄悄密语，未名湖水平如镜，不见一丝波纹。抬眼，路上几乎看不到行人，但从假山背后，绿树林中，烟水湖畔，却传来抑扬顿挫的朗诵声。抑之扬之的都是外文，侧耳辨听，有普希金的母语，有沙士比亚的乡音，也有巴尔扎克的方言、古印度的梵文以及西亚北非的阿拉伯语，等等。虽然闻声不见人，但他是行家，他从声音里绝对可以辨出——那种攀登途中的如饥似渴！那种放眼全球的豪迈炽热！这一群隐身的男女大孩子，仿佛是神话中的饕餮，志在把浩瀚的知识像空气花香那样一口吞下去。然后，作者走进图书馆，他眼前又是另一群男女大孩子，一个个埋首于数学或理化习题，全神贯注，心无旁骛。

春天，早晨的未名湖，水平如镜

由景入境，由境生情，作者很自然地把昨夜同今晨的见闻相联系，然后加以拔高、升华。他说：

> 年老的一代是那样，年轻的一代又是这样。还能有比这更动人的情景吗？我心里陡然充满了说不出的喜悦。我仿佛看到春天又回到园中：繁花满枝，一片锦绣。不但已经开过花的桃树和杏树又开出了粉红色的花朵，连根本不开花的榆树和杨柳也满树红花。未名湖中长出了车轮般的莲花。正在开花的藤萝颜色显得格外鲜艳。丁香也是精神抖擞，一点也不显得疲惫。总之是万紫千红，春色满园。

一个时代有一个时代的文风，一个时代有一个时代的流行。超前的必定难产，落后的注定淘汰。季羡林这篇散文写于 1962 年，众所周知，经过 20 世纪 50 年代末天翻地覆的大折腾，国家元气大损，正在调整、充实、巩固、提高。文人墨客趁机抬起头来，吹吹口哨，瞟瞟眼风：

“这难道仅仅是我一个人的幻想吗?”作者问。答案必然也是时代化了的：“不是的。这是我心中那个春天的反映。我相信，住在这个园子里的绝大多数的教师和同学心中都有这样一个春天，眼前也都看到这样一个春天。这个春天是不怕时间的。即使到了金风送爽、霜林染醉的时候，到了大雪漫天、一片琼瑶的时候，它也会永留心中，永留园内，它是一个永恒的春天。”

卒章显志，落脚于对伟大时代伟大祖国或伟大什么的歌颂和赞美。借一斑窥全豹，季羡林当年的大多数散文，如《石林颂》《换了人间——北戴河杂感》《西双版纳礼赞》《处处花开夹竹桃》，以及《燕园盛夏》《上海菜市场》《朵朵葵花向太阳》《科纳克里的红豆》等，都可作如是观。谓予不信，顺手再举几例。《燕园盛夏》描摹即将毕业的大学生：“最热的还不是自然界的这些，而是青年人的心。”“祖国大地的每一个角落都是他们理想寄托之所在。他们想到什么地方，什么地方就在他们心中开成一朵花。”“他们走路时脊梁是直的，好像有什么东西在那里撑着他们。他们的脚底板是硬的，好像永远不会滑倒。”“只要跟着党走，风暴再大，也决不会迷失方向。”《朵朵葵花向太阳》记叙居委会的老太太：“一提到‘解放’这个词儿，大伙儿立刻振奋起来。仿佛这个词儿有大神通力，它仿佛是暗夜的灯光、严冬的太阳、绝望中的希望。”“大家异口同声地说：‘没有共产党，没有毛主席，也就没有我们的今天。’”“一位四川口音的老太太站起来，兴奋地说：‘我们今天的日子来得不容易，谁要想捣乱，我们一定阶级斗争他!’她把‘阶级斗争他’说了三遍。”“通过她们嘴里说出来的话，我蓦地仿佛看到了她们的心。在我眼中，她们的心都变成了向日葵。”“我的眼睛透过了墙壁，看到了全国，我眼前就有六亿五千万朵向日葵。所有这一些向日葵都向着一轮巨大无比的太阳开放。”怎么样，我没有说错吧?不仅是季羡林，其他这家那家，也都差不多。要而言之，感情是明朗的，心气是向上的（这是与新中国成立前文章的最大区别，今人在挑剔、否定那一条越来越“左”的路线的同时，对其时代背景及革命内核也应给予必要的审视)；语言介乎诗化与概念化之间；政治开宗明义，凌驾一切；艺术则“闭门推出窗前月，吩咐梅花自主张”，有多少是多少，没有也就拉倒的了。

第六章

牛棚岁月

（1966—1977）

工作中的季羡林先生（1966年）

为什么一张大字报竟会是“马列主义的”？一直到今天，我仍然没能进化到能理解其中的奥义。

——季羡林

（三〇）“五·二五”大字报，一石击破水中天

说话就到了1966，季羡林五十五岁，正值壮年。“壮岁旌旗拥万夫，锦襜突骑渡江初”，那是辛弃疾；他拥有的，不过是一个东方语言文学系，以及一大堆死文字、活文字。李贺《赠陈商》诗云：“楞枷堆案前，楚辞系肘后”，移之于他，也颇为适合；只是案上绝不止梵文，也摞英文、德文、法文……肘旁绝不只楚辞，也搁唐诗、宋词、今典……五十五岁，正是一个大学者的黄金季节。医学研究证明，人的心智在五十岁时还正年轻，而且仍在成长，脑力活动直到六十岁才达到巅峰。可是，可叹，可悲——就在这一年，神州爆发了“文化大革命”，而且“史无前例”，一耽误就是十年，不由分说地把他拖入了“追往事，叹今吾，春风不染白髭须”的老境。

早在1965年11月，姚文元抛出《评新编历史剧〈海瑞罢官〉》，“文化大革命”就发出了第一颗信号弹。转年5月，仍由姚文元赤膊上阵，抛出了《评“三家村”——〈燕山夜话〉、〈三家村札记〉的反动本质》。同月16日，中共中央政治局扩大会议通过了《五·一六通知》。

至5月25日，北京大学贴出聂元梓等人的大字报《宋硕、陆平、彭珮云在文化大革命中究竟干些什么?》，形势陡然急转。

是日，5月25日，季羡林不在北大，他在长城脚下的南口，那地方，笔者1965年也去过，不同的是，笔者去的是工厂，劳动锻炼，季羡林去的是山村，搞社教。所谓社教（社会主义教育运动），其实既是“反右”“反右倾”的继续，又是“文化大革命”的预演。纲就一条：阶级斗争。核心就两个字：整人。据传夏衍先生曾剥前人“剃头歌”，描绘这种整人运动：“闻道人须整，而今尽整人；有人皆可整，不整不成人；整自由他整，人还是我人；请看整人者，人亦整其人。”

季羡林作为社教队的副队长，分工管整党，阶级斗争的弦应该是绷得很紧的吧。哪里，据知情者透露，他这个职务，完全是挂名的，装点门面而已。你想，以他的温良恭俭让，兼之时时事事讲良心，如何出手整人？岂但不会整人，对政治斗争简直麻木不仁，一窍不通。姚文元的两篇檄文先后传到山村，他一点察觉不出“山雨欲来风满楼”的异常，只把它们当作可以争鸣、商榷的普通评论，读后，随意发表意见，说什么“我根本看不出《海瑞罢官》同彭德怀有什么瓜葛”，又说“‘三家村’里的三位村长我都认识，有的还可以说是朋友。我同吴晗30年代初在清华是同学。1946年，我回到北平以后，还曾应他的邀请到清华向学生做过一次报告，在他家里住过一宿”，如此等等，不一而足。这都是倒持太阿，授人以柄，日后都成了他的罪名。

《五·一六通知》、“五·二五”大字报接踵传来。《五·一六通知》撤销彭真牵头的“文化革命五人小组”，全面批驳了五人小组起草的“关于当前学术讨论的汇报提纲”，号召全党“彻底揭露那批反党反社会主义的所谓‘学术权威’的资产阶级反动立场，彻底批判学术界、教育界、新闻界、文艺界、出版界的资产阶级反动思想，夺取在这些文化领域中的领导权”。聂元梓等人的大字报则是《五·一六通知》在北大的急迫呼应，是它点燃的第一支火把。大字报把矛头指向市委大学部和北大党委，揭发他们在如火如荼的“文化大革命”前，“按兵不动”，把北大搞得“冷冷清清，死气沉沉”，并历数其罪行，然后学着《五·一六通知》的腔调，高呼：“一切革命的知识分子，是战斗的时候了！让我们团结起来，要高举毛泽东思想的伟大红旗，团结在党中央毛主席的周围，打破修正主义的种种控制和一切阴谋诡计，坚决、彻底、干净、全部地消灭一切牛鬼蛇神，一切赫鲁晓夫式的反革命的修正主义分子，把社会主义革命进行到底。”一个礼拜后的6月1日，中央人民广播电台全文播发了聂元梓等人的大字报，这是异乎寻常的举措，事情到了这个地步，凡对政治有些留心的人，都感觉到了脚底的颤动。季羡林呢？还是一如既往，他老先生置身山村，恍若置身世外，觉得前者不过是阶级斗争的深化，后者不过是校内社教的继续，和自己关系纵有，也微乎其微，有道是“人行山上高，天在山中小”，且乐得在漩涡外观自在。

突然间天崩地坼，大难临头——那已是6月4日，季羡林奉召返校，一进燕园，就陷入了大字报的汪洋大海。

（三一）兔死狐悲，对号入座及其他

人各有其胆，各有其识，各有其忆。关于“文化大革命”，陈寅恪愕然问弟子：何谓反动？梁漱溟一边挨斗，一边悠然撰写《儒佛异同论》；启功笑对人言：“无非是演大戏，人唱孔明，我唱马谡而已”。季羡林呢，他痛定思痛，奋笔直书，留下了一部回忆录。

以下内容取材于季先生的回忆录，笔者只是删繁就简，择其要而言——

运动初期，北大有一副定性的对联：“庙小神灵大，池浅王八多。”上头有人听说，又给改动一个字，变成“庙小神灵大，池深王八多”。浅也好，深也好，反正是把北大的党政干部与教授专家一网打尽。校长兼党委书记陆平，因为是“五·二五”大字报点名的“黑帮”，更成了人人喊打的过街老鼠。那时，到北大参观的革命群众，只要高兴，随时可以把他揪出来示众。地点就在他燕南园的住地，一堵恰到好处的短墙头，高了，人站不上去，矮了，外围的群众看不到，短墙不高不矮，正好。陆平整天连轴转，这批斗完那批来。诗云“不到长城非好汉”，如今则是“不斗陆平非豪杰”。

陆平是“大黑帮”，各系各部门必然有一批“中黑帮”“小黑帮”。季羡林所在的东语系，首先被打成“黑帮爪牙”“牛鬼蛇神”的，一个是总支书记贺剑城，一个是梵文教授金克木，前者的罪名是走资派，后者的罪名是反动学术权威，兼历史反革命。

季羡林看在眼里，听在耳里，想在心头。新中国成立以来他没少经运动，自忖已成了洞庭湖的麻雀，小小的风浪不在话下，但这次不同，“文化大革命”是东海，是太平洋，以麻雀的伎俩，无论如何是飞不过去的了。那么，他会落得一个什么结局呢？季羡林琢磨来琢磨去，觉得有两顶帽子：走资派和反动学术权威，迟早要落到自己的头上。什么叫走资派？就是走资本主义道路的当权派。一是掌权，二是走资本主义。他掌权吗？当然，在系主任的位置上待了二十年，大小是个官。他走资本主义道路吗？也是当然，现在，几乎全国的官员都被批成走资本主义，他又岂能例外。什么叫反动学术权威？先说权威，他1956年被评为一级教授，全国总共五十六人，他占五十六分之一，同年又被选为中国科学院的学部委员，这是比一级教授更难得的殊荣，权威二字，想赖也是赖不掉的。再说反动，他虽然加紧思想改造，但人非圣贤，七情六欲，样样都有，私心杂念，一应俱全，既有私心杂念，就免不了搀杂资产阶级思想，资产阶级思想附属于资产阶级，资产阶级则意味着反动，如此一来，他不是反动学术权威又是什么！

除此而外，季羡林自信，造反派手里拎着的各种帽子，如历史反革命、美蒋特务、苏修间谍之类，都和他沾不上边。新中国成立前，他没有参加过任何政党，与纳粹分子、国民党分子也都保持相当的距离。——话又说回来，问题不在帽子的多寡，而在其性质。那么，他注定要戴上的两顶帽子：走资派和反动学术权威，又是什么性质的矛盾呢？啊，矛盾，矛盾，多少诡辩假汝以行！新中国成立后，他被耳提面训，懂得矛盾有两种：人民内部矛盾和敌我矛盾，还有一种变胎：敌我矛盾按人民内部矛盾处理。说起来，黑是黑，白是白，界限分明，不容混淆，但具体到操作，却又因时因地因人而异，变化多端，全无标准，简直是说你是人民，你就是人民，说你是敌我，你就是敌我——“爱之欲其生，恶之欲其死”。而一旦划作敌我，踢出阳界，贬入阴界，即使按照人民内部矛盾宽大处理，那剩下的日子，也是黑暗大于光明的了。哪里，根本就没有光明！眼前有的是例证，譬如系里那些右派，谁不是游离于敌我之间，徒倚于人鬼之隙，整天如履薄冰，如临深渊，动辄得咎，度日如年，唉！

季羡林暗中对号的那两顶帽子，一时半会并没有落下来。从夏至秋，从秋至冬，他依然混迹革命之内，滥竽人民之中。批判他的大字报，偶尔也有，但不多，罪名都是什么“智育第一”、“业务挂帅”、“白专道路”、“名利思想”，他不怕，以前历次运动批的也都是这些，心里有底；而他只要诚心检讨，结果总能顺利过关。倒是有一张，批判他那篇流传很广的散文，题目是：《季羡林的〈春满燕园〉是一株复辟资本主义的大毒草！》他看了，无论如何也不服气。凭什么说春天象征资本主义，歌颂春天就是歌颂资本主义？这是哪一门的混蛋逻辑?!季羡林心头发闷，气往上冲，鼻子不由自主地哼了一声。这一哼，半秒不到，稍纵即逝，谁知背后有耳，被人记录在案，日后，就成了批斗他的重磅炸弹。

一天，季羡林正在家里翻书，忽听有人敲门，尚未完全反应，顷刻闯进几个雄赳赳的红卫兵，声称是来“破四旧”的。什么是“四旧”？季羡林说不清楚，节骨眼上，要考证也没时间，只好听凭来将裁决。季羡林喜欢在书案、书柜、墙壁放一些小摆设，这时，都成了破坏的对象。尤其是一个无锡惠山泥人——一个胖乎乎的满面含笑的大阿福，红卫兵不知根据什么逻辑，命令他亲手砸掉——可怜大阿福身首异处，也仍旧不改其憨笑，痴笑，他是死到临头也不知啊。红卫兵果然“火眼金睛”，居然看出墙上的领袖像一尘不染，说他临时抱佛脚，刚刚挂上去的——上纲为“敬神不诚”！天，的确是刚刚挂上去的，但季羡林不能承认，否则后果不堪设想，幸亏他脑瓜转得快，敬谨答曰：“正是因为敬神虔诚，‘时时勤拂拭’，所以才没有灰尘。”对方这才无话可说。

（三二）上山、抄家、三大罪证

上山：1966年8月，北大在砸落旧党委、赶走工作组之后，成立了“文化革命委员会”，聂元梓荣升主任。与之同时，红卫兵横空出世。这是一种“有枪便是草头王”的局面，刹那间山头林立，旌旗招展，令出多门，各自为政。未几，在革委会的指导下，形成了大一统：新北大公社。约半年后，又从中分裂出一派：“井冈山”。燕园从此同室操戈，两军对峙，忽而“文攻”，忽而“武卫”，刀光剑影，血雨腥风。从性质看，这两派，都是群众组织，就实际地位论，却有区别：新北大公社以聂元梓为后台，在朝；“井冈山”以反对聂元梓为号召，在野，情形恰如英国的保守党和工党。《三国演义》开篇说：“天下大势，分久必合，合久必分。”这真是逃不脱的规则。

假设季羡林隔岸观火，或者干脆连火也不观，跳出三界外，不入五行中，“文化大革命”多半会跟他擦肩而过。季羡林的心境，正如他在《牛棚杂忆》中表白的：“人世间决没有世外桃源，燕园自不能例外。燕园天天发生的事情时时刻刻地刺激着我，我是一个有知觉有感情的人，故作麻木状对我来说是办不到的。我必须做出反应。我在北大当了二十年的系主任，担任过全校的工会主席，担任过一些比较重要的社会职务，其中有全国政协委员、北京市人大代表等等。俗话说：‘树大招风’。我这棵树虽然还不算大，但也达到了招风的高度。我这个人还有一些特点，说好听的就是，心还没有全死，还有一点正义感。说不好听的就是，我是天生的犟种，很不识相。在这样主客观的配合下，即使北大有一个避风港，我能钻得进去吗？我命定了必须站在暴风雨中。”

缩头鸟既然非他所愿，那么，他将倒向哪一边呢？首先，他对聂元梓印象不佳。“文化大革命”前同她有过交道，觉得其人“蠢而诈，冥顽而又自大”，如今当上校“文革”主任，操纵新北大公社，越发不学有术，飞扬跋扈，这从群众给她起的绰号“老佛爷”，可以想见一斑（校园流传民谣：“老佛爷面前一声‘喳’，赏你一件黄马褂。”）。其次，他对奋起反抗“老佛爷”，呼吁解放老干部，而又一直处于弱势地位的“井冈山”，油然萌发同情。一天，当他在大饭厅旁听两派辩论，看到“井冈山”的领导层中，赫然坐着白发苍苍的周培源——此公乃驰名国际的流体力学专家、相对论专家，为人慷慨好义，深孚众望，是党中央明令要保护的学界泰斗——更加对“井冈山”产生了好感。当是时，两派为了壮大山头，对季羡林这种具有相当资历而又历史清白的“第三者”，都主动拉拢，轮番游说。在拉拢过程中，公社派自恃权大气粗，使用了过激的言辞，譬如说：“你不能参加○派（‘井冈山’的一支，此处作‘井冈山’的代称）！”倘若不识相，“当心你的脑袋！”云云。其间还使用了电话骚扰、拦路警告、登门怒斥等手段，搞得季羡林不胜其烦。本书第一章说过，季羡林生性刚烈，在叔父家委屈多年，表面上变得温顺、拘谨，骨子里，顽梗倔强之气犹存，是所谓本性难移。因此，对他这种角色，你越逼，他越是不买账。果然，终于有一天（1967 年秋季的某一天），季羡林干脆脚一跺，心一横，决然上了“井冈山”。

上山之前，他对面临的风险有过估计，他又自谓真理在握，浩气盈胸；正如他在日记中写的：“为了保卫毛主席的革命路线，虽粉身碎骨，在所不辞！”

抄家：季羡林低估了形势。双方以前认可你历史清白，都是出于拉拢，为己所用，现在既然你跳将出来，公开与一派为敌，那就把自己搁在了风口浪尖。两派斗争，较量的是实力（前面说过，新北大公社以聂元梓为后台，而聂此刻正在势上，校“文革”主任之外，又晋升北京市革委会副主任，政权、人权、财权集于一身），新北大公社在诸多方面，都占有绝对优势，因此，他们对季羡林这样“不识相”的老知识分子，自然不会轻易放过。1967年11月30日，月黑风高，公社对季羡林实施抄家。

是晚，季羡林服了安眠药，正在昏睡，忽然惊醒，听得窗外喇叭一个劲地响，跟着是激烈的打门。“抄家!”季羡林脑海中下意识地一闪，连忙披衣起床，门开处，闯进六七条大汉，都是他昔日的学生，如今的克星，人人手持木棒，面若寒霜。他们不由分说，把季羡林和他的老伴，以及婶母，赶进厨房。夜深风寒，三人仅着单衣，经厨房的过堂风一吹，冻得瑟瑟发抖。季羡林囚于斗室，眼睛看不到外面，但耳朵是能听到的，哗啦！——是抽屉掀翻了；扑通！——是案头的堆积扫落了；喀嚓！——是柜锁给砸了；咕咚！——是床铺给挪动了。听那声响，设想那程序，小将们对抄家这一行已驾轻就熟，手足麻利，动作简便，“横扫千军如卷席”，只是可怜他多年的家当，以及一些小摆设，小古董，惨遭厄运。他的心在滴血。

房间扫荡完毕，小将索要楼下车库的钥匙。季羡林的藏书，大部分放在那里。小将事先已做了周密调查，书库自然难逃其劫。那情形，季羡林虽然看不到，也听不见，但他可以想象。唉，人有想象功能，有时也是大坏事，难怪郑板桥要说“难得糊涂”！他的心在滴血。

这一批小将，他亲手招进的东方语言文学的种子，功课学得不怎么样，对整人之道却是在行的。古代有所谓“瓜蔓抄”，就是把对方三亲六故的线索通通摸到手，然后顺藤摸瓜，一网打尽。日光下没有新鲜事，前人的手段，后人承续。小将们无师自通，他们逼迫季羡林交出通讯录；季羡林仰天长叹，可怜他那些无辜的亲友，不久便要面临池鱼之殃。

二大罪证：抄家结束，小将们满载回营，怎么样？你季羡林不是自恃头上没有辫子、屁股上没有尾巴，不怕抓么？现在再来看吧。——这是当时流行的做法：先抄家，后取证。新北大公社出师大捷，一举抄出三样罪证。哪三样呢？第一，是一只竹篮子，里面装着烧了一半的信件。季羡林解释是因为腾出两间房子，让别人住（破除资产阶级法权嘛），积存信件太多，没地方放，只好烧掉一些（也说得通）。他是在光天化日之下处理的（可见心里无鬼），被一个革命小将看到，说了一通这是难得的历史文化资料，烧掉可惜之类的话，季羡林认为有理，又不烧了，把剩下的装在一只竹篮中。（要烧就烧彻底，教训！）这样的话，怎么能取信革命造反派呢？他们说那些烧掉的，肯定包含重大机密，你这是灭迹毁证。第二，是一把菜刀，是从季羡林婶母枕头下搜出的。“文化大革命”兴起，社会上一些坏人浑水摸鱼，入室抢劫之类时有所闻，一般进门先奔厨房，搜出切菜用的刀具，借以胁迫主人。老人家胆小，每夜都把菜刀藏在自己的枕头下，以免届时被坏人搜到。小将们不这么说，他们一口咬定是从你季羡林的枕下搜出的，你是心存杀机，妄想杀咱们红卫兵。第三，是一张石印的蒋介石和宋美龄的照片。这是留德期间，一个有国民党背景的留学生送给他的。季羡林对蒋介石，历来没有好感，他认为蒋是一个流氓、坏蛋，恶贯满盈，终于被人民赶去海岛，所谓反攻大陆云云，不过是痴人说梦。可是，他有一个坏毛病（文人，尤其是大文人的通病），别人给他的信件，甚至片纸只字，都要保留起来。结果，这一张照片给他惹来了大祸。小将们断定，他保留这张合影，意在国民党卷土重来后邀赏。季羡林试图解释，小将们斥责他态度顽劣；简单一句：不许狡辩！呜呼，三大罪证高悬，此时此刻，季羡林纵有一百张嘴，也是说不清楚的了。

（三三）选择自杀，理论、方式、地点

人到走投无路，往往选择自杀。

印度梵文中的“死”字，是一个动词，而不是名词，变化形式同于被动态。季羡林觉得很契合人情。本来嘛，死亡都是被动的，有几个人是主动放弃生命？所以，凡自杀者，某种程度上也是他杀，是客观条件不容许他再活下去，这才走上绝路。那时有个铁律，凡自杀者，都是自绝于党，自绝于人民，罪加一等，死有余辜。因此，人一死，申讨的檄文马上铺天盖地。

季羡林一度面临绝境。那样的年代，似乎造反派说什么都是法律，他们说你是反革命，你就是反革命。倘若不服，企图辩解，只能是顽固不化，罪上加罪。季羡林紧张起来，神经失控，白天恍惚都在做梦，夜里，更是乱梦迷离。他后来回忆：“我一会儿看到那一把菜刀，觉得有什么人正用那一把刀砍我，而不是我砍别人。我不禁出一身冷汗，蓦然醒来。我一会儿又看到那一只装满了烧掉一半的信件的篮子。那篮子忽然着起火来，火光熊熊，正在燃向我的身边。我又出了一身冷汗，蓦地醒来。我一会儿又看见了蒋介石和宋美龄的照片，蒋介石张开血盆大口，露出了满嘴的朱齿獠牙，正想咬我。宋美龄则变成了一个美女蛇。我又出了一身更大的冷汗，霍地从梦中跳了出来。”

季羡林指望“井冈山”拉他一把，毕竟，这是自己的组织。然而，他错了，大错而特错！“井冈山”担心他真的有什么问题，从而株连自身，已经断然把他抛弃，反过来和新北大公社一起，联手展开批斗。这派，那派，原来都是一丘之貉！季羡林如梦方醒，然而，“船到江心补

漏迟”，悔之已晚了。

组织不行，那么群众呢？那么身边人呢？唉，此事不提便罢，提起来，让季羡林要悔断肠子。节骨眼上，给他致命一击的，恰恰是他的两个“及门弟子”。那两人，都是所谓“根正苗红”的，也都是梵文学得不咋样的，季羡林为了贯彻“阶级路线”，主动把他俩留下当助教。然而，就是这两个弟子，当季羡林陷入困境，突然反戈一击，露出犹大的面目。他俩公开贴出大字报，揭发季羡林在南口村关于彭德怀、吴晗的议论，在看批判《春满燕园》大字报时发泄不满的一哼，以及日常这类那类的牢骚怪话，其歪曲之甚、上纲之高、仇恨之深，远非反对派所能及。尤有甚者，为了表现“今是而昨非”，这两个弟子还对季羡林拳打脚踢，百般凌辱——这就是希腊神话中所讲的“弑父”行为吧！此时，当时，季羡林万箭穿心，欲哭无泪。唉，栽跟斗莫怨地皮，自己酿的苦酒自己喝，你能怪谁？佛学说“无常”，哲学说“变化”，现在的人也真是变化得快，无常得很，恨自己有眼无珠，有见无识，播下龙种，收获跳蚤，活该！

“文化大革命”一年多，季羡林看够了斗争走资派的场面：这边厢语录摇晃，口号震天，那边厢恶汉按颈，弯腰曲背，批判都是千夫所指，千刀万剐，临末了一声断喝，踢下台去。走资派丧魂失魄，精疲力竭，往往躺倒在地，半天爬不起来。季羡林冷眼旁观，犹自胆战心寒，当事人之痛楚，设身可知。古人说：“士可杀，不可辱。”现在岂但辱而已，简直是粪土不如，岂不大可哀哉！而这大可哀的场面，眼看就要降到自己的头上。何况他还比别人多出三大罪证，注定罪大恶极，万劫不复。

何去何从？他必须做出抉择。

眼前的路，只有两条：一是逆来顺受，唾面自干；二是结束生命，以死抗争。前者他无论如何做不到，看来，只有走第二条路了。

这是一个万难抉择的抉择。人们常说：“蝼蚁尚且贪生，何况人乎？”是啊，但凡有万分之一的生机，人都会活下去；况且死后还要被鞭尸。唉，既然实在无法苟活，鞭尸就让他们鞭去吧。生而何欢，死而何惧！当今之际，“浮生所欠唯一死”，一定要说“自绝于人民”，那就自绝一下吧。人到了死都不怕，还怕什么？“身后是非谁管得”，双眼一闭，两腿一伸，任凭他人说短长。

人到了走投无路，才知道自己要多脆弱有多脆弱，同时也要多无畏有多无畏。

他最终选定服用安眠药。

剩下时间和地点。时间好办，立即执行，越快越好。地点，他想到了与自家仅一路之隔的圆明园，那里有大片的苇塘，时值初冬，芦花正茂，只要走到芦苇深处，往地上一躺，安眠药一服，立刻四大皆空，一了百了，何等干净，何等利索！想到这儿，他嘴角浮出了一抹微笑，他对自己非常满意，不愧是饱读诗书，连死都设计得这么完美。

季羡林着手交代后事，他拿出仅有的几张存款单，交给婶母和老伴，嘴上说，你们拿着方便，心里想的是，可怜的老人，你们今后就靠这一点钱活命了。非是我狠心，也非是我自私，奈何花花世界，朗朗乾坤，就只给我这一条独木桥。季羡林不打算立任何遗嘱，那纯属“多余的话”，伴他一生的珍贵书籍，也只索抛在脑后，“皮之不存，毛将焉附”？这道理是一样的。

在一阵激烈的砸门声之后，闯进来了两个工人，要押解我到什么地方去批斗。他们是骑自行车来的，我早已无车可骑，这样我就走在中间，一边一个人推车“护驾”，大有国宾乘车左右有摩托车卫护之威风。

——季羡林

（三四）绝处逢生，从造反派的老君炉捡回一条命

正当季羡林收拾停当，打算跨出家门，去屋后的圆明园寻求彻底解脱，公社派的红卫兵忽然排闼而入，这次是来押解他出去接受批斗的。当今之际，人为刀俎，我为鱼肉，生杀大权捏在别人手里，要怎样，便怎样，季羡林唯有俯首听命。他悄悄搁下装着安眠药的布袋，二话没说，束手跟随来将出门。途中，红卫兵直言不讳，训斥他在三大罪证前面，犹自矢口否认，实属态度恶劣，顽固不化，今天势必要给他点颜色看看，让他尝尝革命造反派的厉害。季羡林洗耳恭听，一声不吭，他意识到，一场飓风正在头上盘旋。若说不怕，那是假的，可是，怕又有什么用呢？脑袋嗡嗡作响，身似梦境，又似现实，霎时想到犯人绑赴刑场，大概就是这滋味吧。事实上，他觉得还不如杀头或枪毙，那只是一秒钟的事儿，刀光一闪，枪声一响，他就渡过奈河，直登彼岸了。哪像

现在，不知道还要遭受多少凌辱，多少酷刑！

红卫兵把季羡林押到一处所在。他识得，这是大饭厅后门。入内，但见一间小屋，隐约有几个先来的“囚犯”，朝墙鹄立，作“达摩面壁”状。季羡林厕身其间，头不敢抬，眼不敢瞄，仅凭声音气息，判断出陆续有熟人被押进来，究竟都有谁，也说不清楚。蓦地，半空里一声耳光，“咣！”在小屋引起久久回响，感觉面颊安然无事，晓得是扇在别个脸上。但是立刻，又听到一声更为清脆的耳光，还伴着火辣辣的痛，他意识到，这是掴在自己脸上。尚未回过神，后背又吃了一拳，腿弯又挨了一脚，立足不稳，人往前栽，狠狠磕在墙上。批斗就批斗，你打什么人呢？这是季羡林第一次做“阶下囚”，还不习惯囚徒的待遇，内心企图抗辩；当然，仅止于腹诽。此时此际，他能想到的，首先，是自己反对了“老佛爷”，激起公社一派的众愤，于是杀鸡儆猴，拿他开刀，这是再自然不过的事。他是自作自受，怨不得谁。其次，他又想，革命释放出小将们的狂热，同时伴随一股兽性。“文化大革命”变成了兽性的大表演，他敢说，有的纯粹是以折磨他人为乐。古代哲人强调人禽之辨，老祖宗的观点是，人高于禽兽。可是在他看来，还是鲁迅说得对。鲁迅说，动物吃人或其他动物，张嘴就咬，决不会像某些人，先讲上一通大道理，说明你之所以该吃，而我又不得不吃。人禽之辨，也就是禽兽与人的差异，正在这里。换句话说，禽兽到底比人要好，它们要吃便吃，不像眼前的这些“人”——在吃人之前，还要给被吃者加上许多“罪该万吃”的诬蔑。

这些想法是后来才逐渐完善的，当时只是念头一闪，他犹如待宰的牲畜，高度紧张，且惊恐，且觳觫，浑身神经都集中到耳部，随时准备承受下一次踢打。他明白，这些只是序曲，大轴戏还在后面哩。

果然，大轴戏来了。门口传来一声断喝：“把季羡林押上来！”说时迟，那时快，身后上来两个红卫兵，一个抓住他的右臂，反手往背上一拧，一个抓住他的左臂，也反手往背上一拧。同时，两人各腾出一只手，使劲按着他的脖颈。季羡林就这样被押上了批斗台。“弯腰！”是，他就弯腰。“低头！”是，他就低头。但是小将不满意，他的脊梁挨了重重的一拳：“往下弯！”是，他再往下弯。跟着腿部又挨了一脚：“再往下弯！”好，他就再往下弯。这姿势实在别扭，他站不住了，双手赶紧扶着膝盖，以免跌倒。“不行，不许用手扶膝盖！”天！季羡林倒剪双臂，头往前冲，全身的重力都压在脆弱的双腿，随时都有可能摔倒。事后他弄明白，这就叫“喷气式”，小将们作风严谨之极，他们强迫肉体做机械变形，兢兢业业，一丝不苟。可悲他的双腿没有觉悟，一个劲地想往地上摊，意志强撑着，不让双腿的幼稚得逞，因为那只能遭来更加痛楚的惩罚。他现在唯一能做的，就是咬紧牙关。

主席台终于有人发话。讲的什么，他一句也没听。是无法听，神经接近麻木，崩溃。隐约觉着，今天他不是主角，是陪斗。主角是党委副书记戈华。他有点庆幸，又有点失望。他的位置在台的左角，往右，大概是台的正中，是戈华待的地方，是站？是坐？是跪？还是喷气式？概莫能见，他不敢张望，但凭想象，耳光声，拳打声，脚踢声，交叠响起，热闹非凡。季羡林想不下去，他的双腿老大没有出息，酸疼胀麻，抖抖地只想屈膝，带累得眼前金星直冒，额上汗水淋漓。“挺住！挺住！”他拼命警告自己：“无论如何也不能倒下！不能倒下！”是没倒下，忽然一口浓痰，不是巴掌，落到他的左脸。想拿手擦，哪里还有手，不，哪里还有手的自由？权当老僧入定，哪里能定？牙根咬紧，咬碎！心里默默数数，数到一千，从头再来。静，突然安静。怎么回事？怎么……？台没有了，口号没有了，人影没有了，时光也没有了，仿佛整个大饭厅，整个北大，整个北京，整个中国，整个宇宙，只剩了他孤零零的一个人。

欲少留此灵琐兮，日忽忽其将暮。吾令羲和弭节兮，望崦嵫而勿迫。路漫漫其修远兮，吾将上下而求索。

——屈原

（三五）身在门房，心系《罗摩衍那》

“文化大革命”十年，天翻地覆，各种人物，应运而生，撒欢一时。结果呢？“莫言炙手手可热，须臾火尽灰亦灭。”（唐·崔颢）十年不到，啊不，五年不到，乱世狂女聂元梓就走向反面，由“老佛爷”而阶下囚，其他各路造反豪杰，下场也大抵如此。彼消此长，“剥极必复”，聂元梓们一倒，“牛棚”便逐渐瓦解，季羡林也被释放回家——尽管其后还有冤屈，还有曲折，他毕竟由“鬼籍”提升到“人界”，又成了人民的一员。

这是关键的一步。季羡林恢复“人籍”之后，获得的第一份差使，是当门房，地点是三十五楼，时为东语系办公兼学生宿舍所在地。门房你不会陌生，一般单位都有，不外是看守门户，传达电话，收发信件、报纸。可不要小视这个岗位，幸与不幸，不能看眼前，要看长远。冯友兰、周一良、魏建功、林庚四教授有幸为上头看中，擢为“梁效”顾问，日后落下诟病；季羡林不幸为运动抛弃，沦为门房，却瞒过他人偷

历经“文化大革命”十年动乱磨难，季羡林先生神采依旧

搞翻译，成就一段佳话。曾国藩的诗说得好：“人间随处有乘除。”

让他当门房，说穿了就是废物利用，偏偏季羡林又不甘其废，他半辈子舞文弄墨，一旦闲下，还真不习惯。你想，信件、报纸多半是按时按点的，电话也不是时刻都有的，一个人坐在那里，两眼瞅着人出出进进，瞅久了，也无聊不是。“不为无益之事，何以遣有涯之生?”他想到了古人的点拨。是呀，何不找点“无益之事”干干呢？世上“无益之事”多得很，但在那种肃杀的气氛下，有些是不能干，如养花、养猫、养兔、养鸟，若干年后他还奇怪，为什么“理论家们”把这一类生活情趣视为修正主义？难道他们的理想社会就是排斥一切花草树木、鸟兽虫鱼？有些是不想干，如收藏，他一度爱上收集字画，标杆还挺高，齐白石以下的不收，字画当然是不能玩了，但转而可以玩其他。——其他什么？凡说得出名堂的，如邮票、像章、语录本等等，他都不感兴趣。唉，大凡人有了专业、专长，入其彀，便如毒瘾，改也难。季羡林拿惯了笔杆子，要他丢掉，无论如何做不到。丢不掉，就拿起来呗。不过得小心，并不是什么都能写的。“动笔畏闻文字狱”，古人有明训。想来想去，他想到了翻译。但是，翻什么呢？又颇费踌躇。门房这差使，不知要干多久，说不定是终生职业，要与之俱老的了。既然如此，莫如翻些长的，难的，以打发余生。读者也许会说，翻译是很有意义的事，怎么成了“无益”之举呢？因为，以季羡林之处境，即使翻出来，出版社也不会帮他出版，这是秃子头上的虱子——明摆的，辛辛苦苦翻出来而又不能出版，从社会的角度来说，不是无益又是什么！

对于本人，至少可以自娱，这就是遣有涯之生。季羡林选择了印度的大史诗《罗摩衍那》（作者蚁垤），让时光在史诗的浸润下悄悄流逝，也算聊以自慰，苦中作乐。《罗摩衍那》蜚声世界，有意大利文、英文、德文、俄文、日文等多种译本（全译本只有英文），中文尚阙如，全书七大卷八大册，译成汉语，差不多有九万诗行，三百万字。季羡林假使什么事也不干，一辈子就翻译这一本巨著，也算是不枉此生了；他不是翻译大家，还有谁是？他不算为国争光，还有谁算？季羡林当时不会这么想，绝对不会，没有功利，只有偷生，借此打发余下的光阴。由一个极其渺小的动机肇始，歪打正着，成就一项不平凡的事业，而且出奇地圆满。世间事，常有如此。

季羡林的好运气，又一点一滴地回来了。他试探着找了系图书室的管理员，请求通过国际书店，订购梵文精校本《罗摩衍那》。彼时，订购国外图书十分困难，外汇而外，又有许多人为的关卡。季羡林并不抱多大期望，没想到仅仅一个来月，八大本精装的梵文《罗摩衍那》原著，赫然摆到他的面前。乐何如之，乐何如之哉！季羡林觉得天降甘霖，他的梵界神祇又来帮他的忙了，这算是“文化大革命”以来最快慰的事，他那早已干涸的心灵，似乎又有生机萌动，曾经失落无寻的笑容，又不期然地回到了脸上。

季羡林的任务是看门，他哪里还敢把外文原著，公然摆到桌上呢。倘若被造反派发现，这不是明显的复辟么！虽然恢复“人籍”，但还属“分子”（不知道是什么“分子”），头上仍戴着“帽子”（也不知是什么

“帽子”），因此，此事只能在暗地悄悄地干。妙呀，他灵机一动（不愧读了这么多年的书，脑瓜子还顶管用），想，《罗摩衍那》是诗体，诗是一行一行的，何不把它抄在纸条上，一行一行地偷译。主意拿定，晚上回家，他就认真阅读原文诗句，然后译成白话散文，写成小条，装在口袋里。次日上班途中，以及值班间隙，偷偷拿出来，逐句推敲，反复琢磨，把散文改成诗。他用的不是古体，也不完全是白话，有点像顺口溜，当然不失诗的本质。常常，他端坐传达室，眼瞪虚空，嘴里念念有词，乐其乐，忧其忧，心随诗句而浮沉，早已忘了身在门房，运交华盖。严复谈翻译之甘苦，说：“一名之立，旬月踟蹰。”在季羡林则是“一脚（韵脚也）之找，失神落魄”。这中间，他偶尔抬起头来，向门外张望一眼——门两旁的几株海棠，恰在怒放，花亦解人意，好一派阻挡不住的春光！

第七章 大器晚成
（1978—1991）

季羡林先生工作照（1985年）

1976 年，晴天一声霹雳，“四人帮”垮台了。当时正是深秋时分，据说城里面卖螃蟹的人，把四个螃蟹用草绳拴在一起，三公一母。北京全城的酒，不管好坏，抢购一空。

——季羡林

（三六）《春归燕园》，始信春恩不私物

1952 年 9 月，北大从城内沙滩迁至西郊，是地为燕京大学旧址，简称燕园。燕园风光之精粹，固不在“燕燕于飞，差池其羽”，而在湖光塔影，假山红楼，今人概括为“一塌糊涂”（一塔湖图）。1962 年 5 月，季羡林借景抒怀，写出传颂一时的名篇《春满燕园》。这是篇千字短文，却紧扣时代脉搏，浓缩社会变迁，关于其由来曲折，1986 年 7 月，季羡林曾著文回忆，他说：

从 1957 年所谓反右开始，极“左”的思潮支配一切，而且是越来越“左”。在那以后两年内，拔白旗，反右倾，搞得乌烟瘴气，一塌糊涂，同时浮夸风大肆猖獗。关于粮食产量，夸大到惊人的程度，而且还号召大家迎接共产主义的来临。接着来的是无情的惩罚：三年饥馑。我不愿意用‘自然灾害’这个常用的词，明明绝大部分是人为的浮夸风造成的灾害，完全

推到自然身上，是不公正的。到了 1962 年，人们的头脑似乎清醒了一点，政策改变了一点，对知识分子的政策也开始有点落实。广州会议，周总理和陈毅副总理脱帽加冕的讲话像是一阵和煦的春风，吹到了知识分子心坎里，知识分子仿佛久旱逢甘霖，仿佛是在狂风暴雨之后雨过天晴，心里感到异常的喜悦，觉得我们国家前途光明，个个人如处春风化雨之中。

——《写作〈春满燕园〉的前前后后》

“春江水暖鸭先知”，知识分子向来是比较敏感的，政治气候的潜移默化，立刻为他们感情的触须所捕捉；情动于衷，发而为文，《春满燕园》遂应运而生。

谁知风云变幻，“文化大革命”一来，这篇散文竟成了季羡林复辟资本主义的罪状。凭什么说歌颂春天就是歌颂资本主义？逻辑简单而武断：按照“最高指示”，新中国成立以来十七年的教育路线，是资产阶级专了无产阶级的政，那么，这期间的一切讴歌，必然都是为资本主义张目。

“文革”的指导思想：“不破不立，大破大立，破字当头，立在其中”“革命无罪，造反有理”。破，就是摧毁、打倒、砸个稀巴烂；革命，造反，就是怀疑一切，颠倒一切，扫荡一切。当是之时，普天之下，似乎任谁也逃不过红卫兵的铁扫帚。因此，比较起来，季羡林区区一篇散文挨批，实在算不了什么。问题是，破是破得痛快，逮谁批谁，摧枯拉朽，一扳到底，立呢，最后立得怎样？众所周知，后来立了个反潮流的“白卷英雄”，徒留下千秋笑柄。

这世界变化快，转眼又来了否定之否定。1977 年，恢复高考（1966 年中断），恢复研究生招生，读书又从无用变成有用，而且大有用。1978 年，风靡报刊的是徐迟的报告文学《哥德巴赫猜想》，以及它的主人公陈景润。是年 3 月，季羡林出任中国社科院和北大合办的南亚所所长，7 月，出任北大副校长。搁在几年前，不，哪怕一年前，是做梦也梦不到的。季羡林感叹天宇澄清，春归大地，木欣欣以向荣，泉涓涓而始流，“满园春色关不住”，他又开始“漫卷诗书喜欲狂”了。1979 年元旦，新年试笔，禁不住旧话重提，作《春归燕园》。

这等于宣布“前度刘郎今又来”，是对清明政治的进一步祈祷，也是对“文革”的变相清算。

读者也许记得，《春满燕园》着眼的是“昨天晚上”和“今天早晨”，时间跨度为两天；《春归燕园》把焦点对准当日，写的是“凌晨”和“黄昏”。开篇，作者说，沐着熹微的晨光，他绕着大图书馆的草坪散步，入眼许许多多的男女大孩子，或头戴耳机，或手拿收音机和书，专心致志地攻读外语。初升的太阳，越过金黄的银杏树梢，耀过来，耀过来，给草坪和人物糅上一抹淡红，望去，唯觉金碧荧煌，夺神炫睛，却分不清这光芒究竟是来自天上还是人间。

次节说，黄昏时分，他又绕着大图书馆的草坪散步，入眼仍是那一群男女大孩子，依然头戴耳机，或手拿收音机和书，孜孜不倦地攻读外语。这时，夕阳从另外一个方向照过来，晚霞散绮，余曛染树——当然还是银杏树；如此一来，眼前那些“早晨八九点钟的太阳”，同西山的落日相辉映，更加显得青春焕发，光焰灼人。

触景生情，十多年前写作《春满燕园》的尘影，以及“文革”间挨批遭斗的噩梦，次第袭来。曾记，1962 年 5 月，他写作前一篇散文时，虔诚祝祷天与人归，“留得春光过四时”。结果呢，事与愿违，闹了个“天凉好个冬”，搅得周天寒彻，万木萧疏。那时节，他枯守燕园，窗外不见梅，门前皆冰雪；唯一给他温暖给他希望的，是英国诗人雪莱的名句：

> 既然冬天到了，
> 春天还会远吗？

一句大实话，实得不能再实，却是不易的真理。如今，1977、1978

年以来，雪莱的话终于应验，春之神再度光临燕园。季羡林漫步校区，又听到了琅琅的书声——真的，大学不读书，我们还办它干什么呢？他侧耳谛听，在“大珠小珠落玉盘”的朗读声中，他捕捉到了一种新的韵律，为从前所没有。那是什么呢？哦，他略作思索，恍然大悟：那是千军万马向四个现代化进军的马蹄声，是向科技高峰攀登的脚步声，是美好的理想的社会阔步前进的开路声，与一代青年昂扬奋发的心声；这一切汇合交响，就组成了春天的合唱。

前面说过，季羡林的这篇《春归燕园》，作于 1979 年元旦。而他发念写作，则是在 1978 年深秋。他描述，当是时，“姹紫嫣红的景象早已绝迹，连‘接天莲叶无穷碧’的夏天都已经过去，眼里看到的是黄叶满山，身上感到的是西风劲吹，耳朵里听到的是长空雁唳。但是我心中却溢满了春意”。于是乎，在大图书馆的草坪前，在沉醉于攻读中的男女大孩子身上，他的灵感得到了激发：“这些男女大孩子一下子变成了巨大的花朵，一霎时开满了校园。连黄叶树顶上似乎也开出了碗口大的山茶花和木棉花。红红的一片，把碧空都映得通红。至于那些‘霜叶红于二月花’的霜叶，真的变成了红艳的鲜花。整个的燕园变成了一座花山，一片花海。”

文章写到结尾，“老夫聊发少年狂”，他把嗓音又提高了一个八度，他说，他歌唱：“而且这个春天还不限于燕园，也不限于北京，不限于中国。它伸向五洲，弥漫全球，辉映大千。我站在这个小小的燕园里，仿佛能与全世界呼吸相通。我仿佛能够看到富士山的雪峰，听到恒河里的涛声，闻到牛津的花香，摸到纽约的摩天高楼。书声动大地，春色满寰中，这一个无所不在的春天把我们联到一起来了。它还将不是一个短暂的春天。它将存在于繁花绽开的枝头，它将存在于映日接天的荷花上，它将存在于辽阔的万里霜天，它将存在于千里冰封、万里雪飘的严冬。一年四季，季季皆春。它是比春天更加春天的春天。它的踪迹将印在湖光塔影里，印在每一个人的心中。它将是一个真正的永恒的春天。”

1995 年 10 月，陈岱孙在北大为他举行的九十五岁寿宴上，说："我一生中只做了一件事：教书。"

——摘自《世纪同龄人》

（三七）副校长的底牌：朴实之外，什么也没有

在出任北大副校长之前，曾有更高的社会职务期待季羡林——他婉辞了。这就难免引起误解："既然辞高，为什么又就低呢？"关于这个问题，季羡林的解释是："因为对北大太有感情。"

在副校长的位置上，季羡林待了五年，从 1978 年到 1984 年。这期间，他的日常工作是怎么安排的呢？1984 年 2 月 22 日，杨匡满在人民日报发表了一篇报告文学《季羡林：为了下一个早晨》，里边有详尽的叙述。笔者借助杨先生的文字，略加梳理、概括：

A：四点钟光景，黎明还没有来到这所被雅称为燕园的著名学府，楼群、塔影、湖光、松林，连同长满连翘、丁香和刺梅的路边土坡，无不沉浸在朦胧的夜色里，像是泼在宣纸上已经濡开了的淡墨。这时，朗润园一座楼下的灯亮了，一位老人起床了。一二十年来，他都是这个时间起床。简简单单地抹一把脸，便走到了靠窗的书桌跟前，准备开始一天的工作。

偌大的一张书桌，堆满了前一天就摊开的各种中外文书

籍、报刊、夹书的纸条、各色的卡片。桌面的空地小得只能容下两叠稿纸和一个水杯。老人戴上眼镜，时而翻阅那一堆堆书刊，时而抬头凝视开始发白的天幕，时而握笔疾书。

一会儿，他离开了藤椅，坐到一张小马扎上。就在书桌旁边，是两个大木箱，箱盖上同样堆满了各种中外文书籍、杂志、夹书的纸条、各式的卡片……不同的是除此之外几乎没有空地了。……原来，他在写作一篇学术论文的同时，还在进行另一个翻译项目。在另一个房间里还有一张书桌，同样摊开着各种材料。那里还有他的“第三战场”。近年来，他习惯在两三个“战场”同时作战。他计算着剩下的时间，紧迫啊，每一分都不能白白放过。

B：门被轻轻地推开，老伴出现在房门口。七点整，她叫他吃早饭。牛奶、花生米、烤馒头片——他爱吃烤馒头片。他像个老农，让老伴烤了盛在一个布袋里，放在他的工作间，饿了好就着茶吃。

七点十分，他走出了门，走过弯弯的湖边小路，走过条石搭起的小桥。微风把水浮莲和青草那种清香而又带涩味的气息送到他的鼻孔里，他深深地吸着，不由自主地加快脚步。这是他三小时紧张工作后的一次体育锻炼。

不，这是他去系里上班。东语系的办公楼是一座中国宫殿式的建筑，飞檐画梁，巨大的屋顶显示着一种古老的庄重、幽深和神圣。然而，这位老人的办公室在这座楼里相当于传达室的位置，同整座楼的威严可极不相称。

同屋的年轻人也早早地到了，那是他的助手。年轻人一面向他汇报，一面把一大堆文件、信件、杂志交到他手里。老人点着头，坐到自己的办公桌前。桌上已经堆放着许多别的书籍、材料。哦，这里是他另一处战场，他每天要在这里工作三四个小时，处理系里的教务、行政方面大大小小的事情，回答国内外学者的各种询问，指导学生、研究生和教师的各种课程和研究项目。

不时有人推门进来向他请教。他中断手头的工作，耐心地解答着。来人一走，他马上又埋头潜心工作……了解他的人，总是把话尽量说得简明扼要，尽量少占他的时间。但即便是一个人几分钟，十个人加起来，也就够可观的了。

C：下班了，他沿着来时那条小路往回走。正午的阳光刺得他眼球发胀，浅浅的湖水蒸腾着一股热浪。他不觉得热，在那间阴凉的“传达室”里坐久了，这暖和的阳光、流动的空气恰好能使他放松一下疲惫的身体。回家路上的这十几分钟，是他一天中第二个三小时紧张工作后真正的休息。

老伴准备好了午饭，简单的三两样家常菜。他基本食素，偶尔吃点牛羊肉。来客人时，才让炒两个肉菜。他从不提什么要求，至多要一根辣椒、一根葱什么的，山东人嘛。

各色各种的书籍散发着淡淡的气味，清香的或带潮味的，异国的或古旧的。他习惯在这种气息的包围中躺到他的木板单人床上。那是他的唯一可以歇脚的岛屿，四周便是浩瀚的书的海洋。经过凌晨以来紧张的脑力劳动之后，他利用中午时间闭上眼睛喘息一下，以获得重新去海浪中搏击的力气。

D：他醒来了，刚刚两点，不过睡了一个小时。电话铃响过两次了，老伴推门进来。还有人在隔壁房间等他。他看了看书桌和箱子盖上那两摊子东西，走了出去。

找他的人得挂号、排队。他的时间总是排得满满的，管事也好，顾问也好，挂名也好，他兼任着大小五十个辞也辞不掉的职务，人们对他实行着“轮番轰炸”。

E：有一天晚上，他已经躺下了，电话铃响了。

“季副校长，我们这楼停水了。”“我家里也没水。”“那请你赶快反映反映吧！”

“行行行！”

谁让他没有架子呢？别人什么都愿意找他。

有人在他的桌上发现过这样的纸条：“学生开饭时间有十一点一刻，十一点半，十一点三刻三个方案，据学生反映，倘十一点一刻开饭，晚下课晚去就吃不上好菜……”

这是他亲笔记下，准备在校长办公会议上发言用的。他生气地感慨道：“就一个熄灯打铃问题，讨论了几年还没有解决。”

F：夕阳西下，他走下办公楼的台阶，站在窗前的梧桐树下。那么多年，他竟没有留意这两棵梧桐属于什么品种。

他绕湖信步走着，遇到相识的师生或工友，他主动地停下来打招呼，聊上几句话。这是他一天之中第三次真正的休息。

远方落日的余晖衬托着燕山山脉黑色的廓影。上弦月悄悄地走向中天。燕园的黄昏空气格外纯净。他绕着湖滨，又踏上了回家的小路。

朗润园里，静静的后湖边上，那盏橙色的灯又亮了。他又开始伏案工作了。不过，他不会睡得太晚，为了下一个早晨，为了再下一个早晨……

中国有多少大学，就有多少校长，以及成倍翻的副校长，不可胜记而又无须去记，这个职务，实在没啥稀奇。季羡林的人缘比文缘强，文缘又比官缘强，人们记得季羡林，很少有人记得他是副校长，少数人记得他是副校长，也难以记得他的官仪，倒是有一则趣闻，类似于20世纪的“世说新语”，不胫而走，广为流传。笔者曾撰文记之——

某年秋季，大学开学，燕园一片繁忙。一名新生守着大包小包的行李，站在道旁发愁。他首先应该去系里报到，但是他找不到地方。再说，带着这么多的行李，也不方便寻找。正在这当口，他看到迎面走来一位清清瘦瘦的老头儿，光着脑袋瓜，上身穿一件半旧的中山装，领口露出洗得泛黄的白衬衣，足蹬一双黑布鞋，显得比他村里的人还要乡气，眉目却很舒朗，清亮，老远就笑眯眯地望着自己，似乎在问：你有什么事儿要我帮忙的吗？新生暗想：老头儿瞧着怪熟悉怪亲切，仿佛自家人一样。这年头儿谁有这份好脾气？莫不是——老校工？他壮着胆儿问了一句："老师傅，您能帮我提点行李吗？我一人拿不动。"老头儿愉快地答应了。他先帮新生找到报到处，然后又帮他把行李送到宿舍，这才挥手再见。数天后，在全校迎新大会上，这名新生却傻了眼。他发现那天帮自己提行李的老头儿，此刻正坐在主席台上，原来他不是什么工友，而是著名的东方学教授、北大副校长季羡林。

这个故事衍化出多种版本，笔者记叙的只是其中之一。它很自然，质朴，因缘造化，水到渠成。搁在别人身上，就不适合。曾有人不以为然——不以为然也有道理，笔者发现：世界上的任何物与事，都可以找出它的反面，并加以指责，所以面对棘手的难题，古人有"口舌难争，坚壁勿战"之旨，今人有"不争论，做了再说"之策——请注意，笔者无意拔高季羡老的形象，恰恰相反，这里记录的，只是他的平常，他的卑微（难怪造反派相中他守传达，又有人把他当成锅炉工）。季先生的可人，就在于他的卑微。无论什么学问，修到最高境界，只是一颗平常心。袁行霈感慨："和他在一起，矜可平，躁可释，一切多余的雕饰的东西都成了不必要的了。他是集中了朴实的美德并展现了朴实的力量的典范，他的朴实带有豪华落尽的真淳，好像元好问所称颂的陶诗，这就更加令人尊敬。"谢冕则说："他是那样的普通，普通得无法和周围的人加以区分。他如同一滴最平凡的水珠，无声地消融在大江大河的激流之中；他如同一粒最平凡的泥土，加入了无比浑厚的黄土地的浑重之中。伟大无须装饰，也不可形容，伟大只能是它自身。”张中行也有类似的称赞，他说老北大，在外国拿了博士而又不穿西服的，胡适也是其一，但他长袍的料子、样式以及颜色，是很讲究的，随处透出潇洒与高逸，而季先生呢，总是“一身旧中山服，布鞋，如果是在路上走，手里提的经常是个圆筒形上端缀两条带的旧书包……是朴实之外，什么也没有”。这结语下得好。据此，张中老感慨，在他见过的诸多知名学者（包括已作古的）中，像季先生这样朴厚的，难以找到第二位。

人总要把自己生命的精华都调动起来，倾力一搏，像干将、莫邪一样，把自己炼进自己的剑里，这，才叫活着。

——汪曾祺

（三八）六十七岁，人道老骥伏枥，他值青春勃发

人有两个年龄，生理年龄和心理年龄，这是常识。“文革”结束，天日重明，季羡林已交六十七岁。这个年纪，从生理上说，无论东方西方，黄种白种，都已划归老年。老了就是老了，你不承认不行，现代生活水平再提高，医疗技术再发展，人的平均寿命再延长，也未能做到返老还童，把六十五岁以上的人打发回中年（世界卫生组织近年有把花甲以上、七十五周岁以下的列为“预备老人”或“年轻老人”之说）。但人又有心理年龄，苏轼说：“谁言人生无再少？门前流水尚能西，休将白发唱黄鸡！”这里突出的是心理年龄。1978 年，季羡林第三次访问印度，意外碰见 1951 年初访印度时结识的老朋友吉安·冒德教授，季羡林询问冒德教授高寿，对方回答：“我刚刚才八十六岁。”这个“刚刚才”，敞露的也是心理年龄。生理年龄，对任何人都是一视同仁，无所偏袒，无所歧视。心理年龄，则因人而异：或年纪轻轻就老气横秋，或白发苍苍而青春飞动。季羡林属于后者。1978—1991 年，也就是从六十

七岁—八十岁，在学术研究和散文创作领域，他显示的状态，是刚刚进入途中跑：耳旁但听风声呼啸，眼前但见万马奔腾，他没有时间去关心自己的年纪，他唯一能做的，就是像小伙子一样，加油！加油！再加油！

让我们做一个简单的统计：1978—1991 年，十四年间，季羡林共发表文章四百二十多篇，年均三十篇挂零，出版著译十多部，年均一部有余，折合字数，五百五十万字左右，年均近四十万字。这个工作量，搁在毛头小伙子身上，也得是个拼命三郎，何况他已越过古稀，直逼耄耋。说他是白首童心，青春勃发，当不为虚言。

读完前面一节，您已经了解，季羡林不是纯然的书斋的学者，他肩上担着五十多个职务，是个大忙人。这些职务中，北大副校长和南亚所所长，是实职，每天都要挂牌办公；全国人大常委，每两个月开一次会，每次十天半月，占去的时间也不老少；至于其他的职务，像什么中国外国文学会副会长、中国南亚学会会长、中国语言学会会长、国务院学位委员会委员、中国外语教学研究会会长、中国敦煌吐鲁番学会会长、中国大百科全书语言编辑委员会主任、中国比较文学学会名誉会长、中国文化书院院务委员会主席、“神州文化集成”丛书主编，等等等等，虽不必日常办公，会总是要开的，来电来函来访总是要应对接待的，凡此种种，加起来，工作量也相当惊人。读者自然会问：季羡林又不是印度神话中的大梵天，拥有四头八臂，更不是《罗摩衍那》中的罗刹王，能变出十个头、二十只臂，那么，他又是怎样在日理百机（当然没有万机）的情况下，做出上述那些成果来的呢？

问得好。这个问题也很好回答，凡是对季羡林稍有了解的人，都知道他有个与众不同的习惯：每天早晨四点起床。这个习惯，他在 1946 年进入北大，当上东语系主任之后，就开始了。1985 年，他在散文《黎明前的北京》中自述：“多少年来，我养成了一个习惯：每天早晨四点在黎明以前起床工作。我不出去跑步或散步，而是一下床就干活儿。因此我对黎明前北京的了解是在屋子里感觉到的。……四十年前，我住在城里曾经是特务机关的东厂里面。几座深深的大院子，在最里面三个院子里只住着我一个人。朋友们都说这地方阴森可怕，晚上很少有人敢来找我，我则怡然自得。每当夏夜，我起床以后，立刻就闻到院子里那些高大的马缨花树散发出来的阵阵幽香，这些香气破窗而入，我于此时神清气爽，乐不可支，连手中那一支笨拙的笔也仿佛生了花。几年以后，我搬到西郊来住，照例四点起床，坐在窗前工作。白天透过窗子能够看到北京展览馆那金光闪闪的高塔的尖顶，此时当然看不到了。但是，我知道，即使我看不见它，它仍然在那里挺然耸入天空，仿佛想带给人以希望，以上进的劲头。我仍然是乐不可支，心也仿佛飞上了高空。过了十年，我又搬了家。这新居既没有马缨花，也看不到金色的塔顶。但是门前却有一片清碧的荷塘。刚搬来的几年，池塘里还有荷花。夏天早晨四点已经算是黎明时分，在薄暗中透过窗子可以看到接天莲叶，而荷花的香气也幽然袭来，我顾而乐之，大有超出马缨花和金色塔顶之上的意味了。”读完这番叙述，你不难理解，季羡林之所以如此热爱清晨，是因为它和工作的快乐联系在一起。这一段宝贵的光阴，绝对属于他，没有任何干扰；想干扰也干扰不成，你总不能四点就通知开会？因此，季羡林起床之后，往书桌旁一坐，神清气爽，万象澄明，不用过渡，一下子就进入最佳状态，拿起笔来，文思泉涌，记忆力也像刚磨过的刀子，锐不可当。他形容：“此时，我真是乐不可支，如果给我机会的话，我简直想手舞足蹈了。”

这里说的是居家。偶尔出外呢？他这个习惯也是雷打不动。1984年，他曾说，当翻译《家庭中的泰戈尔》时，“适值有杭州、烟台之行。在杭州，招待所的楼道里每天放彩色电视都放到很晚，声量之大，全楼震动。我当然无法安眠；但是第二天我照样黎明即起，潜思凝虑，翻译《家庭中的泰戈尔》。到了烟台，住在一所豪华的宾馆里，条件比杭州有天渊之别。推窗就能看到大海。我每天起床后，外面仍然是一片黑暗，海上停泊的万吨巨轮上却是灯火辉煌，灿如列星。此外则海天茫茫，引我遐思。此时此刻，我简直是如鱼得水，心情怡悦，翻译工作进行得异常顺利。等我回到北京来时，初译稿已经完成了”。

季羡林之为季羡林，还有第二个与众不同的习惯——毋宁说本领：一边开会，一边写作。这是逼出来的。平时会议较多，职务的加上非职务的，文山会海，纷至沓来；起先当然不习惯，尤其是听那些长篇大论而又言之无物的报告，状如受刑，浑身不自在。他从前读马雅可夫斯基的《开会迷》，读张天翼的《华威先生》，觉得作者讽刺的对象，实在荒唐滑稽，讵料自己也成了那一路人，岂不大可哀哉！怎么办？会多而又不能不列席，难受而又不能不硬着头皮，久病成医，久会成精，终于变通出应对之道。他的秘诀是：“在这时候，我往往只用一个耳朵或半个耳朵去听，就能兜住发言的信息量，而把剩下的一个耳朵或一个半耳朵全部关闭，把精力集中在脑海里，构思，写文章。当然，在飞机上，火车上，汽车上，甚至自行车上，特别是在步行的时候，我脑海里更是思考不停。这就是我所说的利用时间的‘边角废料’。积之既久，养成‘恶’习，只要在会场一坐，一闻会味，心花怒放，奇思妙想，联翩飞来；‘天才火花’，闪烁不停；此时文思如万斛泉涌，在鼓掌声中，一篇短文即可写成，还耽误不了鼓掌。倘多日不开会，则脑海活动，似将停止，‘江郎’仿佛‘才尽’，此时我反而希望开会了。这真叫作没有法子。”（《季羡林自传》）

最叫人心折的，还是他的精神状态。季羡林在《罗摩衍那》译后记中写道：“我现在恨不能每天有四十八小时，好来进行预期要做的工作。那当然是不可能的，每人每天只能有二十四小时，谁也多不了一分半秒，关键在于如何使用这二十四小时。我现在就不敢放松一分半秒，如果稍有放松，静夜自思，就感到十分痛苦，好像犯了什么罪，好像在慢性自杀。”天哪，一个人修炼到这种境地，还有什么事情干不成啊！

他的生命是以写作连缀，写作是以足迹连缀，他走到哪里，文章也就写到哪里。

——笔者

（三九）行万里路，写万里文（国外）

1978 年 3 月，季羡林出访印度，不用屈指，这是第三次了。第一次，是 1951 年，第二次，是 1955 年——读者可能诧异：前两次，怎么没有任何印象？这个么，原因很简单：传主没有留下片言只字。且慢，此话有语病，第一次，也就是 1951 年，季羡林初访天竺之邦，文章倒是写了一篇，题名《到达印度》，用今人的眼光看，还是相当革命的。譬如，当中国代表团出得加尔各答机场，遇着一队印度的无产阶级朋友赶来欢迎，季羡林写道："蓦地一声：'毛泽东万岁！'破空而下，这声音沉郁、热烈，而又雄壮，仿佛是内心深处喊出来的，里面充满了火热的爱。过去几千年所受的压迫仿佛都夹在里面迸发了出来，将来的希望也仿佛都夹在里面迸发出来了。我抬头看了看他们，他们眼睛里闪着光。"这可谓那个时代的最强音，是上得了《人民日报》副刊头条的应时应景之作。然而，你猜——如果不是我在前面（《从〈春满燕园〉说开去》）交过底，相信你无论如何也猜不到：文章写得，随即锁进抽屉，秘而不发长达三十余年（直到 20 世纪 90 年代初才公开发表）。

这是偶然的吗？不。且看另一例：1961 年 6 月，季羡林又写了一篇《忆日内瓦》，记录的是他十多年前离德返华，转道瑞士时的见闻。瑞士的风光在日内瓦，日内瓦的精华在湖光山色，季羡林的笔触当然不会回避；也许正是这片魅山灵水，才促使他欣然提笔的哩。但是，文章写着写着，笔触突然越过山巅水涯，节外生枝而又慷慨激昂地嘲讽了美国的军事基地及其驻外大兵。这无疑是代革命立言，是实践“突出政治”。结果呢，居然也是打入冷宫，秘不示人。

此番第三次访印，季羡林习惯性地带了一个笔记本，带是带了，沿途却一个字也没有写。想他 1955 年第二次访印，也是这样。当然不会无动于衷，“眼前有景道不得”，只能说明，另有更大的忌讳在。新中国成立以来，对于有案可稽的白纸黑字，他是既爱且惧，心怀凛冽。——历史终归是前进了，1978 年和 1955 年不可同日而语，季羡林半个多月跑下来，笔记本上虽然空空如也，心头却积压了千斗万斛的情愫，自觉不把它们倾吐出来，便是一种犯罪，是对中印两国人民友谊的背叛。因此，归国之后，他一反常规地写下三篇，分别是：《回到历史中去》《天雨曼陀罗》《琼楼玉宇，高处不胜寒》。文章寄出，收获双重，不，多重喝彩，起先是编辑部，然后是同仁，再然后是天下识与不识的读者。这当然得力于国内的大形势——说话就到了写作《春归燕园》的季节，乾坤日朗，人心大畅，季羡林感从中来，一口气又写下十一篇，如《海德拉巴》《在德里大学和尼赫鲁大学》《深夜来访的客人》《佛教圣迹巡礼》《初抵德里》，以及《难忘的一家人》《孟买，历史的见证》，等等。

前后凡十四篇，基调，季羡林谓之“大义”，也就是中印两国人民源远流长、“抽刀断水水更流”的友谊。季羡林说：“友谊确确实实是存在的，但却是看不到摸不着，既无形体，又无气味，既无颜色，又无分量。成包地带，论斤地带，都是毫无办法的。唯一的办法，就是用我们的行动带。对我这样喜欢舞笔弄墨的人来说，行动就是用文字写了下来，让广大的中国人民都能读到，他们虽然不能每个人都到印度去，可是他们能在中国通过文字来分享我们的快乐，分享印度人民对中国人民的友情。”季羡林以他淹博的学识和拈花微笑之笔，叙述了屈原以降中印两国长达两千三四百年的文化交流。通常的说法，两国的交流自佛教东传始，即公元1世纪，季羡林从屈原《天问》中的“顾菟在腹”着手，论证月亮中有兔子的说法，原本于印度神话，这样就把两国交流的时间，上推到公元前三四世纪。关于访问途中记录的各地风光，以及印度人民的深情厚谊，读者如有兴趣，可自行找了文章来看，这里不再罗列。倒是有几处闲笔，笔者以为，颇堪玩味，摘出来，供诸君欣赏。如《天雨曼陀罗》，写加尔各答植物园的一株老榕：“据说这是世界上最大的一株榕树。一棵母株派生出了一千五百棵子树，结果一棵树就形成了一片林子。现在简直连哪棵是母株也无法辨认了。这一片‘树林’的周围都用栏杆拦了起来。但是，栏杆可以拦住人，却无法拦住树。已经有几个地方，大榕树的子树，越过了栏杆，越过了马路，在老远的地方又扎了根，长成了大树。”又如《海德拉巴》，写当地的动物园，“园主任亲切地招呼我们把手从铁柱子的缝隙里伸进铁栅栏摸老虎。我们开头确实有点胆怯，手想伸又缩。中国俗话说‘老虎屁股摸不得’，这话早已深入人心，老虎如何能去摸呢？但是园主任却再三敦促解释，说这老虎是在动物园里养大的，人抚摩它，它会感到高兴，吼上两声，是表示它内心的快乐，决无恶意，用不着害怕。他并且还再三示范，亲自把手伸进铁栅栏，抚摩老虎的脖子和屁股。我也就战战兢兢地把手伸了进去，摸了一下老虎的屁股。中国俗话说是摸不得的东西我终于摸了，这难道不是一生中难以忘怀的事情吗？”闲笔不闲，言在象外；比起一度流行的那些标语口号式散文，这不知要生动多少倍。不是吗？

20世纪80年代，是季羡林出访最频繁的年头，先后十一次出境、出国，足迹所至，除两次联邦德国，其余均在亚洲，包括四访印度、三下扶桑，以及泰国、尼泊尔与中国香港。就文章而言，写得最汪洋恣肆，也最清秀灵动的，是一组《尼泊尔随笔》，计十一篇，两万余字。

1985年11月，季羡林（右一）再访印度

与1978年访问印度归国之后的写作不同，这十一篇之中，有七篇，是写于观光途中，随感随记，清景立摹，不待追忆，说明他事先做了精心准备，心态也十分从容。如写加德满都的雾——对于雾，他以前从未留心观察，更谈不到欣赏，在文学作品中读到的雾，也多是贬义的负面的描写，而这次在异国的山城，他却对雾产生了好奇，由好奇而探异，由探异而礼赞。他写道："雾能把一切东西：美的、丑的、可爱的、不可爱的，都给罩上一层或厚或薄的轻纱，让清楚的东西模糊起来，从而带来了另外一种美，一种在光天化日之下看不到的美，一种朦胧的美，一种模糊的美。"由此展开联想："一些时候以前，当我第一次听到模糊数学这个名词的时候，我曾说过几句怪话：数学比任何科学都更要求清晰，要求准确，怎么还能有什么模糊数学呢？后来我读了一些介绍文章，逐渐了解了模糊数学的内容，我一反从前的想法，觉得模糊数学真是一个了不起的发现。在人类社会中，在日常生活中，在社会科学和自然科学中，有着大量模糊的东西，无论如何也无法否认这些东西的模糊性。承认这个事实，对研究学术和制订政策等等都是有好处的。"这确是证道之言，是拨开云雾而见青天的神来之笔。

季羡林20世纪80年代三访扶桑，留下了四篇文章：《游唐大招提寺》《下瀛洲》《日本人之心》《室伏佑厚先生一家》。主题不外是中日友好，内容涉及鉴真东渡、汉文化东渡、一衣带水、天涯比邻，以及日本各地的风土人情。如今中日交流广泛，这些当然都成了老生常谈，但由于糅合了作者的学识眼光，寻常见闻，一经匠心独运，立见警醒。如

《室伏佑厚先生一家》，写游京都古寺，遇到一位一百多岁的老和尚，交谈中，对方不时提到李鸿章如何如何，季羡林颇为吃惊，转念一想，老和尚生于19世纪，和李鸿章原来是同时代的人，只是岁数相差有点悬殊而已。接下来笔锋一转，写道："参观佛教寺院时，我的第一个想法就是：在日本当和尚实在是一种福气。寺院几乎都非常宽敞洁净，楼殿巍峨，佛像庄严，花木扶疏，曲径通幽，清池如画，芙蕖倒影，幽静绝尘，恍若世外。有时候风动檐铃，悠扬悦耳，仿佛把我们带到了另外一个世界去，西方的极乐世界难道说就是这个样子吗?"季羡林不由生出沧桑之念，出尘之思。文章的结尾，他反思："我同几乎所有的人一样，忙忙碌碌了几十年，天天面对实际，然而真正抓得到的实际好像并不多。一切事物几乎都如镜花，似水月，如轻梦，似白云，什么也抓不住。……但是，如果能在一切都捉不住的情况下，能捉住哪怕是小小的一点东西，抓住一鳞半爪，我将会得到极大的安慰。"出世而又入世，貌似消极，实则积极——这番感慨，不妨看作他晚年行事的注脚。

1981年，季羡林访问日本留影

写国际题材散文的大家，曾经有杨朔。如今，杨朔已矣，他殁于1968年，是自杀。杨朔之后，季羡林是当之无愧的又一大家。除了身份、资历，还有思想、学识、文采。那年头笔者也做过这样的梦，遗憾的是，至今仍停留在一枕黄粱。

1986年5月，季羡林在日本东京火车站抱日本小朋友

1986年6月，季羡林（中间左）在日本早稻田大学演讲

> 我们写东西，在一篇文章中最好不要使用一种风格，应该尽可能地把不同的几种风格融合在一起。
>
> ——季羡林

（四〇）行万里路，写万里文（国内）

就天性而言，季羡林不喜欢出游，济南省立高中校长宋还吾评价他“很安静”，内中便包含了这层意思。不喜欢，不等于拒绝，古人说“读万卷书，行万里路”，他是深以为然，并且躬行实践。季羡林在国内的行踪，与其在国外一样，多半缘于赴会或讲学。当然啰，国内的出行总比国外的容易，写下的游记因此也多，本文择其精髓，略加转述，既察其行踪，也审其感情波澜。

《游天池》：天池联系着一个神话，相传半山的小天池，和山顶的大天池，都是从天上摔下来的，然后，小的成了王母娘娘的洗脚盆，大的成了王母娘娘的浴池；“西望瑶池降王母”，诗圣杜甫早就讴歌过了。百闻不如一见，1979 年 8 月，季羡林来到了大天池：在海拔两千米的高度，于众山环抱之中，居然有这样一湖烟波浩渺、深不可测的绿水，未见之前绝对不信，一见之后仍然将信将疑，迥乎出尘，亦虚亦实，难怪人们要把它和神话攀扯在一起。季羡林目纵心随，近览天池，远眺雪峰，他想把眼睛变成相机，让它们永远珍藏心底。美，是现实通往神话的桥梁——许是精诚所至，空中突然奏起了仙乐，骤眼望去，啊，是王母娘娘又回来了，她正驾着青鸾，簇拥在云霞中……

《火焰山下》：漫漫戈壁，遍地砂粒，寸草不生，荒无人烟，令人想见比太古之世更其浑蛮的太古。阳光肆无忌惮地倾泼下来，烤得每一粒砂都焦脆金黄——不能摸，一摸就烫得起泡，另一种意义上的炙手可热。远处，充当地平线的，是一列低矮错落的峰峦，通体赤红，不见星点绿意，乍望，状如熊熊燃烧的野火。火舌凝固，猛舔苍穹，热力磅礴四野，弥漫天地。就这样，季羡林冒着四十摄氏度的酷热，在高昌古城和交河古城遗址作半日怀古，途中，他不禁想起《西游记》中的火焰山和铁扇公主的芭蕉扇。真的，若能借得公主的宝物，扇一扇，平平熄焰，寂寂除光，又扇一扇，习习潇潇，清风微动，再扇一扇，便满天云漠漠，细雨落霏霏，那该是多好？芭蕉扇是吴承恩的编造，清凉世界倒是真实无虚——返程，汽车转得几转，便把他们载到葡萄沟，这儿绿杨参天，葡萄盈挂，清泉潺湲，凉意袭肘，和适才的戈壁大野比照，几疑换了人间！

《在敦煌》：这是季羡林的一篇力作，长达万余字，文而自神，若有天魔献舞，花雨弥空。整整六天，他走进千佛洞，走进久已逝去的往古和异域，在神话暨童话的天地徜徉；身处斗室，神驰万里，浮想联翩，幻影纷至。这是他生平思想最活跃的时日，仿佛既有了天眼通、天耳通，又有了他心通、宿命通、如意通。他悠游忘返，乐不思蜀，真想长期在这里“挂单”，好似在茫茫的人世奔波劳碌了六十多年，终于找到了一个惬意的归宿。当然这不可能，不可能，他是俗人，还有未尽的俗务，或宿命，因此，他只有一步三回头，把凡躯带走，把一颗虔诚的心留在敦煌。

《登黄山记》：这是又一篇万字长文，笔力雄赡，胜景迭出。季羡林置身山腰，抬头，但见峭壁千仞，高岭入云，幽篁参天，苍松夹道，鸟鸣相和，蝉声四起。而且每看一次，眼前的景色都变化各殊，决不相类；就连同一个对象，从不同的方位看，得到的法相也不一致。比如从慈光阁看朱砂峰，遥见“金鸡叫天门”，但是等你登上龙蟠坡，再抬头一瞧，吓，“金鸡叫天门”又变成了“五老上天都”。究竟站在哪儿，才能看到黄山的真面目呢？季羡林断定，在哪儿也看不到。黄山三日，他赏遍四大奇景——奇松，怪石，云海，温泉，另加一景——日出。昔太史公周览名山大川，故其文疏宕有奇气；张旭观公孙大娘舞剑，因而触类旁通，书法大进。季羡林寻思：自己如今游览了黄山，黄山肯定要对我产生影响，但我一非文豪，二非书法家，这影响又将体现在什么地方呢？老先生顾盼自豪，眉飞色舞。

文章还捎带出一支插曲。季羡林而后伏案记叙黄山，为了使笔下之文和胸中之景呼应，有意打散老套的起承转合，结构一如黄山，呈“奇峰错列，沟壑纵横”状。文章写好后，寄给某杂志社，编辑先生不喜，复函指正说：“散文不能这么写”。这就怪了！大自然可以如此鬼斧神工，散文为什么就不能登其峰而造其极？季羡林不买账：你可以不发，但我不能不创新。

《富春江上》与《富春江边　瑶琳仙境》：记的是1981年和1984年两次不同的过访。前次是乘船，凭栏骋目，但见江平水阔，烟波缥缈，隔岸青螺数点，微痕一抹，隐现于烟雨迷蒙之中。后次是乘车，道路与江岸有一山之隔，所经之处，莫不峰峦叠秀，岚气袭人。作者凝神默想，身心仿佛一分为二，一半留在车上，一半飞越山脊，落到富春江畔；这后一半，似乎比前一半更灵动，更飘忽，它完全不受眼前景致的束缚，上天入地，任意驰驱，任意发抒。它再现的富春江，比他亲历的更美，而且美妙到不可逼视！两次游历，作者的眼前始终晃动着一个身影，时大时小，或近或远，既停又走，乍隐还显，飘浮在青山顶上，逍遥在绿水岸边，翩若游云，散似轻烟，瞻之在后，忽焉在前，充塞宇宙之内，翱翔天地之间。屡屡，他想呼唤，想冲上前，一把将之牢牢抓住。但是，一愣神，眼前又只剩了青山绿水，不见人影。于是恍然：这不是谁，这是天地之所钟灵，山川之所毓秀。

《深圳掠影》和《海上世界》：分别写于1984年和1985年。前者走马观花，历数深圳大学、沙头角、蛇口、西丽湖度假村、银湖度假村、深圳湖游乐园、香蜜湖度假村、国贸大厦，得出一个结论：新。江山日异，人们的思维也得跟着变，变化之道，是宇宙的正道。后者记录的是一艘游轮，曾经归法国总统戴高乐所有，斗转星移，现在成了泊在蛇口海岸的豪华旅馆。作者下榻游轮，入夜，伫立甲板，眺望岸边那一长串灯光形成的珍珠项链，联想起深圳大学的青青子衿，以及在深大参加比较文学讨论会的中青年学者，他从这些后来者的身上，看到了熠熠的光彩和勃勃的生机，他们是东方既白的启明星，是历史长河的另一串珍珠项链。

《赞西安》、《观秦兵马俑》与《法门寺》：分别写于1982年和1987年，三篇可作为一组欣赏。陕西是古神州的腹地，古华夏的精华，漫步于斯，一山一水，一草一木，莫不让人想见始皇帝的八骏，唐王朝的歌舞。如今，1987年5月，在法门寺唐塔地宫又发现了佛骨舍利。这不是普通的舍利，而是佛祖释迦牟尼仅存的指骨，佛教界至高无上的圣物，佛经上有明确记载的。于是乎，这片被秦风唐雨吹拂濡润过的福地，顿时佛光普照，得以与梵天净土，与三千大千世界相馥郁，相沟通。

《游石钟山记》，连同后面的《登庐山》：均写于1986年8月6日，适值季羡林的七十五周岁诞辰，在庐山。石钟山渺乎其微，海拔仅五十多米，往庐山身边一站，不啻小巫见大巫。山不高，名头极响，从陶渊明起，历代文人墨客，在此留下无数题咏。就中，以苏轼的《石钟山记》最为脍炙人口。季羡林至此，仰览低回之际，也想学一学东坡居士，在月明之夜，乘一叶扁舟，扣万丈绝壁，亲眼看一看“如猛兽奇鬼，森然欲搏人”的大石，亲耳聆一聆“窾坎镗鞳”“噌吰如钟鼓不绝”的奇响。想象而不可得，只索留下一句自欺而绝无欺人之心的预约：“待到耄耋日，再来拜名山。”季羡林来到匡庐，劈面又撞上了苏轼。（这老夫子简直无处不在！）不过还好，这次他没有拜倒在苏轼的脚下，而是站到老夫子的肩上。苏轼在文中“盖叹郦元之简，而笑李渤之陋”，季羡林也抓了苏轼的一个疏漏。他经过仔细观察，发现：“绿是庐山的精神，绿是庐山的灵魂，没有绿就没有庐山。绿是有层次的。有时候蓦地白云从谷中升起，把苍松翠柏都笼罩起来，笼罩得迷蒙一片，此时浓绿就转成了青色，更给人以秀润之感，可惜东坡翁当年没能抓住庐山这个特点，因而没有能认识庐山的真面目，成为千古憾事。”他为自己的灵光迸现而激奋，禁不住手舞足蹈，信口诌成一首七绝：“近浓远淡绿重重，峰横岭斜青濛濛，识得庐山真面目，只缘身在此山中。”他自谓破译了庐山的神奇，庐山有灵，啊不，东坡先生有灵，不知以为然否？

末了推出的是《火车上观日出》：这是一篇短文，前后酝酿打磨了八年，起笔于烟台，想见是发生在山东境内，方向应是由西南往东北。晨起，作者步出卧铺车厢，猛抬头，正瞥见朝暾在天边探出半边脸。日之将出，云蒸霞蔚，这不稀奇，他活了七十多岁，这样的场面见得多了。然而，不论从前在泰山，还是在黄山观日出，人都是仰了头，静止不动；动的是太阳，她慢条斯理，缓步从容，灿烂华贵。现在却是另一番阵势：火车自是风驰电掣，转瞬逾里，太阳也仿佛使了气，竟然贴车追赶，一步不落。也许劲儿使得太猛，感觉她气喘吁吁，脸红筋胀，鬓发凌乱。与之同时，太阳自身也在不停地变幻：相貌由朱红，渐变为赤紫，为熔金，为烈焰，起初还能拿眼盯了看，到得后来，一片赫赫炎炎，煌煌煜煜，谁要是不识相，再想直面她的真容，管保要被她的金箭刺盲。如是相持了一段，太阳终于爬到高位，居高临下，俯视人寰，再度恢复了惯有的大雍容大自在，凝重端庄，灿灿含笑——是那种令人不敢逼视，更不敢小觑的笑。整个过程，也就一时片刻，但它融宇宙演化、万物作育、人生进退于一炉，对于作者，以及你我读者，不啻一次壮丽的天启。

而今我已垂垂老矣。世界上还能想到她的人恐怕不会太多。等到我不能想到她的时候，世界上能想到她的人，恐怕就没有了。

——季羡林

（四一）重返哥廷根，似欢欣，实惆怅，似慰藉，实追悔

1980年11月，六十九岁的季羡林率团访德，重返当年负笈之地，也是他的第二故乡，哥廷根；近乡情怯，满怀希冀而又忐忐忑忑，似欢欣，实惆怅，似慰藉，实追悔。他是1935年来此，1945年离开。方来，茅庐初出，饥不择食，豪情万丈；方走，博士加冕，踌躇满志，归心似箭。在这似箭的归心中，也有几分伤感，几分缠绵，那就是一段不了情：友情、恩情、爱情。俱往矣，如今事隔三十五载，旧地重游，等待他的，会是一番什么景象呢？“江山依旧，物是人非”，这是不二的法则，他想。可是，他万万没有想到，依旧的江山，居然旧得如此彻底，如此含情脉脉：他来到市政厅前的广场，那铜皮肤的抱鹅女郎风韵依然，四下里溜溜达达的鸽子，仿佛都是老相识，只等他打声招呼，便扑拉翅膀，飞去屋后大礼拜堂的尖顶；广场四周的店铺，格局未变，诸如“黑熊饭馆”“少爷餐厅”，以及他常逛的两家书店，照样以老面孔相迎；他走进地下餐厅，劈面陈设如旧，座位如旧，灯光如旧，气氛如旧，就

连花样年华的女招待，也仍像当年的那一位。“此情可待成追忆”，季羡林禁不住怀疑起自己：我真的离开小城三十五年了吗？

1980年11月，季羡林(左二）率团访问德国，重返哥廷根

这是真实无误的，笔者可以替他回答。欧美城市酷爱传统，大的格局，如街道，如广场，如店铺，几十年维持不变，洵属正常。但传统只是一面，不是全盘，硬要说一切如恒，未免矫情。即使同一位抱鹅女郎（铜像），经过三十五载春风夏雨秋霜冬雪的厮缠，也不会朱颜依旧，总会有许多化学的物理的变化；何况这是一座繁荣生长中的城市。季羡林这里如是说，根子还在一段情：他渴望的是江山依旧，紧紧抓住的是江山依旧，这是他的梦，他蓦然回首的阑珊灯火；梦境与现实互相参补，彼此取替。

怀着这种似梦非梦的微醺，季羡林去寻找他的老房子，那个租住了十年之久的家。他有预感：那位女房东，母亲般温暖的欧朴尔太太，已经不在人世；但是，房子还在。近了，近了，他走了十年的那条街，整洁清爽，一如畴昔。他看惯了左邻右舍的老太太手拿抹布和肥皂清洗路面，那干净真叫邪性，你躺下去打个滚，保证不会沾染一星尘埃。他注意到街角的那家食品店，当年日日路过的，敞亮的玻璃窗内生意红火如昨。仍然是原地——当然是原地！——他住过的那座房子，果然还在。他三步并作两步跑过去，把头仰起，三楼，他曾经的卧室的窗口，摆着同当初一样的鲜花，嗅嗅鼻子，依稀能闻到熟悉的花香。恍惚袭来，他仿佛不是离开三十五年，而是才仅仅离开一天，现在是重新返家。他毫不迟疑地推开门，噔、噔、噔地直奔三楼，到得房门，下意识地，伸手到口袋里掏摸钥匙——脑瓜突然清醒：且慢！这已是别人的家。物是人非，物是人非啊！从前的房东，那待他如慈母的欧朴尔太太，不知已安息在哪一座墓地？房屋依旧，只是主人改。曾经，在遥远的东方，他屡屡梦见这座温馨的寓所，以及和它相依为命的女主人。唉，现今却是人去声息，音容渺然。所谓故人，已成了另一种意义上的故人——古人。

快快下楼，怅怅离开。他去寻访下一个目标：伊姆加德。读者应该记得，在本书第三章《留学生涯的N个最》中，提到过他和少女伊姆加德的一段爱恋。他们是街坊，这是地利；他在那儿一住就是十年，想走偏走不了，这是天时；他的论文需要打字，而她恰恰有打字机，又有为他服务的便利和热心，这是什么？人和。不，因缘。凡爱恋都有它发生的机制，凡因缘都有它交缠纠葛的牵扯。她希望他留下，永远不走。他又何尝不想——但仅仅止于想；恋爱是一个人全部素质的大盘点大展览，他老家有糟糠之妻，上有亲老，下有子幼，头顶悬道德律，肩膀压生活担，因是，他做不到，他不能。跺跺脚，像一个得道的高僧，他选择远引（那时他已想到要“齐类”了）：回国。在瑞士等待中转

德国姑娘伊姆加德

的日子，与她通过几次信。回到国内，便自动掐断联系。在那个视“海外关系”为“里通外国”为“敌特反”的极“左”年头，谁还敢同异邦的番女保持来往？没有来往，不等于相忘。笼着的火苗也仍然是火。季羡林这次暮年访德，路过哥廷根，火苗呼啦一下又烧起来了。没有顾忌，没有彷徨，出得欧朴尔太太的老屋，他径直向伊姆加德的家走去。

真的要感谢德国人的“守旧”，伊姆加德的家还是老样子。它立在那里，仿佛一个承诺，一个不渝的等待。季羡林走到门口，心怦怦地跳。他整整衣襟，强自镇定，抬手，敲门。门应声而开，出现的不是伊姆加德，不是，而是一位陌生的半老徐娘（伊姆加德应该快六十了）。心脏从嗓子眼落回胸腔，他急切地问：“这是伊姆加德的家吗?”“对不起，”对方客气地摇了摇头，“我不认识你说的这个人。”愕然，茫然，大失所望，那痛苦写在脸上，谁见了都要吃惊。万里奔来，为的是一偿夙愿，了却相思；谁知相思如麻纠缠，越理越乱。迅速抽身，开步，他不想让陌生人看透他的绝望；归途，秋风把他的叹息扯得好长好远。

季羡林当天运气不济，据好事者后来打听，伊姆加德仍然住在那里，不过是从楼下搬到了楼上，而且当时就在房间，可惜楼下的新住户不认识，阴差阳错，失之交臂。好事者还提供：伊姆加德至今未婚，一人独居；她仍然惦记着他，当年为他服务的那台老式打字机，犹朝夕相对地搁在桌上。这消息既温情，又感伤。上帝啊，难道这也是出自您的安排？上帝无语，等于默认。上帝不愿让两位有情人白头相对直面尴尬倾囊悔恨，上帝要让他们永远沉浸在青春的回忆，残酷无比而又美丽无比。

季羡林总算不虚此行，是晚，他终于见到了他最想见的：恩师瓦尔德施米特教授，及其夫人。地点不是在他闭了眼也能摸着的教授的家，而是在一所养老院。教授曾经有过一个儿子，和季羡林很玩得来，二战爆发，被征从军，死于北欧战场。教授今年八十三了，夫人更大，八十六，失去了独生子，也就失去了晚年的支撑，老两口把一应家产捐赠给哥廷根大学，双双搬进养老院。这里有必要插一句：本书第三章交代，二战中，教授本人也曾被征入伍，此事详见于季羡林的《留德十年》，“文革”中，因为该书尚未动笔，所以红卫兵不知道（他们无法去德国外调），不然，将又是他百口莫辩的一大罪状（拜法西斯分子为师）。

教授是真正地老了。不仅是生理，还有心理。两手相握，明显感觉到他不由自主地颤抖。师母越发老态龙钟，耳也聋，眼也花，脖颈犹如不堪重负，摇晃不停。两位老人端出了当年季羡林喜欢的食品，争着说：“让我们好好聊一聊老哥廷根吧！”看来，蹲在这看似豪华实则冷清的养老院，他俩只能靠咀嚼往事打发余日。季羡林问教授：“还要不要中国有关佛教的书？”教授反问：“那些东西对我还有什么用呢？”又问：“您近来在写些什么？”教授答：“在整理一些旧稿，不过，很快就要打住了。”说话间，季羡林呈上自己的译著：《罗摩衍那》第一卷（当时刚出了第一卷）。他搞了这么多年的学问，此番又是中国社会科学代表团的团长，自觉尚能拿出手的，也就是这玩意儿了。谁知教授眉头大皱，正色说：“我们是从事佛教研究的，你怎么搞起这个来了?!”怎么搞起这个？季羡林愣在那里，不知如何回答是好。教授的心情可以理解，他是希望学生致力于佛教研究，有所光大发扬，贡献人类，而不是退而搞翻译。可是，他哪里知道学生的苦衷，就是这点儿翻译，也还是在当门房的当儿，偷偷摸摸搞出来的。唉，中德两国山阻水隔，不通交流，许多事，不是三言两语能解释清的。季羡林干脆什么也不讲，他把教授的批评，当作最后的教导，发誓铭刻在心，终生不忘。

夜深了。十年曾是白驹过隙，三十五年也不过烟云过眼，一个晚上的会见，更是弹指而过。季羡林起身告辞，教授急忙伸手拦阻，说：“才十点多钟，还早嘛！”目光流露出明显的乞求。师母也跟着挽留。季羡林心头一酸，热泪差点夺眶而出。他想：教授著作等身，在专业领域名扬四海，没想到晚景如此凄凉。我今天来看望，显然给老人带来意外的惊喜。惊喜过后，也就是我走之后，他们又要面对怎样的落寞？情何以堪？人何以堪啊？唉，不这样又能怎样，又能怎样?！我只是过客，岂能长远陪伴。老话说："千里搭凉篷，没有不散的筵席。"到了深夜，夜心，季羡林起身，道了"夜安"，再次告辞。教授坚持送下楼，又一直送到停在院里的汽车旁边。季羡林心头倒海翻江，是依恋，是悲痛，是惭愧；他明白：这是今生的最后一面了。为了安慰，毋宁说欺骗，也为了自慰，毋宁说自欺，他脱口说了一句："过一两年，我再来看您！"声音从舌尖传到耳朵，显得虚浮，轻飘，没有底气，然而却又极其真诚。这真诚感动了教授，他脸上浮出微笑："好，你可是答应我了，过一两年再来！"季羡林噙泪钻进汽车，车子发动，起步，他掉转头，教授还站在原地，淡月下，苍老的身影凝立不动，似一尊亦真亦幻的塑像。

我自己评估是一个中人之才。如果自己身上还有什么可取之处的话，那就是，自己是勤奋的，这一点差堪自慰。

——季羡林

（四二）学界的“门房”“校工”与“锅炉工”

人们熟知季羡林的散文，因为散文腿长，跑得快，跑得欢，但散文只是他的余兴，他的专业（读者应该记得），是印度学。年逾古稀之后，季羡林成了散文大家，倘若抽去他的专业，他的散文就不会有那么“厚”，倘若他不写散文，他的专业也不会有那么“厚”。那么，季羡林的专业和余兴比较，孰厚孰薄呢？这个问题没法答，因为二者已水乳交融，浑然一体。

我们评价一个人的学问，不用说，首先看他的专业。留德期间，季羡林选择的是梵文，这是一种特殊的语言，只在研究佛典的时候有用。常人不会选择，选择者必然与佛有缘，信不信是一回事，缘不缘又是另一回事。当初，陈寅恪选择梵文，旨在钻研佛经和中印古代史，汤用彤与稍后的周一良情况与之仿佛。季羡林选择梵文，重点在印度古代语言，特别是佛教梵文，兼及印度佛教史、中国佛教史、中亚佛教史、印度古代文学、中印文化交流史。季羡林在学术领域的第一项成就，就是关于梵文本身的研究，这是他的博士及博士后论文。那时他年富力强，在德国十年，有九年是与梵文较劲，以他的天资天分，做出成绩也在情理之中。论文评价相当高，看得懂的却很少，只在小圈子流行。这很正常。爱因斯坦的相对论有几人能懂？我辈凡夫俗子，只要知道有这一门学问，有这样一个能人即行。七老八十之后，他在梵文的研究方面又有所推进（梵文是一种死语言，本身不会发展，只有研究才有发展），这是迟到的成果，迟了整整四十年。懂得的依然不多，甚至越来越少，但这不影响他论文的价值，以及在印度学方面的地位，足证他老而弥坚，是当之无愧的梵文大师。而翻译印度的有关作品，如迦梨陀娑的《沙恭达罗》《优哩婆湿》，古典精粹《五卷书》，黛维夫人的《家庭中的泰戈尔》，蚁垤的《罗摩衍那》，以及德国女作家安娜·西洛斯的《安娜·西洛斯短篇小说集》，则是他在专业受阻时的战略转移，设若把专业比作主峰，这些就是侧岭。前面说过，仅一部《罗摩衍那》，季羡林就稳踞翻译大师的宝座，何况还有其他。20 世纪 70 年代末，季羡林得以重操专业，再作冯妇。他的第一项工程，就是玄奘《大唐西域记》的校注——应该说这是他的夙愿，本书第一章第二节指出，他一生用过的唯一笔名，就是“齐奘”——这是中国人最初，也最坎坷而辉煌的国际交流，研究却如敦煌学，一度让外国人走在了前面，季羡林既然是南亚所的所长，他有义务也有条件组织队伍攻坚，在整个工作中，他担任不挂名的主编，参与部分注释，并为全书写下洋洋十万字的前言（前言而达十万字，几乎与原文等长，可见用力之勤，钻研之深），多有发前人之所未覆，蹈前人之所未至。为了便于把这部真实版的“西游记”翻成英文，他又组织人把它迻译成白话。如今白话本早竣，英译本还有待高明。他古稀之年的另一项工程，是吐火罗文 A 残卷《弥勒会见记》剧本的破译。为什么说破译？那是天书。吐火罗文也是一种死语言，死得比梵文更悲壮，更凄凉。传世的文献很少，懂得的人更少，全世界也数不出三五个。季羡林是其一，可怜的其一，濒危的其一。他在哥廷根跟西克教授学了这一手绝活，仅在初进北大写作《浮屠与佛》时牛刀小试，以后便一直弃而未用。不是不想，是没有机会。长期不用，学得的也几乎忘光。这时忽然从新疆出土了吐火罗文的残卷，国内无人能识，辗转相传，到达他的手里。你不是学习过这种语言么，半辈子闲置，也许上帝就让你显这一次，你与这种绝学的机缘就在这一次。倘你畏难，那么便连这一次仅有的机缘，也要失之交臂，人们只好去请教国外的专家，把荣耀写在他人的额上。季羡林咬咬牙，硬着头皮承接。这样说不是贬低，而是符合实际。毕竟已忘得差不多，毕竟又杂务缠身，忙得不可开交。好在基础还在，雄心还在。他开始摸着石头过河，所有开创性的工作都是摸着石头过河。交道打多了，他突然找到了破译的钥匙，原来这是《弥勒会见记》的剧本，而该剧有多种文本传世，拿其他的文本相对照，这难题不就好解决了吗！当然不会像在下说的这么容易，破译需要多语言多学问的功力，这就是为什么他行，而我辈不行。四十四张，八十八页的残卷，足足耗费了他数年光阴，最后才译成汉语。不会轰动，因为把所有吐火罗文研究者的巴掌声加起来，也制造不出震耳的分贝。但整个学术界又都听到了，缘于一种对学术和精神的敬仰。季羡林古稀之年着手的另一项工程，是《糖史》的写作。这是他的正事，未必是他的导师瓦尔德施米特所期待，却是他见了之后肯定要欣然颔首。外行如在下难免会问："所谓糖史，无非指糖如何制造，又如何流通，一个普通人也会完成，值得他一个大学者亲自操刀吗?"这的确是外行话。高深的学问，并不在于题目有多大，而在于它揭示的意义有多深。糖，人们每天食用，习以为常，但是，又有几人注意到，考虑到，猜想到，就在这不起眼的糖的背后，却隐藏着一部十分复杂，而又十分具体生动的文化交流史呢？而又有几人能从这一件小事上，唤起"环球同此凉热"的意识，进而联合起来，共同着手解决一些威胁全人类生存的大问题呢？季羡林他看到了，他想到了，他做出了自己的努力，一部《糖史》，一写就是八十万字，他写出了胸中的积学，写出了良知、功力和境界。

让我们看一看季羡林是怎么做学问的，试以《糖史》为例。研究需要大量的资料，这些资料都散布在汗漫的古籍中，目前尚未输入电脑，他只能采用最原始也最吃力的办法——找出原书，一行行，一句句地浏览，沙里淘金，竭泽而渔。《糖史》分“国内”、“国际”和“结束语”三编，仅在“国内”编中，他选材涉及的范围，计包括正史、杂史、辞书、类书、科技书、农书、炼糖专著、本草和医书，兼佛典、僧传、敦煌卷子、方志、笔记、中外游记、地理著作、私人日记、各种杂著，以及梵文、巴利文及英德等西文著作，其阅读量之大，搜本穷源之艰，谁听了都要咋舌。季羡林写道：

> 我曾经从1993年至1994年用了差不多两年的时间，除了礼拜天休息外，每天来回跋涉五六里路跑一趟北大图书馆，风雨无阻，寒暑不辍。我面对汪洋浩瀚的《四库全书》和插架盈楼的书山书海，枯坐在那里，夏天要忍受三十五六摄氏度的酷暑，挥汗如雨，耐心地看下去。有时候偶尔碰到一条有用的资料，便欣喜如获至宝。但有时候也枯坐上半个上午，把白内障尚不严重的双眼累得个“一佛出世，二佛升天”，却找不到一条有用的材料，嗒然拖着疲惫的双腿，返回家来。经过了两年的苦练，我练就一双火眼金睛，能目下不是十行，二十行，而是目下一页，而遗漏率却小到几乎没有的程度。

季羡林是天才吗？我看不是，你见过有几个天才庞眉皓首还在和弱冠少年一样拼命？季羡林是大师吗？我看也不像，理由如前，你见过有几个大师在梳理羽毛、安享尊荣的年纪，还在摩拳擦掌、四面拓展、八方出击？要我说，嗨，他倒更像一位学界的“门房”“校工”“锅炉工”。

这位“门房大爷”晚年苦口婆心地反复呼吁：“西方不亮东方亮！”“中国通史必须重写！”“中国文学史必须重写！”“汉语语法的研究必须改弦更张，另起炉灶！”“美学研究必须根本转型！”“文艺理论要开辟新天地！”他坚守“门房”，什么该传，什么该达，什么该拦，他都有自己的，而且有相当部分已被时间证明是正确的主张。

这位“老校工”晚年担当的五十多个职务，无一不包含帮年轻人辟草莱，当向导，挑担子。他告诉你如何抓住一个问题终生不放，如何穷幽极微至纤无际地搜集资料，如何既要大胆假设，又要小心求证，如何讲究学术良心与道德，以及勤奋、才能与机遇的辩证关系，做学问与做人的诚恳态度，等等。他心仪胡适毕生奖掖后进，“平生不解藏人善，到处逢人说项斯”，在这方面，他也是。举其特例：即便某些“文革”中整过他的人，以后只要有所求，他也一样乐得出手，帮助对方“提行李”。

至于说“锅炉工”，则是他终生不渝、一以贯之的本色。在终极意义上，季羡林的所作所为，莫不是为了给他生于斯、长于斯、服务于斯的社会输送光明，增添热量。

在家里，白天在外面有时不得不戴的假面具，完全可以甩掉；有时不得不装腔作势，以适应进退的所谓礼貌，也统统可以丢开，还你一个本来面目，圆通无碍，纯然真我。

——季羡林

（四三）温馨，家庭不可或缺的气氛

这段时期，季羡林有一个完整而温馨的家。

家中的核心，是婶母。《红楼梦》称贾府的老太太为老祖宗，季府略去了一个字，敬称老人家为老祖。

这位婶母，不是从小把季羡林领大的那一位。那一位在季羡林赴德留学的当年，已经病逝。叔父续弦，这一位就进了门。继婶母姓陈，名绍泽，作风也和名儿一样，颇具男性色彩。老公失业，兼且多病而又脾气暴躁，媳妇老实，接近懦弱，孙女、孙子年幼，需要抚养，教育，整个家的担子，就压在她一人的肩上。她摆过烟摊，到集市卖过衣服家具，在日军刺刀的威逼下领过混合面，骑马去城南乡里勘查田地，充当过地牙子，凭自己小时候学的中医知识，给人看过病，茹苦含辛，任劳任怨，硬把这个家给撑起来了。多年后，季羡林从德国回来，看到家里的状况，不由对继婶母肃然起敬，称她为“老季家的功臣”。

叔父1955年去世。又七年，经北京市市长彭真特批，妻子彭德华才获得进京指标，到北京和季羡林团聚。同来的，还有继婶母。继婶母一如从前，这个家的主要杂务，由她一人包揽。季羡林说："老祖天天背着一个大黑布包，出去采买食品菜蔬，成为朗润园的美谈。"又说："每到春天二月兰开花的时候，她往往拿一把小铲，带一个黑书包，到成片的二月兰青草丛里去搜挖荠菜。只要看到她的身影在二月兰的紫雾里晃动，我就知道在午餐或晚餐的餐桌上必然弥漫着荠菜馄饨的清香。""文革"中，季羡林蹲"牛棚"，每月去系里领生活费，也是她老人家出面。造反派动员她和季羡林划清界限。她眉毛一扬："划什么划？我们还指着他吃饭哩！"

这个家的主妇，自然是妻子德华。这是叔父包办婚姻的"礼品"。结合时，他十八，她二十二，他高中即将毕业，她只有小学程度。在当时，还算般配。随着季羡林高中清华（进士及第也）、留学德意志（洋翰林也）、就任北大东语系主任（文官也）……差距便越来越大。最伤情的，是她虽然识得千八百字，却不能动笔，季羡林求学清华，负笈德国，没有接过她的一封书信，既不莺莺，也不燕燕，彼此缺乏起码的娓娓与脉脉，这对我们满腹才华而又敏感自尊的传主来说，无疑是十二分的委屈。《清华园日记》有言："家庭对我是没缘的，我一看到它就讨厌。""天哪！为什么把我放在这样一个家庭里呢？""我希望能永远离开家庭，永远不回来。"笔者以为，不光是对老婶母的怨怼，也包含了对婚姻的失望。季羡林后来在德国遇上少女伊姆加德，你有情，我有意，只要再向前迈一步，一小步，原有的家庭就会解体。解就解，这样的例子多的是。而且不仅不会受到"进步"舆论的谴责，还会被冠以"革命"的美名。举其极端：1927年12月1日，蒋介石与宋氏美龄结婚前夕，发表《我们的今日》一文，说："人生若无美满婚姻，一切皆无意味，故革命当从家庭始。"瞧，他就是把离弃再娶当作家庭革命的。但是季羡林的这个家庭革命，却革不起来，因为“铡刀”起处，不光要毁掉妻子一生的幸福，还要毁灭叔父的慰藉和子女的前途。这个后果实在是太悲惨了！他于心不忍。肯定有过苦恼，有过斗争，苦恼的结果，斗争的结果，还是“忠诚”和“责任”占了上风。笔者以为，这是一种永不过时的品质。你在家庭里找不到“责任”，找不到“忠诚”，又怎能保证在事业上、在政治上就一定能找得到呢？人的一生，很难十全十美，正如季羡林所说：“不完满才是人生”，因此，在这不完满的人生中，总得要有所维护，有所坚持，大至为人类，为国家，小至为家庭，为个人。袭用儿童的眼光，人有好人坏人，那么，什么样的人才是好人呢？季羡林说：“我认为，只替自己着想，只考虑个人利益，就是坏。反之能替别人着想，考虑别人的利益，就是好。为自己着想和为别人着想，后者能超过一半，他就是好人。低于一半，则是不好的人；低得过多，则是坏人。”他又说：“拿这个尺度来衡量一下自己，我只能承认自己是一个好人。”（《我写我》）“当代毕昇”王选院士认为：季先生的这个标准太高了！他说：“根据现实情况，这一标准我觉得可以再降低一点：‘考虑别人与考虑自己一样多就算好人’。”甭管怎么划分，反正，用通俗的说法，季羡林是一个大好人！

季羡林的为人，貌似枯燥，无趣，其实，内心是蛮温和柔媚的。试看他翻译的那些印度文学作品：从《沙恭达罗》《优哩婆湿》，到《十王子传》《罗摩衍那》，莫不洋溢香艳浓烈、婉转缠绵的爱。他的一支译笔也是神驰驰、心醉醉的，让《儒林外史》中的道学先生王玉辉之流看了准保大摇其头。“文革”中抄季羡林的家，抄出了季羡林的留德日记，在上面发现了“爱”的痕迹，当时是作为品质低劣哄传的。现在看来，无论如何爱，爱异性，爱青春，爱幸福，爱世间一切美好的事物，都是人之常情。人生在世倘无“爱”字可书，人间岂不等同了地狱？因此，这个“爱”，是替我们季先生塑像，说明他是一个有血有肉、有情有义、近可以交、远可以赏的真人！

季先生当然也爱他的妻子。妻子文化水平不高，这是事实。她也不如胡夫人江冬秀，打得一手漂亮的麻将（她所处的环境，也不容许她往那方向发展）。但她首先是个好人。好在何处？张中行说："语云，不是一家人，不进一家门，季夫人也是这样，都市住了多年，还是全身乡里气。为人也是充满古风，远近邻舍都称为季奶奶，人缘最好，也是因为总是以忠厚待人。"张先生这里说了一点，不全面，还是请季先生为我们补充，他说："在文化方面，她就是这个样子。然而，在道德方面，她却是超一流的。上对公婆，她真正尽上了孝道；下对子女，她真正做到了慈母应做的一切；中对丈夫，她绝对忠诚，绝对服从，绝对爱护。她是一个极为难得的孝顺媳妇，贤妻良母。她对待任何人都是忠厚诚恳，从来没有说过半句闲话。她不会撒谎，我敢保证，她一辈子没有说过半句谎话，如果中国将来要修'二十几史'，而其中又有什么'妇女列传'或'闺秀列传'的话，她应该榜上有名。"

季羡林先生的夫人彭德华

季羡林晚年写过一篇随笔：《温馨，家庭不可或缺的气氛》。家庭是鸟巢，是港湾，是真正的安身立命之所。在这里，人们主要祈求的就是温馨。当温馨出现危机，如何维护和调剂？季羡林认为，要诀在于一个"真"，一个"忍"。他举《唐书》上的公案为例："张公艺九世同居，唐高宗问他睦族之道。公艺提笔写了一百多个'忍'字递给皇帝。从那以后，姓张的多自命为'百忍家声'。"季羡林把"处家"之道归纳成几句顺口溜："相互恩爱，相互诚恳，相互理解，相互容忍，出以真情，不杂私心，家庭和睦，其乐无垠。"

季羡林有一子一女，名延宗，名婉如，济南出生，济南成长，大学分别在北京和天津就读，毕业后都安排在北京。儿女大了，各自结婚成家，后来又各自有了下一代，可以想见，逢到大团聚的日子，季府是相当热闹的。又后来，到了孙辈长大成人，适逢国家改革开放，他们也步爷爷当年的后尘，陆续远扬海外了。对于最初的别离，老爷子是很依恋不舍的。他有一篇散文《别稻香楼——怀念小泓》，向我们透露了内心的怅惘。稻香楼在合肥，小泓也者，是季羡林的长孙。文章说，1979年，季羡林与小泓同游黄山。一起玩的还有几个小朋友，他们结成一伙，欢呼着跳跃着攀登，很快把大人甩在身后。小泓懂事，始终跟随着爷爷，像贴身的保镖，爬到艰险处，便伸手扶爷爷一把。小泓这孩子，文静，内向，颇有点像爷爷小时候。他记性好，黄山五花八门的名胜，烂熟于心，常常是爷爷说错了，他给予更正。去黄山北海的途中，经过一座原始森林，天静地寂，万籁无声，爷孙俩的讲话，被寂静放大了若干倍，听上去特别响亮。回到温泉，一天晚上，爷孙俩坐在深谷边的石栏旁纳凉。古人说，“巫山秋夜萤火飞”，现在还值夏季，也许因为山里气温较低，头顶上已有萤火虫在盘旋，熠熠地闪着幽辉；有时，伸手就可抓到一只。涧深不可测，唯闻流水潺潺。远山有灯若豆，在黑阒阒的背景上绽一朵黄花如橘，益发衬托得四周黢似太古。爷孙俩默默相对，神逸形遗，浑然忘机，仿佛与夜心融为一体。

朱光潜说：“佛，就是悟。美，就在禅悟的体验之中。”季老爷子彼时已完全置身于“无言之美”的境界。

1983年5月，季羡林来到合肥，又有人请他作黄山之游。遗憾，身边少了小泓——这孩子已在大洋彼岸，生活了将近两年了——没有小泓做伴，一个人登黄山，又有什么意思呢？在季老爷子，审美除了对象，还要有心情。有小泓在，崎岖也能踏成坦道。没有小泓，芳草也要别扭成荆棘。这一点，旁人无缘领会，他也懒得说。试想，飞泻而下的瀑布能代替小泓吗？不，不能。花发如火的杜鹃能代替小泓吗？不，不能。

此时此刻，对他来说，小泓是无法忘怀的。老爷子不愿孤身一人，在黄山道上，瀑布声里，杜鹃花下，独吞无边的寂寞。他情愿坐守稻香楼，坐拥深深的思念。

1986年8月，季羡林南登匡庐。小泓依然缺席，取替他的是二泓（外孙何伟）。正像小泓一样，二泓也跟姥爷形影不离。数日间，一老一少几乎游遍了整个庐山。途中，二泓总是扶着姥爷，遇到陡峭难行处，干脆把姥爷扛在肩上。前次同小泓游黄山，爷孙俩随兴驱使，玩哪算哪，结果多有遗漏，懊悔不迭。这次，季老爷子拿出做学问的劲头，把庐山当作一部大书细读，每一峰每一岭，每一涧每一壑，都心动神驰，流连忘返；在领略大自然鬼斧神工的同时，也充分享受了天伦之乐。

黄昏真像一首诗、一支歌、一篇童话；像一片月明楼上传来的悠扬的笛声，一声缭绕长空里亮唳的鹤鸣；像陈了几十年的绍酒；像一切美到说不出的东西。

——季羡林

（四四）“至今八十如四十”，进入一生最辉煌的冲刺阶段

忽忽就到了八十岁！没有预期，没有先兆。白居易诗云：“八十秦翁老不归，南宾太守乞寒衣。再三怜汝非他意，天宝遗民见渐稀。”（《赠康叟》）白居易这里是说：老人家，太守我如此善待您，不为别的，只为像您这样经历过几代先王的寿星，天下没有几个了啊！而今眼睛一眨，自个儿居然也活到了这把年纪；更邪门的，因为摆脱了行政事务，不仅没显颓象，精神反而比以前更健旺，更抖擞！

季羡林尝谓胸无大志，包括年龄在内。此说并非矫情，有事实摆在那儿：寿命据考是有家族基因遗传的，他的父亲，按季羡林的年龄推算，只活了三十大几，母亲，勉强活个四十来岁，因此，他把上限定在五十岁，已经算是高指标了。岁月不居，时节如流，恍如一场春梦，而立过了是不惑，不惑过了是天命。还是那个白居易白乐天的诗：“鬓发苍浪牙齿疏，不觉身年四十七，前去五十有几年，把镜照面心茫然。”

(《浩歌行》）你看，才四十七岁，就老成了什么样子，哪有一点“乐天”的意味！而季羡林五十之年，正值1961年，是所谓“三年困难时期”的末尾。人们刚刚经历一场全国性的大饥饿，挨不过而成为毙殍的，城乡多有。他嘛，无惊无险。一是因为小时候饿惯了，在德国期间又经历了一场极限的饥饿“马拉松”，以致有八年之久，完全失去了饱的感觉，“曾经沧海难为水”，比较起来，眼前这点困难，实在算不了什么；二是作为学部委员、一级教授，额外有一些特殊供应，再饿，也饿不到他。如是听闻，那期间，季羡林还曾把每月特供的两斤猪肉，拿去支援其他更为腹中空虚的同志。这说的是生活。写作上，那一年，他发表了七篇文章，比较既往，算得大丰收了。难怪他后来回忆，说天命之年，是他一生精神面貌最好的时期，不知不觉冲破了原定的年龄计划，昂首奔向花甲矣！

五十六岁碰上人生第一道大坎，险险乎走上绝路。王国维说：“五十之年，只欠一死，经此世变，义无再辱。”他比王国维多活了六岁，死了，也算够本。不，王之死，死于一种文化，一种信仰，他之死，又死于什么？“地主阶级的孝子贤孙！”“资产阶级的花岗岩脑袋！”“不齿于人类的狗屎堆！”——他可以想象死后加在他身上的污言秽语，但那不过是谩骂，与他统统沾不上边。真要死了，唉，他到九泉又去找谁算账？可怜翦伯赞就死得不明不白，他是在“最高指示”网开一面之后，偕夫人一道自杀的。季羡林比翦伯赞幸运，他因为一个万分偶然的机缘活了下来。想必是上帝不让他死，留着他还有用。什么用？起初也是茫然的。只是为了偷生，才悄悄翻译《罗摩衍那》。未曾想，这一翻就翻出了一个新气象，新天地——若使当年效“白卷”，亦应循例两手空，得福者未必非祸，得祸者未必非福，世事之诡谲，嘿嘿，总是要让跳梁小丑们大跌眼镜的哩！

《罗摩衍那》从1973年，也就是他六十二岁开译，三百万字，八巨册，待到出齐，已经是十年之后，那时他已七十多了。众所周知，钱锺书也是在这期间完成了《管锥编》。不同的是，钱氏至此已大功告竣，登上学问生涯的巅峰，而季羡林一生的重要著译，才仅仅开篇。七十来岁，正是他忙得前颠后仰的时候。副校长，所长，全国人大常委，各种协会学会的会长、副会长，各种丛书的顾问、主编，猬集一身。杂务之外，既要搞翻译，又要搞研究，还要抓创作，如果你那时见到他，整个印象，宛如一个竞技场上的高手，时刻琢磨的，就是如何更快更高更强！他的心理状况，完全是一个小伙子，对于别人嘴里的“季老”，老大反感，心想：我怎么就老了？精神体力，哪一点比你们差?！笔者采访南亚所的一位老人，他说：“那时期季老没有周末，没有星期天，他给别人派任务，也总是忘了这一点。因此，有人在背地里骂他‘季剥皮’。”

于是乎迎来了八十岁，过去从未想到，如今成了活生生的事实，无论如何，这是值得庆祝的；“人生七十古来稀”，何况寿登耄耋！“文革”后，季羡林信奉陶渊明，靖节先生不过活了六十二岁；他喜爱的另一位诗人苏轼，也不过活了六十四岁；至于他少年时的文化偶像林逋，只活了六十一岁。古人寿命较短，那么看今人。清华国学院三位导师：王国维五十，梁启超五十六，陈寅恪七十九；北大三位恩公：胡适七十一，傅斯年五十四，汤用彤七十一；同车赴欧留学的友好：乔冠华七十，王竹溪七十一；小学伙伴，凋零已尽；行看中学朋友，也一个个排队走向那不可知的虚无，剩下的，只有他一人，“留得残荷听雨声”了。

白头听雨，这是什么滋味？悲欢离合总无情，年来一个显著的变化，是追悼的文章分量骤增。先是悼念朱光潜（孟实），继而是许衍梁、曹靖华、姜椿芳、沈从文、冯友兰……这份名单越拉越长，搁笔有时，截止无日。少年听雨清华园，孟实先生授课的情景，历历如在目前。壮岁听雨未名湖，在这儿，他有幸和孟实先生成为同事，然后又不幸成为“棚友”。孟实先生毕生致力于美学，即使在蹲“牛棚”的逆境，依然表现出一种生命的大美：他每天坚持锻炼身体，白天找机会偷打太极拳，晚上睡在被窝里，还在蠕蠕而动，行瑜伽吐纳之术。“四人帮”覆灭，孟实先生迎来了生命的春天，他相继翻译了两部内容艰深而又篇幅博大的巨著：黑格尔的《美学》与维柯的《新科学》；同时完成了晚年的学术结晶：《美学拾穗集》。季羡林感叹，孟实先生的一生，是审美的一生，他实现了上苍赋予他的、万世只此一世的生命的价值。

白头听雨，犹忆千佛山下，大明湖上，云开日现，雁鸣长空。许衍梁是他的高中校友，两人同岁，不同级，因为胡也频、丁玲，因为普罗文艺，相互成为莫逆。许衍梁是一个网点，联系着他在济南的所有新朋旧雨。1980 年他去济南开会，承衍梁召集，一中的老同学热烈聚会。还家遇故知，人生一乐也。会上，不由想到了杜甫的诗："人生不相见，动如参与商。今夕复何夕？共此灯烛光。"谁知七年来，一中的伙伴相继辞世，衍梁也走了，是 1986 年。人生多欲，天命有穷，奈之何哉！奈之何哉！

送走了衍梁，又临到送沈从文。"轻阴江上千峰秀，小雨墙边百草生。"沈从文是从湘西走出的作家，也是从社会底层杀出来的独行侠。季羡林说："我认识沈先生已经五十多年了。当我还是一个大学生的时候，我就喜欢读他的作品。我觉得，在所有的并世的作家中，文章有独立风格的人并不多见。除了鲁迅先生之外，就是从文先生。他的作品，只要读上几行，立刻就能辨认出来，决不含糊。"在写作的道路上，沈从文于季羡林是大有帮助的。在人生的舞台上，沈从文于季羡林也是大有启迪。他大雅，他大拙。他执着，他淡泊。他是那种你可以把它磨碎，但永远不改其朱的丹砂；他是那种白发满头而永远不改其赤子之心的老天真。所以，沈从文的逝世，使季羡林感到一种特殊风格的丧失，大地茫茫，顿觉四顾萧然。

沈从文之后，冯友兰（芝生）又走了。而今听雨南窗下，"雨滴空阶如自语，风吹长木更相呼"。本传第三章写到，芝生先生曾代表清华和德国洽谈交换研究生事宜，没有他，就没有季羡林的留学之机；曹孟德《短歌行》说"心念旧恩"，对于芝生先生的栽培，季羡林毕生铭记不忘。鉴于芝生先生复杂的人生经历和更为复杂的学术背景，新中国成立后，他成了大批判的箭垛。芝生先生的女儿宗璞说：“20 世纪的学者中，受到见诸文字的批判最多的便是冯友兰。”兹举一小例：1951 年，中国文化代表团出访印度，团长是丁西林，副团长是李一氓、郑振铎，冯友兰和季羡林同为成员。一次，普拉沙德总统接见中国代表团，讲话中，赞扬了冯友兰的《中国哲学史》及“贞元六书”。消息传回国内，外交部随即奉命致电代表团，说这个介绍有问题，让冯友兰在适当的时机予以更正。因此，冯友兰便在后面的一次讲演中，离开主题，检讨说：“中国革命成功，我认识到我过去的著作都是没有价值的。”此例虽小，对季羡林的冲击必然很大，足证政治的严厉和思想改造的苛刻。前文说到，季羡林访印归来写了一篇散文，秘而不发长达四十年，相信与冯友兰的遭际多少有关。“文革”中，毛泽东在一次会议上说道：“北京大学有一个冯友兰，是讲唯心主义哲学的，我们只懂得唯物主义，不懂得唯心主义，如果要想知道一点唯心主义，还得去找他。”（《三松堂全集》第一卷）冯友兰因此被举为“梁效”写作组顾问，旧波未息，新澜又起。“四人帮”垮台，芝生先生已届八十一岁，到了这种高龄，才终于摆脱干扰，潜心回归他心目中的《中国哲学史》。唉，“书生老去，机会方来！”当然，晚来总比不来的好。上帝仁慈，居然给了他整整十四年的光阴，正是由于这一段难得的岁月，他才夙愿以偿，掷笔去世。季羡林说：芝生先生“终于走完了人生长途，仰不愧于天，俯不怍于地，我们可以说他是晚节善终，大节不亏”。

在他那一辈的学人中，季羡林不知不觉成了“后死者”。“后死诸君多努力”，怀旧使人沉重，也使人奋发。1991 年元旦，季羡林写下《八十述怀》，他说：“我面前还有多少路呢？我说不出，也没有仔细想过。冯友兰先生说：‘何止于米？相期以茶。’‘米’是八十八岁，‘茶’是一百零八岁。我没有这样的雄心壮志，我是‘相期以米’。这算不算是立大志呢？我是没有大志的人，我觉得这已经算是大志了。”同年 5 月 5 日，季羡林又写了一篇随笔《假若我再上一次大学》，劈头就说：“多少年来我曾反复思考过这个问题。我曾一度得到两个截然相反的答案：一个是最好不要再上大学，‘知识越多越反动’，我实在心有余悸。一个是仍然要上，而且偏偏还要学现在学的这一套。后一个想法最终占了上风，一直到现在。”“我为什么还要上大学而又偏偏要学现在这一套呢？”季羡林自问自答：“没有什么堂皇的理由。我只不过觉得，我走过的这一条道路，对己，对人，都还有点好处而已。”

1991年，季羡林80岁高龄骑车到北大图书馆

站在八十岁的台阶，季羡林着手一生最重要的规划：其一是自传体写作，包括小学、中学、大学、留德十年、牛棚岁月等等；其二是学术攻关，包括对吐火罗文A残卷的翻译、考释，以及《糖史》的写作。正如他在《悼组缃》一文中所说：“我计划要做的事，其数量和繁重程度，连一些青年或中年人都会望而却步，借用冯友兰先生的话，我是‘欲罢不能’，天生是辛劳的命，奈之何哉！”王昌龄有诗：“至今八十如四十”，季羡林正是以这种姿态，进入他一生最为辉煌的冲刺阶段。

鲁殿灵光

（1992—2001）

季羡林先生留影（2001年）

当初，我考东语系，是冲着季先生的散文而去的，孰料就此陷入日本语的重围，断断续续折腾了二十多年，最终还是放弃，又回到原来的起点。

——笔者

（四五）旧话重提：《季羡老风景线》

1996 年 3 月初，笔者去北大拜访季羡林先生。那时，我重返京城已经十六年有半，为什么隔了这么长才去看望季老？因为自觉有了对话的需要。先生的散文彼时正如日中天，而我，也在一年前蹒跚学步。去了，朗润园 13 公寓，一楼，相连的两套小三居（旧式格局，无厅）。东面的一套做书库、书房，西面的一套供生活起居。见面地点是在起居室北侧的一个小间，约九平方米，近门搁一床，中间是餐桌兼书案，余下的两壁立着书柜，简易型的。桌上堆放着信件，另有一页纸，记着多人的姓名，如张学书、卞立强……细问，说是春节间访客的名单；前者曾任北大常务副校长，后者曾任我的日语老师，因此得以留存于记忆。交谈中，季老对“文革”似乎颇为在意，旁敲侧击地询问我当年的一些情况，我告诉他，基本上是一个逍遥派，“表现”实在无可奉告。他说：“逍遥好。”关于那次会见，我有一篇《季羡老风景线》，记录的还算翔实：

老先生在户外散步，猫儿在他身旁窜前窜后。土山上，池塘边，老先生走到哪，猫儿就跟到哪。时而还用茸茸的长毛蹭老先生的腿，用细致的嘴角咬老先生的裤管，用软软的爪子捉老先生的脚。据有经验的老人说，这本是狗的职责，猫是不肯跟人散步的。老先生就得意呢，写文章说：小猫跟季羡林散步，是燕园的一奇，可惜宣传跟不上，否则，这一奇景将同英国王宫卫队换岗一样，早就名扬全球哩。

季老先生养猫，已有十多年的历史。爱的是它们天真无邪，率尔本色；同它们相处，心里感到怡然，坦然，安然，欣然，不像同人在一起，要讲究察言观色，应对进退，处处别扭。

猫们跟随在季老先生左右，也是别有一番得意。且莫小看它们，猫儿通灵。日本夏目漱石的名著《我是猫》，就是用了一只连名字都没有的猫的观察，讪笑了道貌岸然的人的社会。何况这是生活在当代学问泰斗家中的猫，在文化文明的氤氲中长大的猫。

季老先生爱猫，差点到了相拥而眠的地步。猫们每晚都要在他的床上“下榻”。冬天，老先生半夜醒来，隔着两层棉被，但觉有一股热气透入骨髓，便知道，猫儿在他的身上睡得正香。这时，即使他的双腿卧久麻木，也强忍着，一动不动，以免惊了猫儿的美梦。

猫们自然洞悉老头儿的钟爱，所以它们行事也绝不客气。有时连老头儿最珍惜的文稿，也要跳上去，检查检查，甚至一蹲屁股，撒下一泡尿，说不上是批判，还是恭维。

我是 1964 年秋天，在燕园，第一次见到季先生。那时他是东方语言文学系主任，我是他麾下的新生。先生给我的印象，可以用两个词概括，一是清癯，二是安静。起初我感到失望。因为我这番报考，完全是冲他来的；更确切地说，是冲着他纯情、飘逸的散文来的。及至见面，才发觉我心仪已久的偶像，全没有风流倜傥或卓尔不群的丰采，倒更像了一个口齿嗫嚅、行动迟缓的中学教员。

未久又受到鼓舞。因为听高年级学生介绍，先生不仅是语言学家、作家，还是民族学家、翻译家、史学家、教育家；仅就语言一门，他就畅晓英、德、法、俄、梵、吠陀、巴利、吐火罗等文。这样的一位大师站在身后，你能不感受到他的热力，就像一轮满月挂在碧空，连地心都逃不脱它的牵引。

转眼猝遇"文革"，先生在劫难逃地被打倒。烈日下的校园一角，我看过先生在"飒爽英姿"的"革命女将"监督下，一把一把地拔草。他拔得那么从容，那么文静。偶尔抬头怅望青冥，环顾四周。先生想在心痛办公楼前惨遭砍伐的两株珍贵的西府海棠，和园内同遭厄运的百年丁香、数百年的藤萝，以及那些曾葳蕤过许多楼房的"爬山虎"。

这不是我的杜撰。若干年后，先生曾屡番著文为未名湖畔冤死的花木招魂。"环珮空归月下魂"，明妃之魂归来，环珮尚有叮当之声。花木之魂归来，应在先生心头激起怎样嘈嘈切切的骚响。

先生自幼就喜爱小动物，但彼时绝对没有猫咪相伴。一个连花木都不容的年头，哪里会容得下私人的宠物呢。

还曾在宿舍楼的门口与先生四目相对。那已是七十年代的事了。先生尔后待遇稍优，被赐以看门房、守电话之职。一天，我重返燕园，与先生不期而遇。他善良醇和的目光望过来，显得是那么柔弱、空洞。与我同行的一位外校老乡忽发感慨："你们北大不愧是他妈的文科魁首，连看门房的老头儿字都写得那么棒！……"我想告诉他，那双手本来是应该去采星摘云的。但我没说，只觉得心口发闷，要吐。

至于说先生的目光“柔弱、空洞”，这完全是误解。又是若干年后，透过先生的《八十述怀》一文，才省得先生当初的目光柔是柔，却是一种至察至刚的柔；先生的目光空是空，却是一种目无余物的空。先生对周围的“轰轰烈烈”视犹未见。举个例说，二百多万字的印度大史诗《罗摩衍那》的翻译，就是在人影历乱的看门房生涯中，偷空觅隙地完成的。

我是1970年初春离开燕园。光阴荏苒，转眼，已逼近先生当日的年纪，先生则已届望九之高龄。今年，同样是初春的一天，我去朗润园拜会先生。

车到后湖北侧，便见路旁的草丛中蓦地窜出一股“白烟”。这该是在先生文章中神交已久的那位波斯白猫咪咪二世了吧。但见它一边向前奔跑，一边频频回头，我就知道它是给我引路的哩。咪咪二世在一所楼房前停下，然后一蹿一蹿地跃上台阶。叩门，果然就是季老的寓所。

时隔四分之一个世纪，今日又得以会晤季老。时光仿佛仍在六十年代定格，眼前的季老，依然清癯，依然安静，依然是那一身中山装，依然是那不紧不慢的步履、语调。依稀让我感到岁月的流逝的，就是添了一头白发，三分蔼然，和几许道骨仙风。

当年的学子和宗师相对，无须多问，从老人谦谦含笑的目光中，你自会感受到一股逼人的热焰。

老人带你看他的王国，六间房，五间站满、挤满、堆满了书，这是否代表了他剖析过的中国知识分子的“面子”和“骨气”？置身书城、书海，我不由羡慕起咪咪们来，它们日日游戏其中，吐纳其中，修炼其中，该是几世才修得的福分。

老人给你讲他的作息，和从前一样，每天仍是四点起床，一下床就干活儿，也就是写写画画，整个上午都是如此。去年，应德国一位学者之邀，全力以赴地翻译一部吐火罗文的佛教文学剧本：《弥勒会见记》。吐火罗文，是古代中亚地区的一种死文字，全世界懂得它的，寥寥无几。老人自觉重任在肩，于是焚膏继晷，兀兀穷年，总不敢稍有懈怠。

作者与季羡林先生的工作合影

"这工作是很缠人的，"老人说，"依据的是地下发掘出来的残卷，有时一句之整理、译释，都颇费踟蹰。如果今夏能脱稿，将继续长达八十万字的《糖史》的写作。六十年前，我在德国跟瓦尔德施米特教授学习梵文，注意到一个有趣的现象：英、法、德、俄、西等文中，'糖'这个词的发音，都和梵文近似。由是我推测糖（蔗糖）的发源地是印度；并进而想到人类社会许多物质与文化方面的进步，都有赖于整体性的功能互补。……我很早就想为此写一本书，以前总排不上日程，一直拖到现在。"

不是大学问家，不是精研多种语言、多国历史的大学问家，等闲怎能游刃这样一个绚烂博大的课题。

在老人叙述期间，那只纯白的波斯猫咪，一直蹲在老人的脚旁，拿它灼灼的亮眼审视客人，似乎是在捉摸，来客是不是已占用了主人太多的时间，要不要适时地来上一声提醒？

1996年3月23日草于未名湖畔

文章后来发表在《光明日报》。当月，我总共拜访了三次，文末注明"草于未名湖畔"，应是指第二次从季老家出来，我在湖边的长椅上小憩，灵感袭来，迫不及待，随即摊开记事簿，匆匆一挥而就。

北大，永远不乏老学者、老教授，但是像季羡林、金克木、张中行这样同住一园、同臻高寿，而又在晚年同享散文盛名的，只能是20世纪末的独特景观。

——笔者

（四六）北大三老，殊途而同归

张中行（1909—2006），著名学者、哲学家、散文家。主要从事语文、古典文学及思想史的研究。是二十世纪末未名湖畔三雅士之一，与季羡林、金克木合称“燕园三老”。季羡林先生称赞他为“高人、逸人、至人、超人”

写完《季羡老风景线》，意犹未尽，还剩一点材料，弃之可惜，用之又太短，于是便来个拉郎配，把张中行、金克木二位先生扯上凑数。

或者说铺垫。请看原文：

北大三老

一位昔日的北大同窗说：“现在有些老先生，越老越值钱。”他指的是季羡林、金克木、张中行。

与张中老从未碰过头，在任何场合，蒹葭秋水，始终缘悭一面。照片么，似乎看过一张，忘了在哪本书，印象是一位慈眉善目的长者，有金山万丈、玉海千寻之色，而无剑戟森森、鳞甲铮铮之态。但不容细想，因为越想下去，就越像了表演艺术家于是之，或是于是之在哪出戏中的扮演。不能不承认传言的魅力，都说他年轻时曾充当过一部著名长篇小说中谁谁谁的原型，而于是老又正好扮演过那个谁谁谁。

早几年还没注意这位老先生，忽然有一天，连着读到两篇对他的记述，一篇称颂他是当代难得的高人、逸人、至人、超人，不啻是龙蟠凤逸之士，仙风道格之客，又说读他的文章，只须读上几段，便知作者是谁，在当代，有这种功力的，自是凤毛麟角，鲁迅算一个，沈从文算一个，如是而已，如是而已。另一篇说他像是窖藏了数百年的老酒，一旦拔了塞，香气溢出城郭，又说起他新搬的三居室，家具依然是六七十年代的老相好，地面依然是水泥的灰土色，且说起一位后生如何慷慨解囊，为他出书。心下一愣，想这样的老先生好生面熟，不是见过面的面熟，是没见过面的面熟。此话并非搬弄玄虚，生活中的确有这一熟。

于是开始留心他的书，一点不难找，在随便碰到的第一家书铺就见着一大批，明摆着尚在流行。书有《负暄琐话》《负暄续话》《负暄三话》《顺生论》《留梦集》《横议集》《月旦集》《桑榆自语》多种，我拿起一本《顺生论》，是专讲怎样怎样才能活出滋味的，据其后记，该书酝酿于五十年代中期，成稿于九十年代前期，迁延跌宕达四十年之久，作者的命运，于此也可窥见一斑的了。把书轻轻合上，掂了掂，不假思索地又插回书架，不是说不好，年轻二十岁，不，三十岁，我肯定买，现在么，年来尽识愁滋味，横竖顺逆，谲云诡波，于我，反正也无所谓了。插回书架的瞬间手一抖，突然又想起一位已故的诗人。此公一生备极坎坷，却爱拿《封神演义》中的散宜生作笔名。散宜生啊散宜生！真正能做到散文中之所谓形散神不散的散，肯定是能乐尽天年的。遗憾的是这位自诩为散宜生的诗人，一生都没能承受轻松，也许这就是定数，也许。

我还是买了本老先生的《月旦集》，因为其中写到的许多人物，都跟老北大有关，吾虽驽钝，毕竟也是从未名湖畔的塔影下走出的，窃想再过三十年，兴许就会轮到我来理论顺生，月旦人物。

想着要跟老先生联系，不知电话号码，问了几位同行，也都没能说个明确，只好存此一念，留待将来。

金克木（1912—2000），中国著名文学家，翻译家，梵学研究、印度文化研究家，与季羡林、陈玉龙并称“北大三支笔”，和季羡林、张中行一起被称为“燕园三老”

金克老是老熟人。不是相熟，是单向熟。我认识老先生，很久、很久的了，他哩，却完全可能不认识我。六十年代的第五个秋天，我有幸成为老先生广义上的弟子，那时他在北大东语系，教梵文或印地文，我修的是日文。老先生引起我的注意，一是特异的名字，显出摧枯拉朽，锋利犀刻，二是桀傲或诙谐的气质，虽然没有对过话，扑面总能领略，三是袖珍的身材结构，予人无孔不入般的玲珑感，涉猎广泛，专而多能。这印象，恐怕多半来自当年的大批判。在北大的后三年，我们动不动就拿老先生这样的学术权威当靶子，斗争来斗争去的，包括后面将要谈到的季羡老，也在射程之内。

既然有了这层因缘，我查找金克老的电话就比较容易。电话挂通的时候，是上午九点。老先生说：“哎呀，我正病着呐。你是想来？你想什么时候来？”我说：“马上。”老先生停得一停，说：“那好，我十点钟还要看聂卫平下围棋。”

半小时后敲开金老的门，仿佛又踏进了六十年代，目之所及，茶几，书案，床铺，窗帘，帘外的阳台，阳台上的杂物……无物不是上了一把年纪。想象中他人眼里的张中老新居，大概也就是如此的吧。非但陈旧，还凌乱，乱的祸首是随意堆放的书和报。主人蜷缩在沙发里，头上扎了一条毛巾，正在接听电话。

这回相熟了。眼前的金老，依然精瘦，依然英锐逼人。老人指示我坐沙发，然后搬来一把椅子，搁在对面，几乎是促膝而谈。话题是老北大，老人谈锋甚健，他从京师大学堂，侃到沙滩红楼，马神庙，西南联大，趁他意兴淋漓，我悄悄掏出了笔记本，老人立刻绷了脸："别，别，你这是要干啥？那我不讲了。"我只好赔笑，赶忙合上笔记本，洗耳恭听。

看看快到十点，老人说，"我还没问，你今天找我有什么事？"

"后年是北大建校一百周年，我想写点东西。"

"那我建议你去找一个人，邓广铭，九十岁了，他知道得多。"

"您能不能给我介绍一下，贸贸然不好去找。"

"你是怎么找我的，就怎样找他好了。他有病，我不能介绍。"金老边说，边转身去开电视机。左开，右开，就是不亮。机器实在老旧了，一如这屋中的摆设，但还不至于不亮。我提醒金老，刚才上楼，看到工人在修走廊的电路，是关电闸了。

金老于是继续同我聊天，一说又说到北大一百周年，他晶亮了脸，目光盯着我的鼻尖："这怎么好写？你不要在人事上惹麻烦，我建议你写小说，那样谁也抓不住。"

我说当记者当出了纪实病，不喜欢虚构。他用极快的速度挡了回来："谁说的？张恨水不是报人？萧乾不是报人？不都照样写小说。”

我没有拜读过金老的专著，刊发在报刊的随笔，倒是读过多篇，文皆精悍，辞多犀利，且有大的波澜回旋、鼓动其间，拿游泳比喻，先生擅长的是蝶泳，一波一波鼓浪而前。

季羡老和金克老住同一栋公寓，金老住西侧，三楼，季老住东侧，一楼。季老拥有相邻的两套三居室，六间房组成了一座幽香飘逸的书城。每间都设有书案，通常是写一篇文章，换一个地方，为的便于使用资料。朝南的阳台，也被老先生砌作了书房。我这次来，时值下午，温煦的阳光耀得阳台的窗玻璃一片灿烂，季老就正伏在阳台内的书案上用功。

在这之前，我已经拜访过一次，知道老人平素是在凌晨和上午读书，写作，今天也许活儿太多，歇不下来。远远地，我看着老人，像看一幅跨世纪的风景。

老人俯身在摊开的稿纸上，行云流水地驰骋着圆珠笔。

他不肯用电脑。

那天拜访，我无意中说及电脑。老人说，周有光先生曾向他鼎力推荐，并且包他五分钟就学会。“包我一分钟会，也不学。”老人显得很倔。

老人举出若干例子，以证明他的固执有理，譬如一位外国诗人，非要闻着烂苹果味，才有灵泉喷发；又譬如一位外国作家，非要看着窗外远处的一棵树梢，才会有妙语流淌。他哩，几十年养成的习惯，只有面对稿纸，才能进入写作的佳境。

老人对稿纸的质地、格式倒不苛求，只要是纸就行。他说，有一次在人民大会堂开会，灵感忽然袭来，急切间找不到稿纸，就在请柬上写起来。写满了正面，再写反面。反面也写满了，跟着有人又递过一份请柬。抬头一看，不认识，遂报之一笑，继续埋头写自己的。

“季老，为什么您不想想自己太保守了呢？”李玉洁秘书在一旁插话。

老人得意地一仰脖子：“老家伙有些顽固是正常的。”

那天，老人送我五本他自己的著作。且在扉页上工工整整地题着：“毓方兄留念……”这是老一辈的风范，也是大家之风范。

回家我就认真拜读，旬日后，拟出了访问记的提纲，下笔之前，觉得有些地方，还不够清楚，譬如，老人从“糖”这个词汇在英、法、俄、德、梵等语发音的类似，想到了要写一部阐述古代科技文化交流的《糖史》，然而，若干发音类似的“糖”，究竟以哪一种语言为本体呢？

我在电话中向季老请教，随口把“词”说成了“词根”。

“你说错了。”季老立刻予以纠正。“动词才有词根，糖是名词，没有词根。”

我又问了几个问题，回答都是十分简短，像老人的文章一样，可有可无的字，一个不上。

于是我再回头读先生的书，自认为有把握了，才援笔成文。

今日，我就是带着写好了的《一轮满月挂燕园》一文，来请先生过目的。然而，看到先生专心致志的样子，又不落忍上前打扰，便在门外悄悄地伫立。其间，先生有几次抬起头来，望了望我，但没有任何反应。我想，许是由于白内障，先生的视力呈现模糊，错把我当成窗外的一棵树了吧。

有一会，我又但愿化作先生窗外的一棵树。

1996年3月29日

我说得没错吧。有一定的内容，才显一定的质，把三位老先生组合在一起，分量、感觉就是不一样。

写这篇文章之前，我没有见过张中行先生。文章发表后，见到了，两次——天下事就有这巧，一天在风入松书店碰到学兄王镛，闲聊中得知，张老原来是他的泰山大人；再说老先生的新家，离我的住处仅半站之遥——认识了，感情又上一层，陆续买了张老的五六种书。总的感觉，这是一位大学人，可惜在那个“谁谁谁”也者，即杨沫女士走红的年代，没有他的练笔机会。他只能积压着，旁观着，寂寞着，茹涩而含辛。待到沧海桑田，时来运转，轮到他亮开嗓门，便有点迫不及待，倾囊倒箧，一股脑儿地和盘托出。风格是风格，绝对独特，文坛无二，只是，区区在下以为：枝蔓略显芜杂了点。

和金克木先生，以后又见过多次。总想再写一篇，迄今，还只是止于想。2000 年 8 月，先生仙逝，我去了他一天没能住上的新家。室内辟有书房，插架的书一如从前。金老主要靠自学，掌握了梵文、巴利文、印地文、乌尔都文、英文、法文、德文、拉丁文，以及世界语等。他曾和我讨论日文，发觉我并无兴趣，便改谈围棋，我告诉他，围棋玩不起，太费时间。他瞪了我一眼，仿佛说：“你这个呆鸟!”金老反应奇快，但一涉及敏感问题，立刻闪避。听说，他 1957 年险乎沦为右派，“文革”又被整得死去活来，惊弓之鸟，必有余悸。

张中行、金克木、季羡林三位先生，出身、经历迥异，晚年却都以散文知名，可说是殊途同归。比较起来，季先生因为神完气足，肝胆照人，且社会地位突出，占“登高而招、顺风而呼”之势，影响自然不可相提并论。

浮花浪蕊岂真芳，
语朴情醇是正行；
我爱先生文品好，
如同野老话家常。

——钟敬文题《季羡林散文全编》

（四七）在《留德十年》一书里“留了一回学”

季羡林曾说，他的专业是“天书”。此话不假，即以1993年发表的《所谓“中天音旨”》为例，你不妨发个卷子调查调查，天下有几人能看懂？反正，笔者之流只有望文兴叹；“阳春白雪”，注定“和者盖寡”。与之相比，他的散文则是一副“下里巴人”腔，人人得以“属而和”。这不是贬低，是极品。试以笔者的亲身经历为例，1996年4月2日，我写下一篇《菩提的清芬》，你问：“这和季先生的散文有什么关系？”有的，岂止是一般关系，简直是先生散文的绝妙回音。这不是自吹，你且耐着性子，听我从头道来：

菩提的清芬

出得门，五层楼，我咚咚咚地一溜快跑。能不急吗？离预定开会的时间不足半小时，途中还要赶十几里的路，换了谁，恐怕都和我一样，恨不得在脚底安上风火轮！

时间本来是蛮富裕的。谁知刚要动身，正碰上岳母大人从菜场归来。她老人家兴致特别好，才一脚门里，一脚门外，就跟我唠起菜市的见闻。大意是：小贩问，老太太，怎么好久没见啦？她就告诉人家，年前女婿买了米，才十斤，她接过来，从楼下往楼上提。一使劲，伤了腰，整整在床上躺了两个月。小贩于是又问，她于是又答。小贩是安徽乡音，她讲的是长沙土话，彼此都不太懂。没妨碍的，该懂的，总还是一句没落下。最后小贩说，老太太买菜，要多给一点，欢迎您明天再来。

我耐心听老人家唠完，陪着她高兴。我知道，对于老人，这一点点高兴胜过克林顿当总统，刘晓庆出演武则天，至少，也比他们当日的快乐差不到哪儿去。

这点禅机，是数周前，从季羡林先生《留德十年》一书悟得的。

记得那日从季先生处请回《留德十年》，坐在了窗前，一边看，一边为了书中的精彩叙述，常常忍俊不禁地发笑，有时是欣然颔首，有时是仰面嘿嘿。老人就奇怪了，问：

“么子书，看得这么带劲？”

我本不想告诉她的。这是作者五十年前的留德实录，不是一本消遣的闲书，没有多少故事情节可言。至于读书人的心领神会么，又怎能和一个门槛外的老婆婆讲得明白？然而，禁不得她一再逼问，我就拣她能够接受的，说了几段。

其一是关于章士钊的夫人的。章士钊下野后，章夫人和二儿子章用到了德国哥廷根，并在那儿结识了季羡林等一批留学生。在季先生看来，章伯母“幼稚而单纯，似乎有点不失其赤子之心”，加之“举目无亲，没有任何德国朋友，没有人可以说话，一定是寂寞得难以忍耐”，所以，季先生写道，“她一见我们……便喜笑颜开，嘴里连连说着：‘我告诉你一件大事!’连气都喘不上来。她所说‘大事’，都是屁大的小事。她刺刺不休，话总说不完。……”看得这儿，你能不为章夫人的执著噗哧一笑吗?

其二是关于女房东欧朴尔太太的。欧朴尔太太每天晚上，照例要帮季先生铺好床，然后就欢喜地站在那里，同季先生闲聊。“她把一天的经历，原原本本，详详细细，都向我‘汇报’。”季先生形容说，“她见了什么人，买了什么东西，碰到了什么事情，到过什么地方，一一细说，有时还绘声绘形，眉飞色舞。我无话可答，只能洗耳恭听。……”读完了这描绘，你能不为欧朴尔太太同样的执著绝倒吗?

其三是……

都说完了。岳母大人在围裙上揩揩手，接过去看看封皮、书题、作者，然后评价道：“这有么子好笑?要我说，人家这书，比你写的都真实。”

岳母大人幼时念过年把书，识得几千常用字。偶尔也会架起老花眼镜，把我读过的报纸、发表了的文章拿了去，随便翻；多半只是看看标题，或溜上两行三行而已。这次呢，竟然等我读完，把《留德十年》拿了去。没事就翻着看。也许因为季老写这本回忆录时已届耄耋之年，参透人生的三昧，行文处处映照过来人，尤其是老年人的心境。我也不知岳母大人究竟看懂，或者看进去了多少，反正总见她读得津津有味。

一日，她看着看着，忽然流下泪来。

我一惊，上前给她拭去了泪水。问：“怎么哭啦?”

她展颜一笑，说：“没事。”

我拿过书，见泪水打湿的地方，是关于季先生房东家的另一段故事。房东有一个独生子，在外地读高工。有一段日子，欧朴尔先生每月都买了香肠和面包，从邮局寄给儿子。老头儿腿有毛病，走路一瘸一拐，很不灵便；虽然拿着手杖，仍然非常吃力。可他不辞辛苦，从不间断。有一回，老夫妇俩去看儿子，你猜怎么着？老头儿千辛万苦寄去的食物，竟然被扔在桌子下面发霉。欧朴尔太太回到家，晚上向季先生“汇报”，把这事絮絮叨叨地抖了出来。她说她大为吃惊。让季先生大惑不解的是，到了下一月，欧朴尔先生照样拖着两条沉重的腿，把香肠和面包寄走。

季先生喟然长叹：“‘可怜天下父母心’，古今中外之所同。……”我恍悟岳母大人的热泪，就是冲这段描写抛洒的。

这细节使我深思。老人原是生活在长沙，中年守寡，十多年来，跟了我们在北京。每日早晚操持，任劳任怨，帮了我们无限的忙。但是，老人也有老人的无奈，首先是都市生活，邻舍不通往来，要找个串门的地方，也没有；其次是一家人，见天就各忙各的，缺乏沟通、交流；何况，南方还有她的子女，她的根。这就难免有时神色惆怅。举个绝小的例子，可见她的心挂两肠：老人每晚看电视，什么节目都可以拉，就是不能拉下天气预告；天气预告中，也是什么地区都可以拉，就是不能拉下长沙。长沙的冷暖阴晴、风霜雨雪，足以牵挂她全部的神经。看完预告，嘴里总是不停地念叨。外孙儿常就嘲笑她，说长沙气温高了一度，低了一度，跟外婆您有什么关系？她不理，每天仍是准时收看天气预告，仍是不停地念念叨叨。

自从老人读《留德十年》感动而流泪，日常有事没事，我试着多站在老人的角度，思一思，想一想。这么一来，准能摸到老人情感的脉搏。平素还学了个乖：尽量多找老人拉拉呱；而且主要是听她讲。她果然就很高兴。老人高起兴来也实在容易，一句暖心的理解，常使她笑眯眯地乐上半天。

我是实实在在地感激季老的《留德十年》。因了它无心的示范，使我的家庭一变而比过去更为和谐；互相关照，彼此温暖，其乐也融融。有次与妻说起，恍惚觉得自己也去德国留了一趟学；不，是在《留德十年》一书里“留了一回学”。

今天的情形正如开头所述，我耐心地等老人讲完菜场见闻，还夸张地称赞了她买的菜。老人喜滋滋地放下菜篮，猛然醒悟到我是要出门，抬头看了一眼壁上的挂钟，着急地说：“你是要去开会的吧？还不快走，不要闹个迟到！”

“赶得上！”我边说边和老人“再见”。待咚咚咚地跑下五层楼，又一溜烟地跑上马路，恍惚觉得老人的目光正从高处射来，射来。掉转身去，老人果然就站在了阳台冲我摆手。……

——绝非老王卖瓜，实在是为了季先生的散文倾倒，如是才有了我岳母大人的热泪盈眶，也才有了我出乎意料而又彻骨入髓的共鸣。

建国以来的知识分子，我最佩服的，有两个。一个是马寅初，一个是梁漱溟。

——季羡林

（四八）季先生心目中的季先生

以上三节，一言以蔽之，写的是笔者以及家人心目中的季羡林。若问：季先生是怎么看待自己的呢？1992 年 11 月 16 日，他写过一篇《我写我》，算得是最直接的回答。他说：“我说过不少谎话，因为非此则不能生存。但是我还是敢于讲真话的，我的真话总是大大地超过谎话。因此我是一个好人。”又说：“我是一个感情充沛的人，也是兴趣不老少的人。然而事实上生活了八十年以后，到头来自己都感到自己枯燥乏味，干干巴巴，好像是一棵枯树，只有树干和树枝，而没有一朵鲜花、一片绿叶。自己搞的所谓学问，别人称之为‘天书’；自己写的一些专门的学术著作，别人视之为神秘。年届耄耋，过去也曾有过一些幻想，想在生活方面改弦更张，减少一点枯燥，增添一点滋润，在枯枝粗干上开出一点鲜花，长上一点绿叶；然而直到今天，仍然是忙忙碌碌，有时候整天连轴转，‘为他人作嫁衣裳’，而且退休无日，路穷有期，可叹亦复可笑！”

1995 年 7 月 18 日，季羡林又作了一篇《一个老知识分子的心声》，解剖自己，更为全面、深刻，入木三分。他回溯，“按我的出生环境，我本应该终生成为一个贫农”。是的，他童年有两个伙伴，一个叫杨狗，一个叫哑巴小，杨狗终生务农，一字不识，哑巴小落草当了山大王，死于非命。他的前途（如果能叫前途的话），只能是和他俩肩上肩下。但是命运出现异数，他进了城，出了国，播弄成个知识分子，而且是大知识分子。季羡林1982年还乡，见到和泥巴打了一辈子交道的杨狗，可以想象，在杨狗的心目中，他一定是羡慕的对象。但是若问季羡林本人：你觉得当个知识分子的滋味如何？他可是酸甜苦辣麻，五味俱全，一言难尽的了。

季羡林说，“干知识分子这个行当是并不轻松的”。是脑力劳动比体力劳动累？不完全是这个意思，但也不能说没有一点这个意思。知识分子是要舞文弄墨的，文章这玩意，有个怪毛病，沾不得春风得意，所谓“诗必穷而后工”，就是这层道理。这里说的“穷”，并不一定指没钱，更主要指的是倒霉。季羡林高中毕业投考北大，英文试题选了李后主的词，李后主的词写得好，但他是亡了一个国，成了人家的俘虏之后，才达到艺术的最高境界的。那代价，实在惨痛至极！曹雪芹的《红楼梦》，季羡林不太喜欢，他年轻时只是翻检着看，碰到黛玉葬花的章回，就跳了过去，那悲悲切切，他受不了；但你不能不承认他写得好，更不能不想到他繁华消歇、“举家食粥酒常赊”的窘迫。关于这个问题，司马迁早就算了一笔清楚的账，《太史公自序》说：“昔西伯拘羑里，演《周易》；孔子厄陈蔡，作《春秋》；屈原放逐，著《离骚》；左丘失明，厥有《国语》；孙子膑脚，而论兵法；不韦迁蜀，世传《吕览》；韩非囚秦，《说难》、《孤愤》；《诗》三百篇，大抵圣贤发愤之所为作也。”看，这就是文人的霉运！

季羡林从1979年起，关注比较文学，在1985年成立的中国比较文学学会上，被推举为名誉会长。所以他看待知识分子，也用上了比较的眼光。在他看来，世界各国的知识分子，有其共性，也有其个性。共性就不说了，就个性而言，中国的知识分子，是一种很奇怪的群体，是造化小儿加心加意创造出来的一种“稀有动物”。也有人称为“中国牌知识分子”。他们的最大特征，就是“位卑不敢忘忧国”。这是严酷的生存环境造成的。中华自有历史以来，无一日无敌国外患。存在决定意识，反映到知识分子头脑，就形成了根深蒂固的爱国主义。“天下兴亡，匹夫有责！”这句话，痛快淋漓地表达了中国知识分子的心声。而在别的国家，比如他留学的德国，他研究的印度，扩而至整个欧洲、亚洲，是没有这种群体特征的。

“然而，中国知识分子也是极难对付的家伙。”季羡林分析，“他们的感情特别细腻，敏锐，脆弱，隐晦。”尤其爱面子。“面子”这个词儿，很难翻译成外文。这是中国独有，是国粹。“士可杀不可辱”，你可以砍他的头，不可以驳他的面子。知识分子多半人在江湖，心存魏阙。但是他们嘴上不说，这也和面子有关。最典型的，如诸葛亮。他高卧隆中，看似隐居，实则眼观六路，耳听八方，信息源非常丰富，经世之心，昭然若揭。就是这么个雄心勃勃的家伙，却偏偏要让刘备三顾茅庐，然后才半推半就地出山。

与面子相对应，还有一个骨气。“文章”既然“憎命达”，“才如江海命如丝”，才华愈高，命运就愈不济，到头来，只剩一把嶙峋瘦骨。瘦尽管瘦，这把骨头，知识分子仍看得十分重。这是他们仅存的“财产”，最后的“赌注”，轻易不肯押上。但不要以为他们怕死，不，节骨眼上，关键时刻，他们却又喜欢拼命。“莫谓书生空议论，头颅掷处血斑斑。”这就是骨气。同“面子”一样，“骨气”也是无法译成外文，是中国所独有。击鼓骂曹的祢衡，胸佩大勋章，赤足站在新华门外大骂袁世凯的章太炎，都可归入这一类。

季羡林说：“中国这些知识分子，脾气往往极大。他们又仗着‘骨气’这个法宝，敢于直言不讳。一见不顺眼的事，就发为文章，呼天叫地，痛哭流涕，大呼什么‘人心不古，世道日非’，又是什么‘黄钟毁弃，瓦釜雷鸣’。这种例子，俯拾即是。他们根本不给当政的最高统治者留一点面子，有时候甚至让他们下不了台。”而当政的皇帝，尤其是创业的皇帝，绝不会是知识分子，只有像刘邦、朱元璋这样一字不识，不顾身家性命，“厚”而且“黑”的地痞流氓，才能成为开国的“英主”。尽管他们自己没有多少文化，内心也鄙薄文化，一旦打下江山，坐上金銮宝殿，还是得用知识分子来帮他们治理国家。因此，季羡林又说：“我就产生了一个大胆的‘理论’：一部中国古代政治史，至少其中一部分，就是最高统治者皇帝和大小知识分子互相利用又互相斗争，互相对付和应付，又有大棒，又有胡萝卜，间或甚至有剥皮凌迟的历史。”

外国的知识分子，季羡林认为：“只有印度的同中国的有可比性。”印度有四大种姓，为首的是婆罗门，在印度古代，他们掌握文化知识，是地地道道的知识分子，受到普遍的尊敬。然而，在社会上，特别是在印度古典戏剧中，他们的一部分，竟然沦为嘲弄的对象，演的是丑角，说的是下里巴人的俗语。联想到吴敬梓笔下的范进、鲁迅笔下的孔乙己，中印这两个东方古国，在对待知识分子问题上的共同趋向，不是很发人深省么。

季羡林写这篇文章，前面说到，是 1995 年 7 月 18 日，差半个月满八十四岁。因此，写到这儿，他倚老卖老，而又欲盖弥彰地加了一个注。他说：“我在上面写了我对中国历史上知识分子的看法。本文的主要目的就是写历史，连鉴往知今一类的想法我都没有。倘若有人要问：‘现在怎样呢?’因为现在还没有变成历史，不在我写作范围之内，所以我不答复，如果有人愿意去推论，那是他们的事，与我无干。”

刚刚申明是谈古，笔锋一转，又扯到今天。季羡林说：“最后我还想再着重强调一下：中国知识分子有源远流长的爱国主义传统，是世界上哪一个国家也不能望其项背的。尽管眼下似乎有一点背离这个传统的倾向，例证就是苦心孤诣千方百计地想出国，有的甚至归化为‘老外’，永留不归。我自己对这个问题的看法是：这是暂时的现象，久则必变。

就连留在外国的人，甚至归化了的人，他们依然是‘身在曹营心在汉’，依然要寻根，依然爱自己的祖国。何况出去又回来的人渐渐多了起来呢？我们对这种人千万不要‘另眼相看’，当然也大可不必‘刮目相看’。只要我们国家的事情办好了，情况会大大地改变的。至于没有也不想出国的知识分子占绝对的多数。如果说他们对眼前的一切都很满意，那不是真话。但是爱国主义在他们心灵深处已经生了根，什么力量也拔不掉的。甚至泰山崩于前，迅雷震于顶，他们会依然热爱我们这伟大的祖国。这一点我完全可以保证。”

既然是最后强调，文章到此便是结尾了。哪里，季羡林还有更重要的话在后头。他说：“我生平优点不多，但自谓爱国不敢后人，即使把我烧成了灰，每一粒灰也还是爱国的。可是我对于当知识分子这个行当却真有点谈虎色变。我从来不相信什么轮回转生。现在，如果让我信一回的话，我就恭肃虔诚祷祝造化小儿，下一辈子无论如何也别再播弄我，千万别再把我弄成知识分子。”

这番话，是这位望九之年的老翁，一边心头滴血，一边流着泪喊出来的。别的且不论，就学术研究来说，他而立之年便成绩卓著，四十出头就当上学部委员，但直到六十七岁才重新起步，七十而后进入途中跑，八十而后进行拼老命的冲刺——后人难免要问：那中间最宝贵的三十多年到哪儿去了？这不是这一代知识分子的天大悲剧，又是什么?!

> 他的真正的影响力，现在可能还没有完全发挥。等到全中国人民“衣食足，礼义兴”，从而憧憬“人权”的时候，胡适的幽灵，恐怕又要大叫“还我头来”，而开始在云端“显圣”了。
>
> ——唐德刚

（四九）站在胡适之先生的墓前

1948 年之后，胡适于季羡林遥如“海上三山”。

话说那一年 12 月，解放军包围北平，国民政府见大势已去，遂预谋撤出大陆，退守台湾，措施之一，就是从南京派飞机北上，“抢救”平津知名学者。“抢救”对象中，胡适名列班首。12 月 13 日，胡适接到南撤通知，他心存犹豫，因为再过四天，即 12 月 17 日，是北大五十诞辰，作为一校之长，不便贸然离开。蒋介石急了，14 日，他以个人名义，先后两次发电报催促。电报犹如“金字牌”，胡适至此，才下决心走。15 日，他邀了清华大学教授陈寅恪，一起乘专机南下。动身之前，有北大亲共的同仁做最后的挽留，胡适摇头叹息，他留下三句话，说：“在苏俄有面包没有自由；在美国又有面包又有自由；他们来了，没有面包也没有自由。”

胡适（1891—1962），思想家、文学家、哲学家，以倡导“白话文”、领导新文化运动闻名于世

胡适心系北大，12 月 17 日，他在南京也搞了个五十周年庆典，值此风雨飘摇、同仁星散之际，胡适在会上悲从中来，涕泗横流。当晚，蒋介石夫妇另外设宴，庆祝胡适五十七岁诞辰。世人这才清楚：胡适的生日原来和北大重叠，都是 12 月 17 日，这在世界教育史上，恐怕是绝无仅有的巧合吧。——在此顺便插几句后话：1953 年，北大把生日改为“五四”。“五四”的名头，自然比“12・17”来得响亮，改动的理由，相信也是冠冕堂皇；反正，胡夫子的风水在大陆早就断绝，对于北大此举，他只能躲在海外的哪个角落仰天长叹徒唤奈何的了。

这边厢，解放军解放了大陆。那边厢，蒋介石按既定方针退守台湾。胡适呢，他并没有追随蒋氏，而是远涉重洋，去了他心目中“又有面包又有自由”的美国。说好听一点，是当寓公；说难听一点，是流亡。关于这一段历史，唐德刚在《胡适杂忆》中有生动的描述。以胡适的盖世才华，开初，他只能在普林斯顿大学谋一中文图书管理员，到了后来，连这个饭碗也没有了，以至于不得不靠夫人在麻将桌上赚得的外快，贴补家用。唐才子有两段《世说新语》式的笔墨，是关于胡夫人江冬秀的。其一：“一次胡先生外出，胡太太一人正在厨房烧饭，一个彪形大汉的窃贼，忽然自防火楼梯破窗而入。幸好胡老太太没有学会一般美国女人临危时的尖叫，她老人家只是下意识地走向公寓大门，把门打开，反身对那悍贼，大叫一声：‘GO!’真是积善之家，必有余庆，那位大黑贼，看了胡老太太一眼，真的从门口‘GO’了。她老太太把门关好，又径地回厨房烧菜去了。”其二：1958 年春，胡适返台就任台湾“中央研究院”院长，胡适先走，胡夫人随后，轮到胡江冬秀动身，“她老人家坚持要把她那张又笨又重、破烂不堪的旧床，运回台湾，因为床虽破而老人已睡成习惯，调换不易。

那项搬动工作，也是由王纪五和我二人执行的。纪五租了部大卡车，他做司机，我做搬夫，才浩浩荡荡地把那张破床从纽约市运到新泽西州码头上船的。”这真是穷形极相之笔，如果我们在欣赏胡夫人的勇敢与恋旧的同时，掀开窗帘的一角，把她的家底略作扫描，便会恍然：所谓胡府，实在是内囊空虚，四壁萧然，早已没有什么好偷的了啊！

胡适在美国和台湾的情况，季羡林丝毫不知，他怎么可能晓得呢？20 世纪五六十年代的大陆，内外信息隔绝。胡适的次子胡思杜，1957 年在唐山跳楼自杀，真相就一直被封锁。即使自诩“消息灵通”的唐德刚，到了 1970 年得到的仍是“思杜在河北省当农民”的讹传，他曾想把这讹传告诉当时尚健在的胡伯母，结果阴差阳错，未能实现。这样也好，待她稍后在九泉与丈夫、儿子相聚，再去细叙别后悲欢吧。至于胡适本人，1962 年 2 月 24 日，在台湾“中央研究院”院长任上，猝逝于欢迎杨振宁、李政道的宴席之间。胡适之死，也算是死得痛快，干脆利落，一昏永迷，但是作为新闻，却是插翅也飞不过台湾海峡，飞不进大陆老百姓的耳朵。

待到消息能在海峡两岸自由翩飞，那已是 20 世纪 80 年代。国门启处，思想之门也裂开了一道缝，胡适的形象，又在季羡林心头复活。八亿还是十亿人口的中国，念念惦着胡适的，不会有几个，季羡林是其一。胡适于他有恩，这是私谊；胡适于中华文化有功，这是公道。以前把胡适批得狗血淋头，狗屎烂臭，这是歪曲历史。即便发动批判的毛泽东，后来也说要对胡适“恢复名誉”。毛泽东已逝，他和胡适的恩怨，自会在另一个世界了结。作为活着的知情人，他有责任为胡适伸张公道。1987 年 11 月，季羡林写了一篇短文，题目叫《为胡适说几句话》。说几句什么话呢？鉴于“文革”结束多年，仍有人往胡适头上泼污水，比如说他是美国帝国主义的走狗，又说他一生追随国民党和蒋介石，俨然一个铁杆国民党员、蒋介石的崇拜者，等等。季羡林忍不住，站出来驳斥，他用自己的亲历亲见，细证上述观点之谬，他说：“胡适是一位非常复杂的人物，他反对共产主义，但是拿他那一把美国尺子来衡量，他也不见得赞成国民党。在政治上，他有时候想下水，但又怕湿了衣裳。他一生就是在这种矛盾中度过的。他晚年决心回国定居，说明他还是热爱我们祖国大地的。因此，说他是美国帝国主义的走狗，说他'一生追随国民党和蒋介石'，都不符合实际情况。"

季羡林当时写这篇文章，是担着风险的。写好后，周围的人都劝他不要发表，他不听，坚持要亮出自己的声音。季羡林虽然壮着胆子把文章捅出去了，但对胡适的评价，还是有所保留，比如在名字后面，就略去了"先生"二字。不必求全责备，在那个年头，季羡林能有此勇气，已殊为难能可贵。一篇文章就是一个窗口，既亮出了胡适，也亮出了季羡林。到了 1996 年，形势大为改观，胡适的著作在大陆流行，藏晖先生渐渐受到尊敬。值此背景，安徽教育出版社拟推出大部头的《胡适全集》。胡适著作等身，字数超过两千万，这样一项浩繁的工程，请谁来当主编呢？按图索骥，他们找到了《为胡适说几句话》的季羡林，这是再自然不过的事，曾经同胡适共过事，而又对胡适持论公允的，环顾天下，除了季先生希逋，还有谁？季羡林本来不想上马，他觉得力有不逮，但是坚辞不获，只有"仰"（不是"俯"）允了。作为主编，他为全集写了一篇总序，副标题叫"还胡适以本来面目"，文长一万七千余言，也算是聊报知遇之恩于万一吧。——这也是后话：又过了几年，《学林往事》约季羡林写一篇关于胡适的文章，理由同前，季羡林抱病完稿，这一篇文章也用了一个副标题："毕竟一书生"。季羡林感到前一个副标题说得太满，他哪里有能力还适之先生以本来面目呢？而后一个副标题，则概括了他对适之先生的印象，自觉比较实事求是。

1999 年春，季羡林已届八十八岁，应邀赴台湾参加一个研讨会，组织者为法鼓人文社会学院，会议名称很拗口："人文关怀与社会实践系列学术研讨会——人的素质"。如此一来，他终于有机会飞越台湾海峡，并且有可能在台北亲谒胡适陵园，站到恩公的墓前。一鞠躬二鞠躬三鞠

躬之后，季羡林止不住百感交集，老泪纵横矣。杜甫有诗曰：“焉知二

1999年，季羡林先生在台湾为胡适先生扫墓

十载，重上君子堂。”他现在是“焉知五十载，躬亲扫陵墓”。季羡林感叹：“自己已经到望九之年，距离适之先生所待的黄泉或者天堂乐园，只差几步之遥了。回忆自己八十多年的坎坷又顺利的一生，真如一部二十四史，不知从何处说起。”此时此刻，“上下五十年，纵横数千里，往事如云如烟，又历历如在目前。中国古代有俞伯牙在钟子期墓前摔琴的故事，又有许多在挚友墓前焚稿的故事。按照这个旧理，我应当把我那新出齐了的《文集》（二十四卷，八百多万字）搬到适之先生墓前焚掉，算是向他汇报我毕生科学研究的成果（笔者：比起胡适的两千多万字，还差得远哪）。但是，我此时虽思绪混乱，神志还是清楚的，我没有这样做。我环顾陵园，只见石阶整洁，盘旋而上，陵墓极雄伟，上覆巨石，墓志铭为毛子水亲笔书写，墓后石墙上嵌有‘德艺双隆’四个大字，连同墓志铭，都金光闪闪，炫人双目。我站在那里，蓦抬头，适之先生那有魅力的典型的‘我的朋友’式的笑容，突然显现在眼前，五十

年依稀缩为一刹那，历史仿佛没有移动。但是，一定神儿，忽然想到自己的年龄，历史毕竟是动了。可我一点也没有颓唐之感。我现在大有‘老骥伏枥，志在千里’之感。我相信，有朝一日，我还会有机会，重来宝岛，再一次站在适之先生的墓前”。

弹指间又过去了七年，季羡林已届九五高龄，他所期望的，有朝一日，重去宝岛，再一次站在胡适之先生的墓前，大概是不可能的了。不过，这也算不得虚妄。类似的话，他从前说过多次。比如 1992 年对延吉幻觉中的鱼：“等我庆祝百岁诞辰时，一定再来延吉，那时，我请你吃饭，无论如何也不会再把你前生的同类活蹦乱跳地端到桌子上来了。”1994 年对泰国的大皇宫：“再见，大皇宫！我有朝一日，还会回来的。”古人有言：“祭如在，祭神如神在。”季羡林这里心意已去，人是否到位，尽可忽略不计的了。“千金一饭寻常事，不肯模糊是此心。”适之恩师，魂兮归来！

乔木之为人，冷峻而严谨而拘泥而又迹近淡泊。值此身后，每有纪念他的文章发表，大抵以政界，且上层人士为多，文章的格调，也偏于严肃、恭谨与平和。

——笔者《出自幽谷　迁于乔木》

（五〇）“乔木，实则是一个正直的人……”

这是一段毛式语录——1993 年 11 月 28 日，季羡林写作《怀念乔木》一文，在即将煞尾之际，抛出一语评鉴，他说：“平心而论，乔木虽然表面上很严肃，不苟言笑，他实则是一个正直的人，一个正派的人，一个感情异常丰富的人，一个脱离了低级趣味的人。”

胡乔木（1912—1992），本名胡鼎新，“乔木”是笔名。曾任中共中央顾问委员会常务委员、中共中央党史工作领导小组副组长、中国社会科学院名誉院长

季羡林与胡乔木是老校友。1930 年，两人同时考进清华，季念的是外文，胡读的是历史。清华当初规模有限，以 1930 届为例，仅收二百来人，所以虽然不同系，抬头不见低头见，熟识是很容易的。胡当时大名“鼎

新”，“乔木”是他后来的化名。胡鼎新是那种天生的革命家，他一边读书，一边积极从事社会活动，如成立读书会，创办工友子弟夜校，创办农民补习学校。在创办工友子弟夜校的过程中，他曾邀季羡林前去讲课。可以设想，季羡林出身贫苦，为人又正派本分，是革命急需发展的对象，一来二去，胡鼎新便看中了他。一天夜里，胡鼎新和季羡林促膝谈心，拉他参加革命活动。客观而言，季羡林是有革命基础的。比方说，1928 年，他目睹日军在济南制造的“五三”惨案，以及国民党军队的不抵抗，随后又被迫过了一年的亡国奴生活，学业也被终止，年轻的心里，塞满了内忧和外患；这就是火种，应该是一点就燃。但是，唉，他胆儿太小，前怕狼后怕虎，顾虑来顾虑去，总离不开他那个小家：母亲、叔父、妻子……尽管胡鼎新苦口婆心，晓以大义，反复动员，季羡林就像一块顽石，愣是没点头。胡同学于是长叹一口气，在夜心的混沌里，踽踽离开。

胡鼎新在清华只读了一年，就从校园消失。有段公案：胡鼎新的革命活动越来越激烈，校长翁文灏有点吃不住劲，大一暑假前，他找来小胡，说：“清华园好比一座大戏台，生旦净末丑，各种角色都可以登台表演。要是大戏台塌了，就谁也演不成戏了。你演的戏太危险，会把戏台搞塌了。作为校长，我希望你今后不再参加此类活动。”然而作为战士，胡鼎新又岂能临阵撤退？这期间，恰巧共青团北平市委调他出任专职的宣传干部，他于是当机立断，离开清华园。

季羡林对政治并非漠不关心，有些活动，他也参加了，比如“九一八”后，清华学生卧轨绝食，以及去南京请愿，要求蒋介石出兵抗日。但大体上，他只是一个革命的同情者。清华毕业，季羡林回济南教了一年中学，然后抓住一个机遇，留学德意志，一去就是十一年。待到归国，入北大，担任东语系主任，已经是 1946 年的事了。又过了三年，北平和平解放。那年，也就是 1949 年，春夏之交，他忽然接到一封从中南海寄来的公函。信上说：“你还记得当年在清华时一个叫胡鼎新的同学吗？那就是我，今天的胡乔木。”乔木此信，不是为了叙旧，而是告诉季羡林一件重要的事：现在国家需要大量的研究东方问题、通晓东方语文的人才，你是否同意把南京东方语专、中央大学边政系一部分和边疆学院合并到北大？这是大好事，季羡林哪有不同意的道理呢。事情于是按乔木的建议执行——东语系经此变革，由北大最小的系，一跃而为最大。

之后不久，乔木主动上门，看望季羡林。乔木进门就说："东语系马坚教授写的几篇文章：《穆罕默德的宝剑》《回教徒为什么不吃猪肉?》等，毛先生很喜欢，请转告马教授。”笔者 1964 年进东语系，师辈们提到马坚教授，几乎必提毛泽东当年的夸赞。这事发生在新中国成立之初。季羡林回忆："他（乔木）大概知道，我们不习惯于说‘毛主席’，所以用了‘毛先生’这个词儿。足见他在一些细节上也很为我们着想。”此一说也。笔者以为，称“毛主席”为“毛先生”，在一定程度上，也反映了乔木的特殊身份——毕竟他在众多要职之外，还兼着毛泽东的秘书。

乔木是季羡林生活中的贵人。1951 年，政府派出第一个大型文化代表团，出访印度和缅甸。团长是丁西林，团员有：郑振铎、刘白羽、陈翰笙、钱伟长、吴作人、常书鸿、张骏祥、周小燕、冯友兰、季羡林等。由这份名单可以看出，规格相当高级——如果不是胡乔木提名，季羡林是很难挤进来的。

既然有了乔木这个后台，按照一般人的想象，季羡林应该顺着竿子往上蹿。这是人之常情，聪明人都这么干。譬之他的老校友吴晗……唉，不提也罢，吴晗因为秉承毛泽东的意旨，二十年间，四易其稿，把一本《朱元璋传》改得面目全非，又因为紧跟毛泽东的节拍，撰写活学活用的《海瑞罢官》，到头来紧跟反被紧跟误，“文革”伊始就被抛了出来，成了古为今用的“牺牲”。毕竟，季羡林和吴晗不是一路，他生性淡泊，不喜高攀，因此对于乔木，只是敬而远之。

20 世纪 60 年代初，胡乔木罹患严重的神经衰弱，请假养病，离开了高层政治漩涡。他这一病病得好，“文化大革命”中虽然遭遇冲击，仅及皮毛，未伤筋骨。尘霾既息，复出为官，并且越做越大，直至中共中央顾问委员会常委。位高而权重，乔木又对老同学施以援手，其中便有钱锺书、季羡林。坊间传说胡公在中国社科院院长任上，曾拟调季羡林前去做臂膀，应是其来有自。这一调动，虽然搁浅，乔木对季羡林的关心，却有增无减。譬之生活上，乔木有了外地的土特产，像大米、螃蟹之类，总忘不了给季羡林也捎上一份。按照老祖宗的规矩：“来而不往，非礼也。”季羡林应该有所回赠才是。然而，没有，季羡林没有给胡乔木送过一次礼，更谈不上回访。

1986 年冬天，北大的学生搞了一些爱国活动，看上去有点“不稳”。胡乔木急于了解真相，着人联系季羡林，想见面聊聊。乔木考虑自己到北大去，恐学生们过激，弄不好陷入重围（他就是搞学运起家的嘛），便派车子把季羡林接到中南海——他自己的寓所。两人见面，乔木开宗明义，说：“今天我们是老校友会面，你眼前不是政治局委员、书记处书记，而是六十年来的老朋友。”季羡林心领神会，他把自己了解的北大近况，以及对学生运动的分析，竹筒倒豆子——和盘托出。季羡林整整谈了一上午，他的话，可以用一言以蔽之：“青年学生是爱国的，在上者、年长者唯一可取的态度：是理解和爱护，诱导与教育。”胡乔木听罢，频频点头，他说，他要把季羡林的意见带到政治局。

中午，胡乔木设家宴招待客人。季羡林说：“让我吃惊的是，他们吃的竟是这样菲薄，与一般人想象的什么山珍海味、燕窝、鱼翅，毫不沾边儿。乔木是一个什么样的官儿，也就一清二楚了。”

季羡林的清流一路，是贯彻始终的。一次，乔木约他一起去敦煌，季羡林委婉地拒绝了。并非对敦煌不感兴趣，恰恰相反，他是一往情深。然而，想到所至之处那种冠盖如云，前呼后拥，以及地方对中央大员那种曲意巴结，刻意逢迎，他的兴致就消失殆尽。此事无法改变——既改变不了现实，也改变不了自己；那就只有“眼不见为净”，老老实实地待在家里好。

胡乔木晚年，怀旧之情日增。他几次对季羡林说：“老朋友见一面少一面了!”这似乎是不祥之兆。一次，乔木到北大赴会，既散，邀季羡林前往燕南园，看望清华的老同学林庚，随后，又提出看望也是清华老校友的吴组缃，事有不巧，那天组缃家的电话偏偏没有人接，看得出乔木是相当失望，相当失望，告别季羡林、林庚，怏怏而归。

乔木最后一次走访季羡林，是由夫人谷羽陪同的，地点就在朗润园13公寓。其中有一个细节，据季羡林回忆：坐在“低矮窄小、又脏又乱的书堆中”，乔木环顾四周，意态颇舒，他用他那特有的低沉而缓慢的语调，恭维了季羡林的学术成就，并且一连用了几个——在季羡林听来——绝对是夸张的词儿。季羡林连忙摆手，指出：“哪里，你取得的成就比我大得多而又多呀!”乔木未置可否，幽幽地叹了口气，说：“那是另外一码事儿。”

1991年，乔木患了不治之症。季羡林吃惊之余，再也坐不住了，他打算破例：主动前往探望——但是乔木不让。直到1992年9月初，乔木捎信给季羡林，希望能在医院见上一面。这是乔木在人世的最后一段日子。季羡林如约来到医院，乔木正仰面躺着吸氧，见到季羡林，神色颇为激动，他用力握着伸过来的手，久久，久久不肯松开。在随后的谈话中，乔木提到了季羡林新近发表在《人物》杂志上的，有关《留德十年》的几个片段，连声说：“写得好！写得好!”当时全书尚未付梓，季羡林答应：“将来出版后，一定送你一本。”季羡林明知乔木等不到那一天了，但此时此际，不这样说，又怎样说呢?

1992年9月28日，乔木离开了人世。《留德十年》出版之后，季羡林想到，按照古代一些文人的做法，他应该把书带到乔木坟前，恭恭敬敬地烧上一本，算是送给挚友的在天之灵。然而，遵照乔木的遗嘱，他的骨灰都被撒到曾经工作过的地方了，散了，飘了，无声无息，无影无踪——真是“赤条条来去无牵挂”，连一个骨灰盒都没存。对于季羡林，这是极难排遣的。他手捧《留德十年》，想起故人，禁不住气咽胸中，泪如泉涌。

季羡林回想与乔木相契六十年，在他生前，总是刻意回避，绝少主动与之接近，这是天性使然，无法更改；乔木逝世之后，他倒时常想起故人，像老牛反刍，回味相交的全过程，顿生知己之感。

乔木的社会公众形象，远不如季羡林入眼的那么美妙，所以他才有此设问。季羡林这么做的时候，明显是站到了流俗的对面；他不在乎世人的看法，他传达的是自己心目中的胡乔木。

关于乔木之为人，不妨再看看他人的点评。同样得到乔木眷顾的清华老同学，还有钱锺书、杨绛夫妇。杨绛晚年作《我们仨》，写到与乔木交往，她引“一位乔木同志的相识”的话说：“胡乔木只把他最好的一面给你们看。”又说：“我们读书，总是从一本书的最高境界来欣赏和品评。我们使用绳子，总是从最薄弱的一段来断定绳子的质量。坐冷板凳的书呆子，待人不妨像读书般读；政治家或企业家等也许得把人当作绳子使用。锺书待乔木同志是把他当书读。”这番形而上的警句，说明白也明白，说不明白也不明白，凭读者自由咀嚼。

又，做过文化部门长官的王蒙，在乔木逝后，写过一篇《不成样子的怀念》，其中有一段堪称经典，王蒙说：“和他（乔木）接触多了，我有时感到他的天真。虽然他是老革命老前辈，虽然他饱经政治风雨特别是党的上层沧桑，但我很难判断他是否入世很深、城府很深。我不知道是否因为他长期在高级领导机关工作，反而失去了沉入社会底层，与三教九流、黑白两道打交道混生活的机会。他当然很重视他的权力与地位，他也很重视表现他的智识（不仅是知识）和才华，以及他的人情味。这种表演有时候非常精彩，以致使我相信他的去世所造成的损失是无法弥补的。乔公是不二的人物，有时候又十分拙劣，例如自己刚这样说了又那样说，乃至贻笑大方。1983 年他批了周扬又赠诗给周扬，他的这一举动使他两面不讨好，这才是胡乔木。只谈一面，当不是胡的全人。”

嗨，叫我们如何说呢，乔木啊乔木！

生而为人，孰能无情，一个“情”字不就是人之所异于禽兽者的那一点“几稀”吗?

——季羡林

（五一）不能不说的陈寅恪、李长之、臧克家

别人奇怪，季羡林自己也纳闷：“写了这样多回忆师友的文章，独独遗漏了陈寅恪先生。这究竟是为什么呢?”当然不会是无话可说，实在是这回忆太鲜亮，太宝贵，等闲不可随便动用。直到 1995 年底，北大出版社拟刊行他的《怀旧集》，这是一部往事的大梳理，大汇总，若缺了寅恪先生，季羡林的前半生就会显得轻飘，虚浮，不实际，不到位，他这才坐下来，轻轻揭开记忆的帷幕。

季羡林出身外文而昧于外交，他很少拜访人；至于给别人送礼，更是少得可怜。据笔者掌握，除了在留德期间，给西克教授买过一盒蛋糕，此外，就是在执教北大初期，给恩师陈寅恪送过葡萄美酒了。当时北大在城内沙滩，距陈寅恪所在的清华园有数十里之遥，每次坐车往返，宛如一次短途旅行。沿线全是农田，秋天青纱帐一起，经常有绿林人士拦路抢劫。危乎险哉！但是，有寅恪先生在清华园，管他李逵还是李鬼，季羡林都不会望而却步。陈寅恪出身世家，又在海外游学多年，深谙美酒佳肴之道，彼时北平城内，天主教外国神甫酿造的一种栅栏红

葡萄酒，最对他的脾胃。于是，季羡林便常常穿越城区，到今天的市委党校所在地（车公庄），即当年神甫们静修院的地下室，购买那种稀缺的栅栏红葡萄酒，然后兴冲冲地携去清华园。几瓶葡萄酒，现在值不了多少钱，但在当年，在每天于钞票尾数后加一个0，还赶不上通货膨胀的尴尬岁月，几瓶美酒的价值，已极为可观！

季羡林出面请客，更是不多见。1947还是1948年的春天，他伙同陈先生的几位弟子周一良、王永兴、汪篯，招待先生于中山公园来今雨轩。在逝去的历史年代，来今雨轩是故都北平最阔绰也最富于文化情调的茶楼，梁启超、鲁迅、胡适、徐志摩、林徽因、郑振铎、王统照、蒋百里、叶圣陶、郭绍虞、孙伏园、许地山等诸位，都曾假座于此。时值春和景明，中山公园的藤萝花正繁，紫气弥漫，耀得天地一片赤亮。季羡林知道先生爱花，虽患眼疾，迹近失明，但大片大片藤萝花的紫光，或许还能蒙眬感觉到。另外，也是想在兵荒马乱、民不聊生的当口，觅一僻静雅致处，陪先生散散心。当日，他们师生数人落座于来今雨轩藤萝深处，闲话古今，品茗风流，逍遥自在，尽欢而散。

1948年12月15日，陈寅恪与胡适搭伴，从北平飞往南京。陈寅恪之离去，并不像胡适那样，有许多政治上的纠缠瓜葛，据他自述，不过是向往南国的气候，再则担忧共产党来了，只能吃小米，以及买不到他仰之赖之，日日不可或缺的进口安眠药，如是而已，而已。果如斯言，陈寅恪在南京与胡适惜别，他没有选择台湾，也没有选择海外，而是去了位于广州的岭南大学，直到老弱，直到弃世。

1951年，季羡林参加中国文化代表团，由广州出境，访问印度和缅甸——行前，在广州逗留期间，他抽空去了岭南大学，拜见师父师母。睽别三载，有如隔世，宾主把盏（笔者想当然尔，不知还有栅栏红葡萄酒乎），细叙悲欢：在寅恪师，是悲胜于欢，但是他强颜欢笑，隐而不彰；在季羡林，是欢大于悲，然而他察言观色，小心翼翼。季羡林注意到，寅恪师的目疾已近于盲，仅能看到眼前白花花的影子。有关领导

（据说为陈毅和陶铸）命人在门前修出一条白色甬道，两旁植以绿草，取碧绿与雪白对比之鲜明，供先生闲来彳亍踯躅。嗟乎！一代大师，已与花花世界渐行渐远。

这是季羡林与恩师新中国成立后唯一的一面。陈寅恪死于1969年，死于“史无前例”的动乱之秋。那时，渴求光明的人都自顾不暇，谁还会挂念这个为世遗弃的盲翁？季羡林自身也是泥菩萨过河，挣扎在人与

1999年11月，季羡林先生（第一排正中）出席纪念陈寅恪先生国际学术研讨会

非人之间。直到拨乱反正的20世纪80年代，他的头抬起来了，腰板儿挺直了，这才蓦然回首地忆起他的引路人、恩公。季羡林缅怀陈寅恪的文字，散见于他的札记随笔，至于长篇大论的专题文章，很少，笔者查到的，仅两篇：《〈纪念陈寅恪先生诞辰百年学术论文集〉序》与《陈寅恪一家三代的爱国情》。再有，就是1995年底，为《怀旧集》而撰写的《回忆陈寅恪先生》了。季羡林写这篇文章，是动了感情，也是用了心思的。他指出：“寅恪先生为一代史学大师。这一点恐怕是天下之公言，

绝非他的朋友们和弟子们的私言。怎样才能算是一代大师呢？据我个人的看法，一代大师必须能上承前代之余绪，下开一世之新风，踵事增华，独辟蹊径。如果只是拾人牙慧，墨守成规，决不能成为大师的。”又进而剖示：“现在我的年龄已经超过了他在世的年龄五年，算是寿登耄耋了。现在我时常翻读先生的诗文。每读一次，都觉得有新的收获。我明确意识到，我还未能登他的堂奥。哲人其萎，空余著述。我却是进取有心，请益无人，因此更增加了对他的怀念。我们虽非亲属，我却时有风木之悲。这恐怕也是非常自然的吧。”

说到李长之，就更加难以置信：他是季羡林的小学同班兼清华校友，又同为“四剑客”成员，在季羡林的文学创作上，有启迪、引导、激励之功，这样一位旧雨，居然为他多情的笔触所疏忽，甚至连《怀旧集》也不肯回顾一下，实在叫人想不通。九十岁时，季羡林才道出原委，理由越发令人诧异：症结不在长之本人，而在另一位清华同学——笔者妄猜，可能是一位姓张的同学，中文系的，自命不凡而又细行不检，比如他从图书馆借书出来，挖掉书中的藏书票，然后拿它垫床腿——季羡林对其深恶痛绝，长之却偏偏同他铁，还共同策划“造名运动”，就是自我宣传，自我炒作。如此一来，就在两人中种下了隔阂。——细省又觉不像，对于两个总角之交，这档事算什么？恐怕另有其人其事，既然季羡林不说破，咱们也只好付之阙如了。

季羡林同李长之的早年情谊，本书第二章已有详尽描述，此处不赘。话说1946年5月，季羡林留德归来，由上海赴南京，拜谒北大代校长傅斯年。事毕，因为战火绵延，交通阻隔，难以北上，不得不滞留在石头城。恰在此时，长之供职的国立编译馆由重庆迁回南京，这一对老友劫后重逢，自是喜出望外，彼此相拥而泣。季羡林留学多年，身边并无积蓄，唯剩一块瑞士欧米茄金表，他在上海卖了十两黄金，兑成法币，一半寄给济南家里，一半留着对付吃用，至于旅馆之类，是住不起的。因此，那一段日子，他白天外出闲逛，晚上就睡在长之的办公室。

日子虽然窘迫，倒也别有一番潇洒。其间，长之还介绍他结识了清华前辈、大名鼎鼎的梁实秋，实乃人生之幸（注：20 世纪 30 年代，季羡林在清华结识沈从文，在济南结识老舍，以及本文稍后提到的臧克家，都是长之搭的桥）。为纪念这段半流浪的生活，1946 年 7 月 14 日，季羡林写下一篇《〈胭脂井小品〉序》，其中披露：

> 自从移到朋友（笔者注：即长之）这里来住以后……自己居然有了一张桌子，上面堆了书同乱纸。我每天坐在这桌旁边写些什么；有些时候，什么也不写，只把幻想放出去，上天下地到各处去飞。偶尔一回头，就可以看到朋友戴了大眼镜伏在桌子上在努力写着，有的时候，他手里拿着一支纸烟，烟纹袅袅地向上飘动。我的眼也不由地随了往上看，透过窗子就可以看到在不远的地方有一段颓残的古墙，上面爬满了薜荔之类的东西。再往上看，是一堆树林，在树林的浓绿里隐约露出一片红墙。
>
> 但这些东西在眼前都仿佛影子似的，我心里想到朋友。朋友是老朋友，在倒数上去二十多年的时候，我们已经认识了。那时候我们都在国民小学，岁数都在十岁以下。我不知道他怎么样，我当时还没有离开浑沌时期，除了吃喝玩乐以外，什么都不懂。现在一转眼就过了二十多年。在大学里我们又同学，从那时到现在也已经十几年了。我从那个辽远的国度里回来，我们又聚在一起。难道这就是所谓“缘”么？现在回想起那小学校来，颇有隔世之感，仿佛是另外一个人的事情，与自己无关了，一闭眼也真的就看到自己的影子在小学校的长长的走廊里晃动。只有在朋友的嘴里，我还是我，还是一个活人。当他说到我同别的小孩打架时闭紧了眼睛乱挥拳头的情景的时候，连我自己也笑起来了。

1946 年 9 月，季羡林从上海乘船北上，绕道秦皇岛，抵达北平。未几，被聘为北大正教授、东语系主任。几乎同时，李长之也离开南京，进了北平师范大学，做副教授。这两人的命运，从此就有了轩轾。也许当初不觉得，在相当长的时期内，李长之极为活跃：他曾代表北师大教授起草“迎接解放宣言”，当选校工会副主席、文学院工会主席，出席第一次中华全国文学艺术工作者代表大会，参加政协组织的西南土改工作团，并任副团长，等等。1957 年，李长之的政治生命降到冰点：他成了“右派”。文学生命自然也随之终结。季羡林彼时正如日中天，他出身好，听话，表现积极，追求进步，政治上是党员，学术上是学部委员……长之的厄运，曾隐约传到他的耳里，他怎么想？他又能怎么想？说起反右，他认识极为模糊，只是凭感情，凭党性，既然党说右派是坏蛋，他只有无条件接受。他为长之惋惜，这惋惜只能藏在心里，不能露；他只希望长之好好改造，重新回到革命的行列。

向晚之年，具体说是 2001 年 8 月 29 日，季羡林终于动笔缅怀李长之。他回忆：“‘四人帮’垮台以后，长之终于摘掉了‘右派’帽子。有一天，他到燕园来看我，嘴里说着‘我以前真不敢来呀！’这一句话刺痛了我的心，我感到惭愧内疚。我头上并没戴‘右派’的帽子，为什么没有去看他呢？我决不是出于政治上的考虑才不去看他的。我生平最大的缺点———说不定还是优点哩——就是不喜欢串门子。我同吴组缃和林庚同居一园之内，也是十年九不遇地去看看他们。但是长之毕竟与他俩不同。我不能这样一解释就心安理得，我感到不安。长之伸出了他的右手，五个手指已经弯曲僵硬如鸡爪，不能伸直。这意味着什么呢？我说不清。但是，我的泪水却向肚子里直流，我们相对无言了。”

李长之乃性情中人。“右派”改正，有出版社拟重印他早期的《鲁迅批判》，条件是将书名“批判”改为“评论”或“分析”。李长之坚持不改。他说：“批判其实就是分析评论的意思。我为《鲁迅批判》遭了一辈子罪，不改，不出也罢！”

1978年12月13日，李长之病逝，季羡林适在国外访问，回京后听得噩耗，陷入撕心裂肺的痛苦。他哀伤，他追悔，他无言；痛苦而止于沉默，是比痛苦更百倍的煎熬。直到2001年，在一篇姗姗来迟的《追忆李长之》中，季羡林才为我们敞开了心扉，他一边反躬自责，一边慨叹："以长之的才华，本来还可以写一些比较好的文章共庆升平的。然而竟赍志以没。我们相交七十余年，生不能视其疾，死不能临其丧，我的心能得安宁吗？呜呼！长才未展，命途多舛；未臻耄耋，遽归道山。我还没有能达到'悲欢离合总无情'的水平。我年纪越老，长之入梦的次数越多。我已年届九旬，他还能入梦多少次啊！悲哉！"

臧克家是另一种特例，也不能不提。特在何处？臧克家生于山东诸城，大季羡林六岁，少时即负诗名。季羡林上大学时，读过他的诗集《烙印》，觉得还不坏。但小季年轻气盛，加之又急于出名，出名之捷径，又莫过于骂名人（今昔同理），他觊觎文坛，一出手就开始骂（批评），被他骂过的，笔者所知，有周作人，有闻一多，也有臧克家。《烙印》中有一首写洋车夫的诗，拢共八句："一片风啸湍激在林梢，雨从他鼻尖上大起来了，车上一盏可怜的小灯，照不破四周的黑影。他的心是个古怪的谜，这样的风雨全不在意，呆着像一只水淋鸡，夜深了，还等什么呢？"还等什么？季羡林认为，这是连三岁娃娃都能懂得的道理——无非是想多等几个客人，多拉几次车，好给苦难的家庭多挣点吃的喝的。诗人却在那里煞有介事，故布谜团，简直是手持宝剑追捕苍蝇，十足败笔。因此，季羡林就写了一篇短评予以指摘，并强调诗人必须正视苦难，往前走一步。臧克家读到了季羡林的批评，他在给老友李长之的信中，说到羡林先生不论何人，他叫我往前走一步，不知他叫我怎样走？长之转告季，针对此，季羡林在1933年9月13日的日记中说："真傻瓜，怎么走？就是打入农工的阵里去，发出点同情的呼声。"一周前，吴宓把臧克家送他的诗集，转送给季羡林。他翻后，又写了一篇《再评〈烙印〉》，语气更为苛刻。其中有："你真是地主的儿子，你难道不知道这个洋车夫在扶着洋车，淋着雨，虽然夜深了还在劳作，他在等什么吗？还不是在等米给家里好下锅。这还用问吗！"稿子寄给主编《诗与批评》的曹葆华，给李广田看见了，认为有伤忠厚，劝季羡林别发。曹诗人不退稿，还是发出来了。

臧克家肯定也看到了这篇批评，这本来是结怨的事，没承想，十多年后，臧克家和季羡林在南京狭路相逢——相逢于李长之的家，竟然握手一笑，共弃前嫌。彼时，臧克家落魄，没有工作，季羡林待业，寄人篱下，同是天涯沦落人，又同是山东老乡，同为爱好文艺，免不了惺惺相惜，一见如故。

稍后，臧克家在上海《侨声报》找到了一个编职。未久，季羡林也去了上海，落脚于臧克家的家。那是一座日式小楼，房间极小，宾主席地而坐，抵足而眠。在那里，季羡林生平第一次，也是唯一的一次喝醉了酒，时间是1946年的中秋。

1949年春，臧克家也来到北平。新中国初创，一元复始，万象更新。大家的心气都十分足，加之都住在城里，相互来往较多。1952年，北大从城里搬到城外，而臧克家仍住在东城，两地相距五六十里，那时没有私家车（季羡林一辈子也没有），除了偶尔在外面参加同一个会，就很难见面了。一次，臧克家去济南开会，适逢季羡林回家探亲，两人相晤于泉城，酒未阑，心已醉。就在这次交谈中，季羡林表示了入党的愿望，臧克家极力支持，他觉得，季羡林"不论做人，做学问，不是暴雨似的，而是沁透式的。他入了党，一定会给党好好工作，只想给党添什么，决不会想向党要什么。"（《朴素衣服常在眼——记羡林》）还有一事，也颇值一记：那是20世纪80年代初，季羡林担任南亚所所长，臧克家的夫人郑曼找到季羡林，说小女苏伊不习惯工厂的噪音，想换个环境，问能否到南亚所当一名职员。对于别人，这还不是一句话。季羡林也的确说了一句，他约苏伊谈话，劈头就问："你读过《大唐西域记》没有？这可是南亚所的入门书，谁想来，都得先考它。"苏伊毕业于北师大女附中，为"文革"所误，进了工厂，哪里研究过这种专门学问。后来，她进了别的单位。对此，臧克家和郑曼不仅不怪季先生，反而对他的坚持原则、一丝不苟，由衷产生敬佩。

这样的掌门人，你现在到哪儿去找？

季羡林先生（左）与臧克家先生（右）

人老了，老朋友见一面少一面，这感慨是胡乔木常挂在嘴上的。季羡林宁愿把它反过来说：老朋友见一面多一面。20 世纪 80 年代以来，他和臧克家之间有一个心照不宣的默契：每年大年初一，季羡林都从西郊跑到东城，与臧府上下欢度春节。从 1990 年起，又改为一年两次。季羡林说："克家天生是诗人，胸中溢满了感情，尤其重视友谊，视朋友逾亲人。好朋友到门，看他那一副手欲舞足欲蹈的样子，真令人心旷神怡。他表里如一，内外通明。你无论如何也不会想到有半句假话会从他的嘴中流出。就连那只有七八平方米的小客厅，也透露出一些诗人的气质。一进门，就碰到逼人的墨色。三面壁上挂着许多名人的墨迹，郭沫若、冰心、闻一多、王统照、沈从文等人的都有。这就证明，这客厅真有点像唐代刘禹锡的'陋室'，'谈笑有鸿儒，往来无白丁'，这两句有名的话，也确实能透露出客室里男女主人做人的风范。"

臧克家晚年立一雄心：要活到一百二十岁。结果，寿终于 2004 年 2 月 5 日，虚岁整整一百，虽未尽欢尽兴，也算得是诗坛人瑞。其时，季羡林已第四次入住 301 医院，周围的人怕他伤感，有关臧克家逝世的消息，极力隐瞒不提。哪知老爷子嗅觉灵敏，他早已从报刊的字里行间察知真相，在助手全然不觉的情况下，写好一篇悼文：《忆终身挚友克家》。

就写作而言，少年比的是才气，
中年比的是学问，老年比的是人格。
——笔者

（五二）光风霁月，渊渟岳峙

题目很大，例子却很小。

之一：1978年，季羡林第三次访问印度期间，结识文学家黛维夫人，获赠其英文著作《家庭中的泰戈尔》，季羡林答应把它翻译成中文。回国后，他就忙开了。刚刚译出第一章，偶然遇到顾子欣先生，得悉他也收到了黛维夫人的赠书，正在考虑移译。行将“撞车”，怎么办？按说，同一著作有几种译本，这在各国都是常事。何况季羡林动手在前，尽管照译不误。不，季羡林不是这么想。他认为，子欣的专业是英文，又是颇有造诣的诗人，此书由他来译，质量将臻一流。因此，季羡林和顾子欣商量，自己就此煞车，剩下的三章，由他来完成，出版时共同署名，算是合译。顾子欣欣然答应。答应是答应，顾子欣实在太忙，总也抽不出时间着手。一晃三年过去了，时值黛维夫人访华，她见了季羡林，便问：“我的书翻得怎样了？”季羡林据实以告。老太太很不高兴，说：“难道非等我死了之后，你们才出版吗？”老太太的心情，谁都能理解。季羡林把话捎给顾子欣，奈何顾子欣愈来愈忙，动工无日。季羡林于是征得顾子欣的同意，忙中觅闲，花了八个月工夫，译完其余的三章。

之二：1999年，吉林摄影出版社出版“二十世纪中国著名作家散文经典丛书”一套，收入一百位作家的作品，每人一集。季先生列名主编。这本来是件好事，出版者和执行者却办得不地道，错误在于：很多作者或遗属不知情，构成侵权。于是，引起二十多位作家诉诸法律。此时此刻，作为主编，人们自然想知道季先生怎么表态。

季先生委托律师发表了一份《声明》。他说：“一些作家对吉林摄影出版社的侵权行为诉诸法律，既是维护自身权益，也是就这一典型案件，提请以法律武器对著作权领域日益猖獗的违法活动予以有力打击。我对此完全支持。这一立场不因丛书标明由我主编而有所改变。”

接着，季先生就“主编”一事，做了说明。简而言之，“名”只是被别人拿去“挂”的，至于操作过程、幕后事宜，一概不知。既然如此，那么，是不是就意味着自己可以不负责任了呢？不，末了，季先生郑重强调：

1.“因我挂名主编，使出版社遂行其对读者的广告作用和对作者的蒙蔽作用，我愿承担我应承担的责任。”

2.“任何人以我担任主编为名，甚至借口对我的‘保护’，以开脱侵权者的法律责任，则是不对的，完全不符合法治精神，也是我所不能接受的。”

之三：1997年，为庆祝香港回归，海淀区六郎庄环卫工人小魏，联络几位乡间书画之友，搞了一个家庭书画展。开张前，他们拟请一位画家写个条幅，以壮声色。对方觉得他们层次太低，不予首肯。小魏一气之下，到北大找了季先生。季先生听说是环卫工人求题，慨然应允，未几，就为他们写了一副“六郎庄农民书画展”的横幅。事后，季先生又应小魏之请，为他们的活动室题了“文化乡村”四字。因是之故，小魏和季老成了忘年交。

这故事是听来的。笔者亲历的，则有：2000年元旦，北师大一年级学生小唐想采访季老，我把电话打过去，季老听明缘由，随即拨冗安排，会见中也十分配合，问什么答什么，恍若爷爷对待小孙女。又，广东一位退休老师，为自己的新居，求季老一幅字，他怕事情难办，特意声明给予厚酬。结果，季老是事情照办，酬劳之类，却是啥也不要。也有办不下来的：同是广东，一位财大气粗的老总，想让季老为他的公司题名。我把事说了，季老仿佛没听见，再说一遍，仍然没听见。我知道老爷子耳朵不背，他这是不肯写，此议只好作罢。

再又，2002 年 7 月，季老因病住 301 医院。在这之前，他曾答应为别人的文集写一篇序，一直未能完成。有人给季老出主意："让毓方帮助写篇初稿，您只要改上几句，署个名就行。"季老说："那怎么行呢？这样骗人的事，打死我也不干！"

之四：这是笔者自己的事。大概是 1998 年，我在写作一位新去世的学问大家的过程中，碰到一些难题，而季先生恰恰和其相熟，并且听说有些观点还相左——这正好是我需要的，我希望听到不同的声音。于是，我冒着酷暑，跑到季先生的家。那天，从头到尾，关于某公的一切，都是我一人在讲，先生只是静静地听，既不插话，也不表态。唯一的声明，先生说，很多人谈到过同样的话题，他一律是无可奉告，答案应由他们自己去找。僵局，谈话陷入尴尬。我不死心，絮絮不休，总想从先生口中套出点什么。据我了解，先生是性情中人，平常很少掩饰自己的七情六欲，尤其当问题涉及学术上的是非正误。但是最终，先生什么口风也没有露。沉默，当然本身就是表态，一种无须多说、不言自明的表态，但它极有分寸，起码不伤人，也不失长者的身份。我终于体悟：违心的话，先生不愿讲；在逝者的背后插上一刀，更为不屑。于是，先生便用一己清凉的沉默，熨帖灼热浮躁的红尘。

之五：仍是笔者自己的事。2001 年，我应邀为一位"大有背景"的人士立传。一天与季老会面，顺便说了这件事。我知道季老也熟悉此公，想听听他的意见。季老先是沉默，然后白了我一眼，直截了当地说："这人没有什么了不起，不值得你写。写好了，你要挨别人骂；写不好，白白浪费工夫，两边不讨好。"跟着又说了一句，我没有听清，仿佛是："你拍×××什么马屁!"

最后，也是之六：2005年10月，顾绍培、徐风二位先生专程从宜兴进京，奉送刻有"光风霁月"四字的紫砂壶一把，为季老暖寿。"来而不往非礼也，"季老说。老人家恪守古训，给二位客人签名赠书，赠的是《留德十年》。这时，徐风拿出一本关于季老的选集，是预先从书店购得的，请季老题签。季老执笔踌躇，李老师见状，赶忙解释："这本书，季老一般不签，因为里面说了很多好话，有些是过誉之辞，签了，就意味着对内容的肯定，有点'老王卖瓜，自卖自夸'，老先生不愿意这么干。"

君子之律，儒者之风，难得。人说愈老愈糊涂，似乎是自然规律，季老不是这样，他是愈老愈清醒。

读者朋友们！读一读我的《文集》吧！文章货真价实，童叟无欺，妙笔生花，誉满全球。

——季羡林

（五三）季式幽默，百炼钢化为绕指柔

说到幽默，20世纪以来，名头最响的，为林语堂。“绅士的讲演，应当是像女人的裙子，越短越好。”是他的经典招牌。其次是老舍。譬如他的《离婚》的开场白：“张大哥是一切人的大哥。你总以为他的父亲也得管他叫大哥，他的‘大哥’味儿就这么足。”再其次是钱锺书。例如他在《一个偏见》中说：“依照生理学常识，人心位置，并不正中，有点偏侧，并且时髦得很，偏倾于左。古人称偏僻之道为‘左道’，颇有科学根据。”此三人外，还有谁？笔者没有调查，所以按照伟人的说法，就没有发言权。但我还是忍不住要说，因为我知道，至少还有一个季羡林。

季羡林20世纪30年代开始为文，检点他早期的作品，庄重有之，机警有之，清新活泼有之，但与幽默无涉。直至1947年6月，他写了一篇《送礼》，叙述了发生在他们老家的一个特殊习俗：一盒点心，甲送给乙，乙转送丙，丙转送丁，转来转去，最后，隔了一年半载，甚至更长的时间，又奇迹般地转到甲的手里。点心当然是不能吃了，人情却是

丝毫无损。季羡林有感于斯，在故事的结尾突然宕开一笔，说："我虽然不怎样赞成这样送礼，但我觉得这办法还算不坏。因为只要有一家出了钱买了盒点心，就会在亲戚朋友中周转不息，一手收进来，再一手送出去，意思表示了，又不用花钱。不过这样还是麻烦，还不如仿效前清御膳房的办法，用木头刻成鸡鱼肉肘，放在托盘里，送来送去，你仍然不妨说：'这鱼肉都是新鲜的。一点小意思，千万请赏脸。'反正都是'彼此彼此，诸位心照不宣'。绝对不会有人来用手敲一敲这木头鱼肉的。这样一来，目的达到了，礼物却不霉坏，岂不是一举两得？在我们这喜欢把最不重要的事情复杂化了的礼仪之邦，我这发明一定有许多人欢迎，我预备立刻去注册专利。"——谐而不谑，谬而成趣，这是我在季羡林的文章中读到的最初的幽默。

季羡林的幽默，神龙一现，随即就从文章里消失了。在整个20世纪50年代、60年代、70年代乃至80年代，都难觅它的踪影，可见幽默近"右"，为"左"的风气所不容。幽默本是人生的一部分，自然不会因政治酷烈而绝迹，但幽默者（比如季羡林）懂得避讳，幽默也就从地上转到了地下，不见于白纸黑字、落下痕迹的文章。林语堂说："有了超脱派，幽默自然出现了。"季羡林什么时候有了超脱？大抵是在90年代初。方是时，他饱历沧桑，看淡红尘，性灵趋向开张，言论趋向诙谐。试读他这时期的下列文字。

之一："前几年，中国敦煌吐鲁番学会在富丽堂皇的北京图书馆的大报告厅里举行年会。我这位画家老友是敦煌学界的元老之一，获得了普遍的尊敬。按照中国现行的礼节，必须请他上主席台并且讲话。但是，这却带来了困难。像许多老年人一样，他脑袋里刹车的部件似乎老化失灵。一说话，往往像开汽车一样，刹不住车，说个不停，没完没了。会议是有时间限制的，听众的忍耐也绝非无限。在这危难之际，我同他夫人商议，由她写一个简短的发言稿，往他口袋里一塞，叮嘱他念完就算完事，不悖行礼如仪的常规。然而他一开口讲话，稿子之事早已忘入九霄云外，看样子是打算从盘古开天辟地讲。照这样下去，讲上几千年，也讲不到今天的会。到了听众都变成了化石的时候，他也许才讲到春秋战国！我心里急如热锅上的蚂蚁，忽然想到：按既定方针办。我请他的夫人上台，从他的口袋里掏出讲稿，耳语了几句。他恍然大悟，点头称是，把讲稿念完，回到原来的座位。于是一场惊险才化险为夷，皆大欢喜。”(《忘》)

之二：“也是由于因缘和合，不知道是怎样一来，我认识了中行先生。早晨起来，在门前湖边散步时，有时会碰上他。我们俩有时候只是抱拳一揖，算是打招呼，这是‘土法’。还有‘土法’是‘见了兄弟媳妇叫嫂子，无话说三声’，说一声：‘吃饭了吗?’，这就等于舶来品‘早安’。我常想中国礼仪之邦，竟然缺少几句见面问安的话，像西洋的‘早安’、‘午安’、‘晚安’等等。我们好像挨饿挨了一千年，见面问候，先问‘吃了没有?’我和中行先生还没有饥饿到这个程度，所以不关心对方是否吃了饭，只是抱拳一揖，然后各行其路。”(《我眼中的张中行》)

之三：“在北京大学校内，老教授有一大批。比我这个八十九岁的老人更老的人，还有十几位。如果在往八宝山去的路上按年龄顺序排一个队的话，我决不在前几名。我曾说过，我决不会在这个队伍中抢先夹塞，只是鱼贯而前。轮到我的时候，我说不定还会溜号躲开，从后面挤进比我年轻的队伍中。”(《迎新怀旧——二十一世纪第一个元旦感怀》)

——如果你的想象力无损，相信你嘴角会浮出会心一笑；幽默，已是季羡林区别于其他当代散文家的一大特色。

季羡林的幽默笔法，早已锤炼成熟，百炼钢化为绕指柔，使用起来得心应手，婉转自如。常常庄谐并出，冷眼向洋，随处可见泪中闪笑，笑中闪泪。

林语堂于幽默是有大功的：是他，首创把英文 humour 译为幽默；也是他，公开把幽默纳入理论和实践。除了“绅士的讲演，应当是像女人的裙子……”外，林语堂还有一个经典妙喻，那是在巴西的一个集会上讲的。他说：“世界大同的理想生活，就是住在英国的乡村，屋子里安装有美国的水电煤气等管子，有个中国厨子，有个日本太太，有个法国情妇。”老舍是不世出的语言大师，他的幽默，是化在字里行间的。不论长篇短篇，篇篇皆然。譬如他的《著者略历》：“舒舍予，字老舍，现年四十岁，面黄无须。生于北平，三岁失怙，可谓无父。志学之年，帝王不存，可谓无君。无父无君，特别孝爱老母，布尔乔亚之仁未能一扫空也。幼读三百千，不求甚解。继学师范，遂奠教书匠之基。及壮，糊口四方，教书为业，甚难发财；每购奖券，以得末彩为荣，示甘于寒贱也。二十六岁，发愤著书，科学哲学无所懂，故写小说，博大家一笑，没什么了不得。三十四岁结婚，今已有一女一男，均狡猾可喜。闲时喜养花，不得其法，每每有叶无花，亦不忍弃。书无所不读，全无所获，并不着急。教书作事，均甚认真，往往吃亏，亦不后悔。如是而已，再活四十年也许能有点出息!”钱锺书是学贯中西的大学者，幽默亦如其人，处处闪射出渊博与睿智。譬如《围城》中的这一段：“方鸿渐还想到昨晚那中国馆子吃午饭，鲍小姐定要吃西菜，说不愿意碰见同船的熟人。便找到一家门面还像样的西餐馆。谁知从冷盘到咖啡，没有一样东西可口；上来的汤是凉的，冰淇淋倒是热的；鱼像海军陆战队，已经登陆好几天；肉像潜水艇的士兵，会常时期潜伏在水里；除醋外，面包、牛油、红酒无一不酸。两人吃得倒尽胃口，谈话也不投机。”与以上三位大家相比，季羡林的幽默完全是另一种路数：首先，他不是刻意回避政治，王顾左右而言他，而是拍案而起，挺身站在时代的潮头，这就使他的笔墨带上了鲁迅遗风；其次，他用的是大白话，爽脆明快，通俗易懂，读者无须绞尽脑汁，横揣竖摩，便能发出会心的一笑；再次，他的语调一本正经，立论堂而皇之，轻蔑胜于嘲讽，怜悯大于谴责；以及第四、第五……嗯，第四是什么？第五又是什么？这个，这个，对不起，我还没有仔细考虑——我么，老实交代，不过是个“印象派”，眼到意到笔到，张口就来，信笔涂鸦，并未做过任何研究。放眼海内外文坛，似乎也没有人做过这项工作。如此说来，这是一项空白了！那么，请容许我想一想：假如年轻三十岁，我将会以此为课题，深入挖掘，广泛探讨，没准能写出一篇呱呱叫的博士论文：幽默博士！可惜时光不能倒流，博士桂冠对我已失去任何形而上或形而下的吸引力；年轻于我而又神往博士光环的朋友，机不可失，时不再来，勉之哉！勉之哉！

天地萌生万物，对包括人在内的动、植物等有生命的东西，总是赋予一种极其惊人的求生存的力量和极其惊人的扩展蔓延的力量，这种力量大到无法抗御。

——季羡林

（五四）生命境界的释放：《清塘荷韵》

晚年，季羡林成了名副其实的散文大家。无论数量，还是质量，都在当代散文天地，占有煊赫的地位。钟敬文先生在为《季羡林散文全编》作的序中说："季先生以北人治南学（南亚之学）、学成西方而精通东方（东方之学）；学问好，人人都知道；散文写得好，却容易被忽略。"钟先生这里是多虑了，季先生的散文远比学问腿长，倘若一定要拿学问和散文相比，毋宁说："散文写得好，人人都知道；学问好，却容易被忽略。"在季先生林林总总的散文篇什中，笔者以为，影响较大的，当数长篇散文自传《留德十年》《牛棚杂忆》，以及单篇《二月兰》《赋得永久的悔》《一个老知识分子的心声》《站在胡适之先生墓前》《九十抒怀》《清塘荷韵》等。若从纯散文的角度看，尤以《清塘荷韵》为最；这是一篇天然隽永的美文，为妙手之偶得。

笔者的《蔼蔼绿荫》一文，有一节专门记叙了先生当年创作的全过程——

……荷花争相展开笑靥，又甜又媚，像仙女列队恭迎嘉宾。烈日知趣地隐进云层，蜻蜓引路，凉风托肘，树上的知了歌了又歇，歇了又歌，为老人的巡视增添无限清兴。

季先生漫步在池塘四周，得意地清点着荷花的朵数。前天还是一百零一，一百二十三，昨天就变成一百五十，一百七十六，今天呢，早晨已突破二百，眼下只怕已有二百二。这当然不包括那些含苞未放的骨突儿，它们还没有睁开睫瓣，算不得数。这池塘就在先生的家门口，享受堂堂学府的优待，它也有个贵族化的大名：后湖。三十多年前，季先生刚刚搬来的时候，湖里是有过翠盖千重、青钱万叠的，依稀还留有“千点荷声先报雨，一林竹影剩分凉”的幽梦。但是好景不长，很快就遭遇一场“冰河期”，水面便成了空空荡荡。先生的心湖，也随之变得空空荡荡。早些年，东风又绿瀛洲草，先生心头的那泓水，解冻了，扬波了。由己及人，他竭力往世人的心湖吹送春风；在我，就是深受他润泽的一个。由人及物，他就想到了门口依然凄凉的池塘，怜爱地、满怀期冀地播下几颗托人从洪湖捎来的莲子。先生确信，播下去，就有希望。谁不知道，种子的生命力是天下最顽强的呢？有一些从古代帝王陵墓里掘出来的稻谷，一遇适宜的条件依旧能生根吐叶；有一些埋在地层里的万年羽扁豆，一旦重见天日照样能发芽滋长。痴心的老人其实也是一粒古莲，在新的时期又抽出了撩云逗雨的叶，又开出了映日迷霞的花。

种子播下的第一年，水面平静如初。先生知道凡事都有个过程，就像写文章，先得有个腹稿，然后才能展纸伸笔，此事急不得。说是急不得，偏生又每天前来张望，仿佛恨不得要用目光把莲芽从淤泥中吸出。

第二年，水面依然冷寂，朝朝，暮暮，唯有“天光云影共徘徊”。先生的心湖就未免风摇影动，动伏不定了。眼看它春水盈塘，眼看它绿柳垂丝，但盼它嫩叶轻舒，但盼它小荷初露。然而，讨厌的然而，该诅咒该下油锅的然而，春天来了又去了，夏天来了又去了，转眼到了秋天，塘面仍旧是一片荒芜，寥落。荒芜菡萏路，寥落高士心。难道，难道说洪波里孕育的种子不适合池塘，托根非其所？难道说梦里的婷婷、袅袅、纤纤、灼灼，终将成为一场虚话？

到了第三年，先生已不抱希望。如果有谁到了这地步还抱希望，那他不是傻子，便是神仙。先生是凡人，凡人就只有凡人的智慧。然而，幸运的然而，带来转机带来奇迹的然而，有一天，先生忽然发现，就在他投下莲子的水面，长出了几片溜圆的绿叶。莫是天上的倒影？不会，天空只有飞鸟、云彩。莫非眼看花了？拭拭镜片，定睛再看，没错，嫩生生的，羞怯怯的，绝对是莲叶，莲的新叶。数一数，一共五片，不，六片。有一片将露未露，一半还在水底。团团五六叶，装点绿池初。它们，啊，此处应该用她们，仿佛是莲的王国派出的绿妹，先期给老人通一通消息，告诉他凡播种定有收获，生命的顽强、生机的蓬勃使她们从来不曾失约于世人，等着吧，不要多久，那千茎万茎就会昂然挺立，那田田翠翠就会漫湖覆盖。

这一等，就又是一年。虽然漫长，却并不难捱。怀抱期冀，就是足踏时间的风火轮，多少寂寞，多少惆怅，一跃也就甩在了身后。下一年，“蝉噪城沟水，芙蓉忽已繁”。先生无法确知，那莲的纵队是怎样在深水中迅速扩展，但从占领水面的荷叶判断，每天至少要以半尺的距离推进。就这样，是年夏天，先生终于迎来了半池绿荷，满眼红蕖。待最初的几周激动过后——那喜悦，绝不亚于金榜题名，大作杀青——剩下的，就是悠闲如柳丝，飘逸如清风，超尘出世如他专攻的梵文、巴利文、吐火罗文，在莲的世界徜徉迷离，乐而忘归了。空气中有清心健脑丸，也有袪愁解忧丹。常常，先生陶醉于他的业绩，就像前面提到的那样，漫步塘边，高瞧低看，目掐心算，宛如课堂点名，又如沙场点兵——谁说这不像一场美学领域的攻坚战？数久了，数累了，先生就会找个地方坐下来，静静地聆听满湖的红吟绿奏。

如是乎，在接踵而来的岁月，先生每到夏秋两季，就多了一项消遣：一个人坐在红湖岸边，直面满湖的碧绿黛绿，深红浅红，遁入哲学家式的玄思妙想。

人活到七老八十，经多大风大雨，见惯沧海桑田，心就趋向沉静；偏偏又是大知识分子、大学问家的主儿，年龄愈是老去，思考愈益深入。沉静，是对身外之物而言，种种你争我斗，张长李短，不再挂碍于心；深入，是指对人生的奥义，终于可以无挂无碍地从容咀嚼，仔细发掘。

生命到了这种境界，释放就尤其显得香气勃郁。六十年前，先生在水木清华就读，那里曾诞生朱自清的名篇《荷塘月色》。六十年后，先生在红湖岸边忆往思来，陷入片刻的假寐，不期也结晶了一篇语出天然、朗爽脱俗的《清塘荷韵》。

写作的那天，正值 1997 年中秋。天上的月华和水中的月魂互映，周敦颐的清涟和胸中的澄泓相汇。啊，彼时彼刻，先生伏案挥毫，任何台风都吹不乱他头上的一茎霜发，刮不散他胸中的一缕芗泽！

且让我们品味其中的一节：久坐岸边，恍若出尘，这时，“风乍起，一片莲瓣堕入水中，它从上面向下落，水中的倒影却是从下边向上落，最后一接触到水面，二者合为一，像小船似地漂在那里……”花落影随，状流光，影与花合，状禅机。

北大曾曰红楼，季府权充聊斋。可惜没人录下先生的脑电波，一任那些美丽的幻象随风飘逝。

数日后，笔者去北大开会，恰好碰到先生。也是福至心灵，我向他约稿。先生马上反应："刚刚写好一篇，也适合给《人民日报》。"

文章编发后，随即博得一片喝彩。尔后，又接连收获当代报纸副刊的两项最高奖。可见，这个社会绝不缺少发现美的慧眼。

怎么样？仅此一篇散文的际遇，就证明钟先生的顾虑完全多余。《清塘荷韵》作于1997年9月16日，转眼，又过去了二十多年，笔者如果有什么补充，主要是关于写作的背景：一、20世纪90年代以来，季老的家庭迭遭变故，老祖、女儿、妻子、女婿相继辞世，孙子、孙女、外孙陆续出国，家里就剩下他孤零零的一个。恰如他所自况："夜阑人静，虚室凄清。万籁俱寂，独对孤灯。往事如潮，汹涌绕缭。伴我寂寥，惟有一猫。"其心其情可见一斑。那一段，是季老生命的低潮，以1996年为例，他总共只写了一篇散文（散文这玩意，没有心情是提不起笔的），题目叫《三个小女孩》，八五老人，回首岁月长河，在三个两三岁至十一二岁的异姓小女孩身上，寻觅爱的缘分，这本身就包含了悲剧的因子。二、长时期超负荷的劳作，加之心情压抑，视力急剧衰退，到了1997年初，几乎失明。先生起先瞒着，不予声张，后来实在瞒不住了，才由助手和几位老同事坚持，住进同仁医院，于1997年6月，成功地实施了右眼的白内障手术，多年障目的蒙翳廓然而散，眼前和心头都大放光明。——由是可见，《清塘荷韵》的诞生，实乃天作之合、瓜熟蒂落、水到渠成。

朝阳越升越高，透过浓密的枝叶，一直照到我的头上。我心中一动，阳光好像有了生命，它启迪着什么，它暗示着什么。我忽然想到印度大诗人泰戈尔，每天早上对着初升的太阳，静坐沉思，幻想与天地同体，与宇宙合一。

——季羡林

（五五）九十述怀："不是闻鸡起舞，是鸡闻我起舞。"

晚岁，季羡林喜欢在元旦那天写点感怀文字，这是文人的雅兴，谓之新年试笔。如：1987 年的《元旦试笔》、1991 年的《八十述怀》、1994 年的《新年抒怀》、1995 年的《元旦抒怀——求仁得仁，又何怨!》、2000 年的《迎新怀旧》等等。但是，2001 年的《九十述怀》，他却打破常规，写于 2000 年 12 月 20 日——估计是有新闻单位瞄上了这道大菜，早早约稿，预留版面，故不得不提前自我贺寿。

年这玩意儿，是人为的。时间本无所谓终始，也无痕迹变化，但是经人一刻录，就大有魔力，无形中支配着你我他的生命。季羡林说，小时候，总希望时光快快流逝，盼过节，盼过年，盼一阵风儿就长大成人。然而，时光却总跟小孩儿作对，愣是停滞不前，小小的心里溢满了忿忿之气。人过中年，情形就不一样了，时光之车好像是从高坡往下滑，它不饶人，不解人，一路狂奔不已。“两岸猿声啼不住，轻舟已过万重山”，一转眼，就滑过了花甲，滑过了古稀，少数幸运者或什么者，滑到了耄耋之年。人生到了这个境界，对时光的流逝更加惊心动魄，年轻的时候考虑问题是以年计，以月计，到了此时，则是以日计，以小时计，以分秒计。李白诗云：“高堂明镜悲白发”，季羡林很少揽镜自照，但不等于白发不存在，老了就是老了，白发也是一种重量，它沉甸甸地压在头皮。时常，在友朋欢笑之中，在家庭聚乐之际，在灯红酒绿之乡，在奖誉纷至沓来之时，他满面含春，心旷神怡，却蓦地在心头一闪念：“这一出戏快结束了！”

悲哀吗？不，人的寿命是有限的，“神龟虽寿，犹有竟时。螣蛇乘雾，终为土灰。”“修短随化，终期于尽”，这是自然规律，季羡林于此很坦然。当生命进入倒计时，他时常想起的，是俞平伯先生的一句话，那是写在散文《重过西园码头》里的，是他在大学时读到的。俞先生说：“从现在起，我们要仔仔细细地过日子了。”一句，就这一句，其他的内容都忘了，这一句刻骨铭心。生命是以日子组成的，日子过得马虎，生命就马虎，日子浪费了，生命也就没有了。俞先生是精细人，一句朴朴实实的俚语，道出了上乘生活的谛旨。道出了是道出了，季羡林真正理解，是在眼前，在晚年。在日子问题上，他决定了，他要像守财奴，把一个铜钱劈成八瓣花，换句话说，把每一时每一刻都过出品位，过出光彩。

季羡林属于老来红。人到晚年，求全之毁，根本没有，不虞之誉，却不邀自来，声望扶摇直上。这里面有多少是实至名归，又有多少是逢场作戏？社会这舞台，尤其是咱中国社会的这个大舞台，总喜欢把荣誉堆到老人头上，甚至是死人头上，这里面有多少玄机，又有多少无奈。季羡林老而不昏，时刻保持清醒。反正人生至此，名缰利锁已不起作用，起码已不起大作用。试问给你泼天的财富，你又如何花？说到消费，季羡林更是所求无几。衣，蔽体而已；食，果腹而已；住，容身而已；行，随缘，有车乘车，没车就迈开双腿。行年九十，三里五里，还是抬脚就到。这也是锻炼。晚年他自创“三不主义”：不锻炼，不挑食，不嘀咕。旨在强调一种坦荡平和的心态，并不是把锻炼之类都一棍子打死。他曾说“养生无术是有术”，也就是一切顺其自然，不刻意去追求这追求那。

1999年，印度国家研究院授予季羡林先生名誉院士

人到九十，季羡林仍然每天四点起床。王岳川先生说：“你这是闻鸡起舞。”“不，”他答，“是鸡闻我起舞。”（天啊！这么多年来，朗润园的鸡们祖祖辈辈岂不都患上了睡眠不足症?）比较起“北大三老”的另二位——张中行和金克木，他的后劲明显要足，在苍茫的暮色里挽起裤脚赶路。季羡林自称：“写篇一两千字的文章，倚椅可待”。我们的一些编辑不懂趣，想当然地把它改成“倚马可待”。这一改，季老爷子的特色就丧失过半。八十到九十，季老爷子的威风不是在马鞍，而是在椅背。为了写作《糖史》，曾经有两年，他每天跑一趟北大图书馆，风雨

2000年，德国驻华公使代表哥廷根大学授予季羡林先生金质奖章

无阻，寒暑无碍。燕园风光旖旎，四时景物变幻，春天姹紫嫣红，夏天荷香盈塘，秋天红染霜叶，冬天六出蔽空，这一切，他都视而不见，甚至不视不见。《糖史》告竣，他又把阵地从图书馆移到家里，运筹于斗室之中，决战于几张桌子之上。研究的对象，变成吐火罗文 A 方言的《弥勒会见记》剧本。这里有个背景：1996 年初，季羡林接到德、法两国友人的来鸿，请他在一年内，对吐火罗文 A《弥勒会见记》剧本残卷进行修补和完善，并将其译成英文，交德国方面出版。季羡林的第一反应，是拒绝。自己年事已高，且患有眼疾，在如此短的时间内，是无论如何完不成的。季羡林写好复信，找人打字付邮。当日是礼拜，工作人员都不在。到了礼拜一，大家上班了，他的主意却又改变：这事干不干，不是我季羡林一个人的事，它关系吐火罗文的存活，乃至中华民族的尊严。季羡林于是重新复函，答应干。这也是一场大仗，困难在于缺

乏资料，国内没有人研究吐火罗文，你得向国外求援。现在虽号称信息时代，可他需要的资料却刁钻古怪，难以成流，在信息高速公路上你查不到，非得到专家的脑库里去搜求。你得等、等、等。有时写作正在兴头，忽然碰到一个难题，就此卡壳，你急得火烧火燎，捶胸顿足，都没用。只好眼睁睁地搁下，尝受等待的煎熬。如是乎这般，熬了一年多，《弥勒会见记》剧本英译稿按期告竣，圆满交付德方出版。——而他的双目，也正是在这番攻坚战中丧失了大部分功能，颓然近盲！

两战告捷，平生大愿告一段落。季羡林并没有止步，他停不下来，一方面是惯性，一方面是使命。“使命”这词儿太大，太硬，那就，那就——改“工作”吧。他的工作，主要是爬格子。迄今为止，他已爬出了上千万的字。绝大部分，是完成于七十至九十岁之间。这些东西都那么值得爬吗？他认为值。他爬出的东西，不见得都是甘露醍醐，吃了能让人白日飞升，但他敢打保票，内中绝没有毒药，或假冒伪劣，读后至少能让人享受，能让人爱国，爱乡，爱人类，爱自然，爱儿童，爱一切美好的事物。总之一句话，能让人精神境界有所提升。

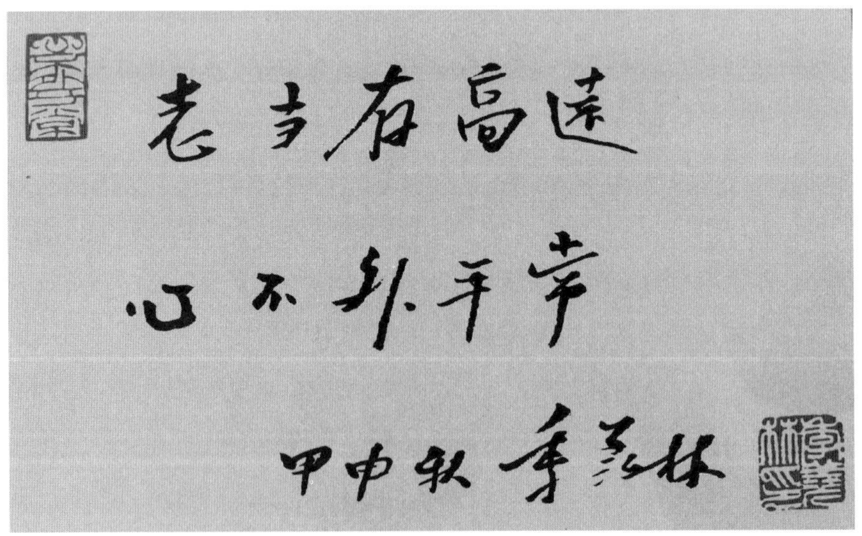

“爬格不知老已至，名利于我如浮云。”他说。向晚之年，“不求有惊人之举，但求无愧于心。”他又说。但老来不合时宜，或老不晓事，老来作怪，时不时地仍要惊人一下，那是性格使然，时势使然。20 世纪 90 年代以来，他有好多话成了舆论的焦点，比如关于东方文化复兴的论断：“21 世纪是东方文化的世纪，东方文化将取代西方文化在世界上占统治地位，但取代不是消灭。全面一点的观点是：西方形而上学的分析已快走到尽头，而东方文化寻求综合的思维方式必将取而代之。这种代之而起，是在过去几百年来西方文化所达到的水平的基础上，用东方的整体着眼和普遍联系的综合思维方式，以东方文化为主导，吸收西方文化中的精华，把人类文化的发展推向一个更高的阶段。”这一论断就引起了轩然大波。争论好。争论总可以打破一潭死水。但世界上有些事情，并不是越争越明，最终还是要让事实说话。——对未来的事实，即前景，他充满了信心。

高寿，也有高寿之悲。就内来说，老祖、妻子、女儿、女婿，都先他而去了。就外来说，几十年呼吸相通、生命相寄的老友，大多遽归道山了。季羡林虽说还有一个家，这个家现在只剩下他一个。他说：“在一般人心目中，家是停泊休息的最好的港湾。我的家怎样呢？直白地说，我的家就我一个孤家寡人，我就是家，我一个人吃饱了，全家不害饿。”这样一来，他应该感觉很孤独了吧？然而并不，他说：“我的家庭‘成员’实际上并不止我一个‘人’。我还有四只极为活泼可爱的，一转眼就偷吃东西的，从我家乡山东临清带来的白色波斯猫，”还有山大小校友张衡送的“两只乌龟”，以及忘了是何人送来的“五只大甲鱼”，组成了一个热闹的群体。——这番话，貌似旷达，实则苦辛，悲酸。读到这儿，人们有理由发问：

“不对，他们家应该还有其他人的呀？”

“前面提到孙子、孙女、外孙陆续出国，出国了也得有安排呀，总不能把老爷子一个人扔在家里不管？何况还有没出国的亲人呢？”

是的，人们的发问是有道理的。将来的研究者，势必要涉及这一话题。关于这，季羡林在《1995 年元旦抒怀——求仁得仁，又何怨!》中，其实已经作了回答。不过，除了当事者，以及周围的少数亲密者，我相信天下没有几人能看懂。他说："我幻想成为一个悲剧性的人物……然而我却于最近无意中得之，岂不快哉！岂不快哉！这里面当然也有遗弃之类的问题。但并不是自己被遗弃，而是自己遗弃了别人。自己怎么会遗弃别人呢？不说也罢。总之，在我家庭中，老祖走了，德华走了，我的女儿婉如也走了。现在就剩下我一个孤家寡人，赤条条来去无牵挂了。我成为一个悲剧性的人物，条件都已具备。只待东风了。"

就是这样一个孤家寡人，社会并不肯放过他。学校领导因为他年事已高，不能再招待那么多的来访者，在门上贴出通告，想制约一下，但用处不大，许多客人都视而不见，照样敲门不误。有少数竟在门外苦等上几个钟头。除了来访者和打电话者，还有扛着沉重的摄像机而来的电视台的导演和记者，以及每天都收到的大量信件和报刊。有一些年轻的男女，把他看成了有求必应的土地爷，或者能预言先知的季铁嘴，向他请求这请求那。季羡林感叹："我明明是一头瘦骨嶙峋的老牛，却有时被认成是日产鲜奶千磅的硕大的肥牛。已经挤出了奶水五百磅，还求索不止，认为我打了埋伏。其中情味，实难以为外人道也。"

季羡林觉得活得太久，太累。歌德暮年在一首诗中提到休息，他也真想休息一下。但是，这是绝对不可能的。他就像鲁迅笔下的那一位"过客"，任务只是向前走，向前走。前方是什么地方呢？老翁看到的是坟墓，小女孩看到的是野百合花。他写《八十述怀》时，看到的是野百合花多于坟墓，今天则倒了一个个儿，坟墓多而野百合花少了。不管怎样，反正他是非走上前去不行的，不管是坟墓，还是野百合花，都不能阻挡他的步伐。冯友兰先生的"何止于米"（八十八岁），他已经越过了。下一步就是"相期以茶"（一百零八岁）。季羡林觉得，他目前的选择只有眼前这一条路，这一条路并不遥远，等到他十年后再写《百岁述怀》，茶寿就遥遥在望了。

第九章 宝刀未老

（2002—2006.8）

95岁高龄的季羡林先生在读书

春色三分，二分尘土，一分流水。

——苏轼

（五六）陶潜和苏轼，相隔千载的心灵感应

八十六岁之前，季羡林先生除了伤风感冒，绝少生病，他说“不锻炼”，也是有资本的。据记载，先生多年来只住过一次院，那是“文革”年间，正应了祸不单行，人倒霉，疾病也趁势添乱，病得昏天黑地，糊里糊涂，六天没进水米。这里要感谢一位学生，他冒着风险把先生送进校医院，输了两天一夜的液，总算从阴阳界上抢转了来。当时的校医院，和北大的各个重要部门一样，是造反派的天下，先生混迹其中，整日如芒在背，所以稍微恢复饮食，便要求出院，还吾自由自在身。八十六岁这年（1997），先生第二次入院：老年白内障，开刀做切除手术。虽然不是什么致命的痼疾，但看书不见字，对面空闻声，痛苦也是挺折磨人的。去医院之前，先生从满架的书籍中，随手抽了一本《苏轼词集》。一路上，同行者谈笑风生，先生独坐一旁，静默无语，下意识地，背诵起东坡老人的《水调歌头》：“明月几时有？把酒问青天。不知天上宫阙，今夕是何年？我欲乘风归去，又恐琼楼玉宇，高处不胜寒！起舞弄清影，何似在人间。转朱阁，低绮户，照无眠。不应有恨，何事长向别时圆？人有悲欢离合，月有阴晴圆缺，此事古难全。但愿人长久，千

里共婵娟。”背着背着，忽然有所警觉，联想起此番住院，他暗自发问：“莫非这首词，含有什么朕兆吗？”

几天后，先生躺在手术台上，按照医师的嘱咐，尽量排除杂念，息心敛虑，等待妙手施术。空茫中，似相隔千载的心灵感应，脑海里蓦地又浮现苏轼的另一首词：《浣溪沙》。词曰：“缥缈红妆照浅溪，薄云疏雨不成泥。送君何处古台西。废沼夜来秋水满，茂林深处晓莺啼。行人肠断草凄迷。”俄而一个激灵，先生禁不住想：难道这首词，也含有什么天机吗？

人在极端时刻——比如在逆境，在战场——不期而然兜上心头的，往往是一种本能的反应，是潜意识在无意之间的宣泄释放。无独有偶，1975 年，毛泽东切除白内障，在整个手术过程中，他让人反复播放的，就是一曲岳飞的《满江红》：“怒发冲冠，凭栏处，潇潇雨歇。抬望眼，仰天长啸，壮怀激烈。三十功名尘与土，八千里路云和月。莫等闲，白了少年头，空悲切。靖康耻，犹未雪；臣子恨，何时灭？驾长车，踏破贺兰山缺。壮志饥餐胡虏肉，笑谈渴饮匈奴血。待从头，收拾旧山河，朝天阙。”毛泽东之不同于季羡林，正如岳词之不同于苏词，但两者在极端时刻的心灵颤动，则是一律的：他们选择的，不管有意还是无意，必然是心之最爱。

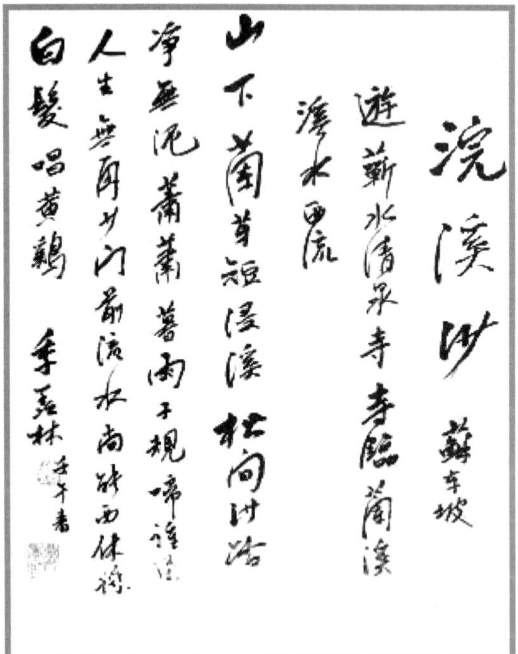

季羡林先生手书的苏东坡的《浣溪沙》

先生之爱苏词，由来已久。他十几岁时做诗谜，用的就是苏东坡全集，虽然生吞活剥，似懂非懂，但在成长期的心灵底板，留下了黑白分明的显影。晚年，先生自觉不自觉地回归苏词，这是阅历、经验使然，是发自内心深处的共鸣。在苏词中，先生尤其钟爱另一首《浣溪沙》："山下兰芽短浸溪，松间沙路净无泥。萧萧暮雨子规啼。谁道人生无再少？门前流水尚能西。休将白发唱黄鸡。"记得在《虎年抒怀》中，先生写道："东坡问：'谁道人生无再少？'我答曰：'我道人生有再少。'我现在就有'再少'的感觉。这是我的现身说法。但是，我的'再少'在我心中似乎还是有条件的：吃饭为了活着，但活着不是为了吃饭，而是工作。如果活着只是为了吃饭，还不如不活为佳。"又，近年来，先生数次赠我墨宝，其中有一幅"好风如水"，这四字就是取自坡翁，语见《永遇乐》："明月如霜，好风如水，清景无限。"

"文革"中，先生一度打算自杀，绝望关头，他都想了些什么呢？梵天诸佛么？未必。先生孜孜于佛教，出于科研，不是出于信仰。先生曾亲口对我说："佛教讲轮回，死后投胎，为人为兽，为极乐为至苦，这都是没有的事，我从来不信。"那么，为了一种信念？先生是共产党员，是宣了誓要为主义牺牲一切的。自裁前，先生把仅有的几张存款单，交给婶母和老伴，强抑泪水，没做一句交代，一点暗示。这真是残酷！先生回忆："她们一定明白我的意思的，她们的感情没有激动，眼泪也没有流下。我没有考虑立什么遗嘱，那毫无用处。伴我一生的那些珍贵的书籍，我现在都管不了啦，这就是我生离死别的一幕。一切都平静得平淡得令我害怕。"笔者每每想到这儿，都感到冷风扑面，毛发直竖。家庭，本应是抵御外侮、化解灾难的最后一道关口，若张光年，同是"文革"年间，同是出于绝望，因了夫人的一句温言安慰，便打消轻生，顽强地活了下来。纵使万念皆灰、义不再辱，若翦伯赞，若傅雷，好歹也是夫妇携手，落个生虽异日，死则同时。先生这厢么，他是家有贤妻，而心无灵犀，两人的认识、语境远远不在一个层次，无法沟通，干脆也就不沟通。悲乎哉！悲乎哉！

红卫兵的突然出现，阻止了更大悲剧的发生。讲迷信，是天意。先生讲科学，完全事出偶然，一个人从飞机上跳下却被雄鹰的翅膀救了一命的偶然，概率是微乎其微的。自杀不成，先生反而拾起勇气正视苦难。即使是万丈深渊，也往往有生机萌发，尽管它表现出的不是常态。

先生一辈子与寂寞为伍，这是大师的宿命。在寂寞中成长，在寂寞中求学清华、负笈海外，在寂寞中周旋于政治与学术之间，在寂寞中与寒窗厮守，与猫咪对话。对了，曾有新派“革命家”攻击先生热衷养猫，是所谓闲极无聊，玩物丧志，老大没出息。殊不知老人之爱猫族，

季羡林先生与猫

别有衷肠。先生说，因为“它们天真无邪，率性而行；有吃抢吃，有喝抢喝；不会说谎，不会推诿；受到惩罚，忍痛挨打；一转眼间，照偷不误。同它们在一起，我心里感到怡然，坦然，安然，欣然。不像同人在一起那样，应对进退，谨小慎微；斟酌词句，保持距离……感到异常地别扭”。归根结底，你没有活过那些寂寞，那些偃蹇，那些阴晴圆缺，

兴尽悲来，因此，你很难进入先生的内心；此处仍旧用得着先生的口头语：“个中滋味，实不足为外人道也。”

在一种否极泰来的机遇中，先生把握住了晚年，六十七岁，开始学问征途的马拉松。他不锻炼，——嗨，他怎么就不锻炼呢？难道他不知道生命在于运动吗？当然知道。只是他对运动，别有一种斤斤计较。在先生看来，假设每天拿出一小时锻炼，它的直接效果，就是延长生命一小时，付出一小时，收获一小时，两两相加，不过收支相抵，没赚没赔；何况，付出一小时锻炼，未必就能增加等量的生命呢。与其如此，还不如省下锻炼的时间，直接用于做事。先生这观点，科学不科学，正确不正确，姑且勿论，其分秒必争、日夜兼程的紧迫，值得为之浩叹！他也不食补药，——古人云：“服食求神仙，多为药所误。”他认为这话点出了要害。不服食，不求神，那么，他靠什么呢？在先生，完全靠一种高速运转的意志，支持着生命的车轮，疾疾疾疾地向前飞驶。

陶潜适时出现了，在八十岁的高龄。陶潜的价值，不在于他的闲逸：“采菊东篱下，悠然见南山”，而在于他的通达：“老少同一死，贤愚无复数。日醉或能忘，将非促龄具！立善常所欣，谁当为汝誉？甚念伤吾生，正宜委运去。纵浪大化中，不喜亦不惧。应尽便须尽，无复独多虑。”是啊，先生想，人生不过区区百年，多考虑也无用，索性埋头做事，有一分热，发一分光，“小车不倒尽管推”。

陶潜身后，走来了苏轼。这是旧友重逢，重逢在人生更高的台阶。比起五柳先生，东坡居士的胸襟更为开阔，心态更为从容。林语堂的《苏东坡传》，在序言中有如下之评价：“他太伟大，有资格待人温文和蔼。他单纯真挚，向来不喜欢装腔作态。他活在纠纷迭起的时代，难免变成政治风暴中的海燕、昏庸自私官僚的敌人、反抗压迫人民的斗士。一任一任的皇帝私下都崇拜他，一任一任的太后都成为他的朋友。难怪他快快活活，无忧无惧，像旋风般活过一辈子。”我们也可以说，像先生这样的大文人，走着走着与苏轼走到了一起，既是一种宿缘，也是一种必然。在经历了人生的狂风暴雨、七灾八难之后，先生学会了宠辱不惊、澹然无虑、超然自适，像苏子那样快快活活地拥抱生活，无忧无惧地迎接命运。

试上高峰窥皓月，
偶开天眼觑红尘。

——王国维

（五七）可爱而又可敬的老顽固

先生总是忙，忙，忙，忙得无暇生病，也不敢生病，但病可不管你有暇无暇，有畏无畏，到底不请自来。2001 年 11 月 12 日，先生尿血，入 301 医院急诊。平时，先生最不爱去的就是医院，想到他的诸多好友：赵朴初、周培源、胡乔木、吴组缃，一个个都是从医院“走”的，心头就溢满伤感。谢天谢地，这次只住了半个来月，就打道回衙。然而，先生终归耄矣，耋矣，白发萧疏，老迈龙钟——不病谁病？2002 年 7 月，先生又因皮肤疾患，第二次入住 301 医院。9 月 25 日，我去医院探望。病房在一楼，单间，室内有写字台，上面摊着刚开了头的文稿。其助手说：“医院有规矩，不准过多地看书写作，先生就和医生捉迷藏，他每天仍是四点起床，伏案工作，待到日上三竿，医生来查房，他已干了几个小时的活，佯装休息了。”先生在一旁撇嘴说：“不让我工作，活着干什么？”

就在这次会见中，先生反复“闹”着要出院。他说：“我没事了，你们看我顶好的，待在这儿干什么？”屈指算来，先生第二次入院，已经四十天，人老了，也没啥大毛病，主要器官老化，免疫功能低下，往往扶得东来，又倒了西。亏得平素很少服药，基本药到病除。适逢国庆，举国放七天假，先生觉得待在医院憋气，“吵”着要回家。提醒他家里访客太多，不利于静养。先生说：“我又不是什么了不得的人物，人家大老远地跑来，怎能避而不见?”结果，医务人员磋商，让先生回家几天，试住，暂不办出院手续。这也算是让一步，特事特办吧。先生回到家里，沙发没捂热，没来由地，突然发烧，一量体温，39 摄氏度多。吃药打针，皆无效。勉强拖到第三天凌晨，校方看不是事，赶紧动用救护车，再次把先生送回 301 医院。

昏昏沉沉地，先生一连睡了几天，既醒，连医师、助手也不认识了；也许是还没有醒来。这在先生，算得一场名副其实的大病。从此他很是乖觉，老老实实，循规蹈矩，安心治疗。如是过了个把两个月，体征恢复正常，先生心动，又闹着回家。院方经过反复观察，确认病情稳定，无大妨碍，遂于 12 月 30 日，批准他出院。先生回到朗润园，回到熟悉的氛围，自由的空气，顿觉天高地阔，心花怒放，提笔写了一篇散文，题目就叫《回家》，旨在告诉关心他的朋友和读者：谢谢大家的厚爱，我季羡林已经完全康复啦。你们看，我不仅平安出院，还能同从前一样写文章。

先生高兴，吾辈自然更高兴。2003 年元月 20 日下午，我与海平前往季府探望。先生正在午睡，我俩在室外等。无事，趁便把房间扫描了一下。先生住的这单元，序号 201。进门，南面一间为卧室兼书房，先生自用；北面一间为次卧，室内有一床、一桌、两排书架，架上插满资料盒，分别标明“国学研究”“学术界”“古籍整理出版情况简报”“现代传播”“百科知识”“延边大学学报”等，地下码了很多资料，一律用礼品袋包装整齐，桌上摊开一本杂志——《人世间》，以及“季羡林藏书票”，窗台搁着先生和不知名的小女孩的合影，三帧。西面一间较大的房间，十四五平方米，辟为客厅，这是整个居室的亮点，北大百年校庆期间，为了接待中央要客，由学校出面，特意装修了的。醒目的是一对大沙发，拆为两组，摆在东西两侧，背景是由琳琅的古籍砌成的书墙，据说是《四库全书》（先生曾担任“四库全书存目丛书”的总编纂），内容十分繁富，我不懂那书目，吃不准，随手抄了几部书名，如：《二十四史》《全唐文》《周礼》《毛诗》《铭典释文》《晏子春秋》《通鉴纪事》《水经注》《白氏长庆集》《丹渊集》《欧阳文忠公文集》《临川文集》《春秋繁露》《说文解字系传》等。主墙上挂着先生的绘像，范曾手笔。另有多幅照片，都是名家所摄，比如《先生与猫》《先生在林下》《先生在荷池畔》。案头、地板搁着多盆花卉，有杜鹃、蝴蝶兰、富贵竹、巴西木、剑兰。再就是一尊木刻的观音像。

等了许久，先生仍未起床。我又请其助手开了东边的单元：202。入内，堪谓插架盈室，书籍盈架。北侧的小间，占据显赫地位的是《大藏经》，刷刷的一排，数数，足足一百卷，东窗摆着一张书桌，案头置一小型鱼缸，中间摊着影印本的《清华园日记》。折身，门厅为日文、梵文经典，语言学类书，以及欧洲史、中亚东亚史、世界史。主室，是名副其实的书城，插架顶天立地，拿高层的书，得借用凳子或梯子。由于久闭未用，灰尘寂寞着，寂寞浮游着，嗅嗅，连书香也些微减色。未遑细看，记得有《二十六史大辞典》《百科全书》《甲骨学通论》《西方美学》《亚非研究》《中西交通史》《敦煌艺术》《基督教会史》等。与主室相连的阳台，也改造成了小书房，书案搁着文房四宝、《德国古典美学》，另有一玉雕，造型为“马到成功”；从窗口望出去，有一小园，园内有树，是玉兰吧，我在春天见过她的香葩；远处是一弯湖岸。朝南的一间，当中一张巡洋舰似的旧式大书案，地面敷以绒毯，壁上悬以佛像，窗台缀以盆景，后墙，也就是北墙了，挺立着护航使者般的书橱，这儿，想必是先生写作的主阵地，门后贴着一张纸条，为先生手书：“不得随便从室内拿走一切书籍！”

先生醒来了，身子虚弱，就在卧室待客。说到我俩刚才的参观，他说，大部分书籍都已打包，送给北大图书馆了，你们看到的是残余。每次与先生会见，哪怕只是一面，匆匆数语，躬身而退，都会感到桑拿浴后的轻松，精神的桑拿；在这个时代，先生这儿绝对是一方净土。有人曾问我："每次与季老见面，都谈些什么?"这个么，说实在的，也没什么高深的话题，不过是一般家常话。因为吾辈之去，多数是礼节性的，探望探望而已；偶有请教，也只是三言两语，点到为止。至于先生晚来引发满城风雨的那些宏论，如"21 世纪：东方文化的时代""西方不亮，东方亮""三十年河东，三十年河西"之类，在论战开始时，我并不关注。若问我的观点？假如我赞成，就变为附和——附和老师的观点有什么意思？我这人脾性倔，最不擅长的就是附和。假使观点不一致，倒有得说，可惜不是体现在这几个问题上——接我前边的话说，即使到了尘埃似乎落地的今天，我对那样的争论，依然不关注。"是否谈散文?"有人又问。——也不谈。散文是灵性的东西，一切都已表现在文字上，多谈也俗。那么，见了面，总得唠点什么吧？当然。譬如这次拜望，打的旗号是将回苏北老家过春节，提前给先生拜年。既是拜年，就得说点拜年的话。谈话中，不知扯动哪一根筋，忽然说送先生一卦。什么卦呢？时近农历羊年新岁，报刊上一片"三羊开泰""三阳开泰"的热闹声，我从桌上拿起一张报纸，入眼就瞅见这四字，于是说，就送您这"三阳开泰"。这当然是玩笑，三阳开泰本身就是《易经》排出的吉卦，还用卜么。先生却很认真，他一边解释其出处，一边让我帮他翻《辞源》。翻出来了，字很小，我没戴眼镜，看不清。先生不用看，却已把大致内容说出。海平年轻，眼睛尖，她接过《辞源》，看罢，直咋舌。事后跟我说，老爷子说的一点不差，他的记性可真好。

又说起编辑校对。先生作文，用的是钢笔，字迹相当工整，但对于某些毛躁编辑，终归不如打印的明白。因此，经常闹出一些笑话。比如年前出的这几本书，把"予生也晚"，错成"子生也晚"，把"名者，实之宾也"错成"名者，实之宪也"，把"旧雨新交"，错成"四雨新交"，把"大块载我以形"，错成"大丈夫载我以形"，把"迅雷震于顶”，错成“迟雷震于顶”，把“石破天惊逗秋雨”，错成“石破天惊近秋雨”，把“叫”，错成“叶”，等等，等等，这是很令先生懊恼的。其实这等低级错误，校对只要粗通文字，就能检出。唉，先生无奈地叹了一口气，说：“这样误人子弟的书，还不如不出！”

先生毕竟上了年纪，文章难免出现笔误，或疏漏，助手们就劝他在发表之前，找个人看看稿，把把关。先生不干，他说：“把什么关？文章经别人改动，算他的，还是我的？我情愿自己慢慢改，错了也是我的。”先生曾为拒用电脑的事，对我说：“老年人有些顽固是正常的。”有人便拿了这句话，攻击先生是老顽固。我这里倒要补一句：“可爱而又可敬的老顽固！”

告别季老，出门，我和海平在房外徘徊了一会。东侧，是一溜土山，约三十来米，丛生着杂树，冬天大半落叶，萧索索的，看不出风景。西侧，也是土山，蜿蜒而去，一眼看不到头，松柏交翠，竹苍成林，寒风中别有蓊蔚，山脚是幽径，随山形而曲折，径旁是串联后湖与红湖的清溪。先生写过一篇《幽径悲剧》，说：“这一条幽径却是大大有名的。记得在五十年代，我在故宫的一个城楼上，参观过一个有关《红楼梦》的展览。我看到由几幅山水画组成的组画，画的就是这一条路。足证这一条路是同这一部伟大的作品有某一些联系的。”在幽径的一处，曾有一棵古藤萝。它比校园其他的几棵同类更具特色。先生说：“它既无棚，也无架，而是让自己的枝条攀附在邻近的几棵大树的干和枝上，盘曲而上，大有直上青云之概。因此，从下面看，除了一段苍黑古劲像苍龙般的粗干外，根本看不出是一株藤萝。每到春天，我走在树下，眼前无藤萝，心中也无藤萝。然而一股幽香蓦地闯入鼻官，嗡嗡的蜜蜂声也袭入耳内，抬头一看，在一团团的绿叶中——根本分不清哪是藤萝叶，哪是其他树的叶子——隐约看到一朵朵紫红色的花，颇有万绿丛中一点红的意味。直到此时，我才清晰地意识到这一棵古藤的存在，顾而乐之了。”然而，这棵神奇的古藤萝，躲开了“文化大革命”的浩劫，却没能躲过愚氓的摧残。1992 年的春天，先生走过长着这棵古藤的地方，他的眼前一闪，吓了一大跳："古藤那一段原来凌空的虬干，忽然成了吊死鬼，下面被人砍断，只留上段悬在空中，在风中摇曳。再抬头向上看，藤萝初绽出来的一些淡紫的成串的花朵，还在绿叶丛中微笑。它们还没有来得及知道，自己赖以生存的根干已经被砍断，脱离了地面，再没有水分供它们生存了。它们仿佛成了失掉了母亲的孤儿，不久就会微笑不下去，连痛哭也没有地方了。"先生又说："我是一个没有出息的人。我的感情太多，总是供过于求，经常为一些小动物、小花草惹起万斛闲愁。真正的伟人们是决不会这样的。反过来说，如果他们像我这样的话，也决不能成为伟人。我还有点自知之明，我注定是一个渺小的人，也甘于如此，我甘于为一些小猫小狗小花小草流泪叹气。这一棵古藤的灭亡在我心灵中引起的痛苦，别人是无法理解的。"

一声悠长的猫咪，把我从沉思中拉了转来。回头看，原来是先生钟爱的大白猫咪咪（不知嘉名是咪咪几世），一直尾随在我俩的身后。"桃花潭水深千尺，不及汪伦送我情"；聪明的、善解人意的小生灵啊，你可是在替主人殷勤送客？

齐白石八十五岁那年，一天上午，他连作四张条幅，中午仍不停笔墨，又坚持再画完一张。画完题词曰：“昨日大风雨，心绪不安宁，不曾作画，今朝制此补之，不教一日闲过也。”

——摘自《齐白石轶事》

（五八）视写作为串联生命本体的红线

春节后从老家归来，得知先生又住进了301医院，这是“四进宫”了。病因是心肌衰竭，经过一段治疗，已基本控制，左腿多年的骨髓炎，也经手术治愈，先生能自行站立、走路。但是，考虑到他年老体弱，且只知努力耕耘，不知珍惜呵护，院方就不再放他回家，留在康复楼做“娇客”了。

先生人在医院，心还惦着做事，在医生的指导下，对作息时间做了调整：每天六点起床，上午、下午各拿出两个小时，用于写作、阅读或会客。病房，就成了先生的卧室、书斋兼办公室。鉴于老人时间金贵，先生的一小时，相当于常人的一天、一周，吾辈没有要事，便不好意思前去打扰；偶尔前往，也是尽量缩短会面时间。病房摆有书案、书架，养有金鱼、花草，气氛一如居室之温馨；遗憾的是先生钟爱的猫咪不能进入——这毕竟是公众空间，不是私人园地啊！细心的客人，就给先生带来了布制的小狗、小猫、小松鼠，装饰起来，也是饶有生趣。

先生视写作为命根子，为串联生命本体的红线，一天的大多数时间，包括吃饭、输氧、输液，他都在酝酿，思考，然后坐到桌前，摊开稿纸，一挥而就。先生思维清晰，两个小时，写千把字没问题。住院以来，已陆续完成了十多万字，统称“病榻杂忆”。消息传出，数十家出版社前来联系，成了抢手货。先生不为所动，仍本着一贯的习惯，写了改，改了写，苟有不满意，就推倒重来。因此，截至我写这节文字（2006年6月15日），交货付梓的事，仍遥遥无期。

曾问先生：“您住院以来，只发过有限的几篇文字，像悼念巴金、臧克家，其余的，都秘不示人，这有什么说头吗？”

先生回答：“没有什么奥秘，原因很简单：住院的人，除了思想，什么都不自由。我利用的仅仅是这一点思想自由，想到哪，写到哪，无拘无束，自由自在。但若是要发表，许多地方，还有待于进一步核实。医院里没条件，只好放放再说。”过一会儿又讲：“我一直遵循‘没有新意，决不写文章’。如今这状态，基本与世隔绝，哪来那么多的新意？按照原来的要求，没有新意，就决不动笔，那就只能整天干坐着，无所事事。无所事事我可受不了，还不如拿起笔来随便画画，活动活动脑筋是主要的，发不发则是另一回事。”

先生拿起他的高倍放大镜，在眼前耀了耀，又说：“你想我整天待在医院，接触的，就是这一方小天地。或者换个说法，体验的，就是这病房的生活。反映到文章里，自然也只能是这些琐事。我这人决不隐瞒观点，总是有话直说，好就是好，孬就是孬。如果现在拿出去，无论说好说孬，恐怕都不适宜。你说是不是？”

噢，原来如此。

“能不能给我看一看呢？”我希望。

“不能。”没有商量余地。

设法旁敲侧击，打探写作的内容。

先生松了口，他说：“我以前写过《论包装》，最近写了一篇《再论包装》。”

噢，《论包装》，我是看过的。先生对一般包装，并不排斥，商业社会，包装大行其道，也是市场的选择。但有些包装愈来愈变本加厉，匪夷所思。先生写道：“外面盒子，或木，或纸，或金属，往往极大。装扮得五彩缤纷，璀璨耀目。摆在货架上时，是庞然大物；提在手中或放在车中，更是运转不灵，左提，右提；横摆，竖摆，都煞费周折。及至拿到或运到家中，打开时也是煞费周折。在庞然大物中，左找，右找，找不到商品究在何处。很希望发现一张纸条上面写着：此处距商品尚有十公里！庶不致使我失去寻找的信心。据我粗略的统计，有的商品在大包装中仅占空间十分之一、二十分之一，甚至五十分之一。我想到那个鸡和鸡毛的故事，我不禁要问：我们使用的是商品，还是包装？而负担那些庞大的包装费用的，羊毛出在羊身上，还是我们这些顾客，而华美绝伦的包装，商品取出后，不过是一堆垃圾。”说得好。哪个消费者不是经常面对大量这种商业垃圾？先生忍不住质疑：“人类是变得越来越精呢？还是越来越蠢？”

这篇《再论包装》，先生说，也是有感而发：有人送来一个礼品盒，看上去，又大又漂亮；提在手里，重实实，沉甸甸。折腾了半天，打开，里边嵌着六个小盒。再打开小盒，揭去层层包裹，露出一版胶囊。数一数，12 粒。就是说，六个小盒，六版胶囊，总共 72 粒。这么一丁点儿玩意，一个小瓶子足够装了，硬要动用这么多的材料，渲染得像包藏释迦牟尼的真身舍利似的，值当吗？有人说这是从国外学来的，是新潮。我说这是洋垃圾，是浪费，也是犯罪。

毛泽东说：“贪污和浪费是极大的犯罪。”国人承认贪污是犯罪，但对于浪费，就上不去这么高的纲了。先生说起浪费，可谓感慨弥深。他说，最大的浪费，还不是物品，是人才。先生当北大副校长，兼南亚所所长期间，对人才，以及培养人才的机会，是倍加珍惜的。举个小例子：那时先生主管外事，对于申请出国进修，只要条件符合，一律放行。先生认为，研究国外的问题，到国外去实地学习、体验，是天经地义。人放得多了，就超出上级主管部门制定的额度，有了滥用职权之嫌，上边不停地打招呼，要他煞车。先生我行我素，不予理睬。上头急了，派人当面责问。先生理直气壮地回答："制度是人定的，是为教育事业服务的，你那制度不适应形势，就要改！"唉，先生如今老了，离开岗位，也就管不了那些事啦。但他对身边的小事，能管的，还是要管。就说这水吧：先生每晚洗脚，不让用肥皂，为的是洗脚水，再用于养鱼。从鱼缸换出的水，又用于浇花。护工们年轻，她们对节约没有深刻的概念，用起水来，大手大脚，譬如洗澡，龙头一拧，哗哗直淌。先生听着心疼，经常向她们提出告诫。再说这灯光：按医院规定，夜里房间要留灯，先生认为既然不关门，走廊的灯光已经够亮，房间就不必再留，留则是浪费。

诸如此类，不一而足。有护工在背后嘀咕，说先生管起事来，比医院的院长还院长！

先生视浪费为犯罪，但说到眼下国人深恶痛绝的腐败，却表现出一种深思熟虑后的淡定。先生说："从一个封闭的半封建半殖民地的国家走向开放，有些腐败，是正常的；要没有，倒令人奇怪了。问题不在于腐败本身，而在于我们怎样去遏制，让社会逐步走上正轨。积弊是一点一点沉淀的，根除它，也需要花相当长的时间。一锹不能挖出一口井，得一步一步来。"先生相信："既然小米加步枪能拿下江山，只要措施对头，也一定能铲除腐败。"

我试探着问："这看法您有没有写成文章？"

先生笑而不答。

看来，关注先生病榻写作的读者，只有耐心等到先生自我解禁，公开发表的那一天了。

我想以章太炎划界，他同他的老师俞曲园代表了两个时代。章太炎是不可超越的，王国维是不可超越的，陈寅恪是不可超越的，汤用彤同样是不可超越的。

——季羡林

（五九）一个平凡的人，也是一个大有人格魅力的人

晚近，先生的头衔，除了教育家、文学家、社会活动家，通常还有一项“国学大师”。为此，有人在报上陈辞，认为“季羡林的专业是佛学和梵文研究，算不上国学大师”。有人又撰文反驳，认为“传统国学的许多重大领域季羡林都涉及了，绝对称得上是国学大师”。2006 年 5 月，中央电视台的同志拍摄季老的专题，拿我做陪衬，其间，就提到了这段公案，问我怎么看。卑之无甚高论，窃以为，这事不值得争辩，在东西融会、环球一村的 21 世纪的今天，国学大师也者，既不应是一味钻故纸堆的冬烘先生，也无所谓荣辱褒贬。要我说，季羡林就是季羡林，他是一个平凡的人，也是一个大有人格魅力的人。他的平凡，即如他所说，只是一个教书匠，至多再加一个写家；他的大有人格魅力，就在于亦儒亦释亦道，而又非儒非释非道，从心所欲，脱略形迹，无法取替，不可超越。这后八个字，是我自己加的，先生若听到，也一定不赞

成。2005年，胡光利、梁志刚两位学兄出版《此情犹思——季羡林回忆录》，在前言中曾写上“国学大师”“国宝级学者”“北大惟一终身教授”等词，先生阅后，坚决要求删去。先生说：“真正的大师是王国维、陈寅恪、吴宓，我算什么大师？我生得晚，不能望大师们的项背，不过是个杂家，一个杂牌军而已，不过生得晚些，活的时间长些罢了。”

同是2005年，第十九届世界诗人大会在我国山东泰安召开。会上，季羡林、高占祥、李国彝三位被评为世界桂冠诗人。这又是一顶高帽。组织者的心思，咱不去猜测，高占祥、李国彝二位的成就，咱也不去评估，且说季先生。先生在中学时，曾有“诗人”外号，说明他是喜欢诗的，是有这方面的素养的，但他一生发表之诗，据在下所知，不会超过十首。先生著作等身，忝列作家之林，还自谦是票友。以不到十首诗的数量，荣膺世界桂冠诗人称号，他老人家肯定会感到惶恐。我没有猜错，一次见面中，先生说了创作经过。先生讲：“原本是泰安地区来人，说请我写一首诗，关于泰山的。我自幼景仰泰山，至今初衷不改，兴致一上，就动笔了。7月29日（2005年），温总理来，来得特早，我桌上摊着稿纸，没有收拾。总理问我最近在写什么，我说在写关于泰山的诗，并且念了开头几句。以后新华社就做了报道。再以后，你们都知道了的，我季某人忽然就成了桂冠诗人。”说到这儿，先生转为“难得糊涂”，他说：“桂冠诗人不是随便戴的哦，他们这么做，只能使我脸红。”

“中国牌”的荣誉有它本土特色的游戏规律：在你需要的时候，它总是千推万阻，避而不见；在你不需要的时候，它却是不邀自来，蜂拥而至。——算了，撇开这些背后的玄机不谈，话题还是回到季先生。笔者觉得，仅就九十四岁的老人，依然拥有这般创作活力，《泰山颂》就值得一读；在这一点上，先生完全用不着脸红。《泰山颂》先生写了两稿，迄今未定，打算继续修改，笔者择其未定稿之一，录在这里，读者不妨自行判断：

巍巍岱宗，众山之巅。雄踞神州，上接九天。吞吐日月，呼吸云烟。阴阳变幻，气象万千。兴云化雨，泽被禹甸。齐青未了，养育黎元。鲁青未了，春满人间。星换斗移，河清海晏。人和政通，上下相安。风起水涌，处处新颜。暮春三月，杂花满山。十月深秋，层林红染。伊甸桃源，谁堪比肩。登高望岳，壮思绵绵。国之魂魄，民之肝胆。屹立东方，亿万斯年。

泱泱中华，特点是人多，人多思想杂，俗话说“林子大了，什么鸟儿都有”，许多议论，是颇为滑稽的。譬如有人转给我一篇文章，是从网上下载的，讽刺季老是官迷，理由是从杨绛的《我们仨》推测，那个想当中国社科院副院长，而最终没有当成的，估计就是季羡林。嘻嘻，胡为乎来哉?！熟悉季老的人都知道，他对官场，一向敬而远之，了无兴趣。证以笔者的目睹：那还是20世纪90年代，一天，有老友自城内来，落座，喝茶。老友说起近来见了哪些哪些高官，禁不住眉飞色舞，唾星四溅。先生干坐一旁，默然无语。待老友走后，只幽幽地说了一句：“他还很得意。”这一句就表明了先生的心迹。即以中国社科院副院长一职来说，倒的确有这么一回事：“文革”后，某要员曾建议先生出任此职。先生么，婉拒了。而后，北大让他当副校长，他倒是痛快地应承。为此，有人曾当面讶怪：“为什么放着副部级的职位不要，却要这个副局级呢?”先生说：“什么级别，我脑子里没想过这个！”——他想的，就是当他的教书匠。

先生自称是一个杂家。这杂，也是一种优势。我曾拆过一个汉字：“尖”。“尖”就是脱颖而出，出类拔萃；而怎样才能做到“尖”呢？我们看，“尖”字下面是一个“大”，说明基础要广博雄厚。这杂，就是广博雄厚的一个要义。有了这个庞大的杂做基础，再小小的一专，就成了“尖”。以先生为例，他学贯中西，兼容百家，在此层次上，他每作一文，每发一语，都往往有新意。譬如他那篇《我们要奉行“送去主义”》，本来是为他人的一册文集捧场，却小题大做，把寻常赞语升华成警世的黄钟大吕。他说：“屈指算来，西方以及世界其他国家已经从中华民族优秀文化中拿走了不少优秀的精华，他们学习了、应用了，收到了效果，获得了利益。但是，仍然有许多精华，他们没有拿走。比如中国传统的伦理道德，其中有糟粕，也有精华，其精华部分对世界人民处理天人关系、人与人的关系，以及个人心中感情思想中的矛盾时会有很大的助益。眼前全世界大声疾呼的环保问题实际上是西方人‘征服自然’的恶果，中国的‘天人合一’的思想，如能切实行之，必能济西方之穷。我们眼前，由于人所共知的原因，科技在某些方面确实落后于西方。但是，我们也不能说是一点创造发明都没有，一点先进的东西都没有。比如改革开放，由计划经济转入市场经济而获得成功，对世界其他国家就很有借鉴的价值。”珠玉在前，人家却不来拿，怎么办？先生说：“你不来拿，我们就送去。”送什么？“首要送去的就是汉语。‘射人先射马，擒贼先擒王。’汉语是‘王’。中华民族的优秀文化大部分保留在汉语言文字中。中华民族古代和现代的智慧，也大部分保留在汉语言文字中。中国人要想弘扬中华民族的优秀文化，外国人要想学习中华民族的优秀文化，都必须首先抓汉语。为了增强中外文化交流，为了加强中外人民的理解和友谊，我们首先必抓汉语。因此，我们要奉行送去主义，首先送出去的也必须是汉语。”再譬如，先生与他的弟子钱文忠教授谈话，仿佛很随意地说出：“现在中国有哲学家而无哲学，有哲学而无见解。”钱教授就感到很震惊，他觉得，这简单的一句，展开来，就是一篇深者不觉其浅、浅者不觉其深的大文章。

先生的杂，总归杂出了名堂。杂的建树，是长达九十余年的时光的濡染。无论清华建校九十周年纪念，还是北大建校百年纪念，他都是当然的长者、前辈。先生活得长，这是资格，是阅历；他的清华西洋文学系同班以及同级伙伴，一个个都去了国外，他却从国外又回到国内，而且生活在北大，生活在漩涡的中心，他成了若干重大事件的亲历者、见证人。什么是北大精神？鲁迅当年说：“北大是常为新的，改进的运动的先锋，要使中国向着好的，往上的道路走。虽然很中了许多暗箭，背了许多谣言，教授和学生也都逐年地有些改换了，而那向上的精神还是始终一贯，不见得弛懈。自然，偶尔也免不了有些很想勒转马头的，可是这也无伤大体，'万众一心'，原不过是书本子上的冠冕话。"先生无愧为北大精神的传人，六十年来，他一直在努力向上走。笔者认为，先生的身上有许多东西值得挖掘，只是这挖掘还有待于时间——爱因斯坦发现的这个宇宙的第四维，我们不得不承认，在"历史"中往往比在"现实"中更可把握，更具透视性、雕塑性；有一个词儿说得好："雕塑时光"！——区区在下不才，暂时还无此腕力，只能寄望于后贤，寄望于将来；有一点是确凿无疑的：烛照历史才能烛照未来；因此，挖掘先生，不啻就是挖掘华夏百年兴衰，百年悲欢。

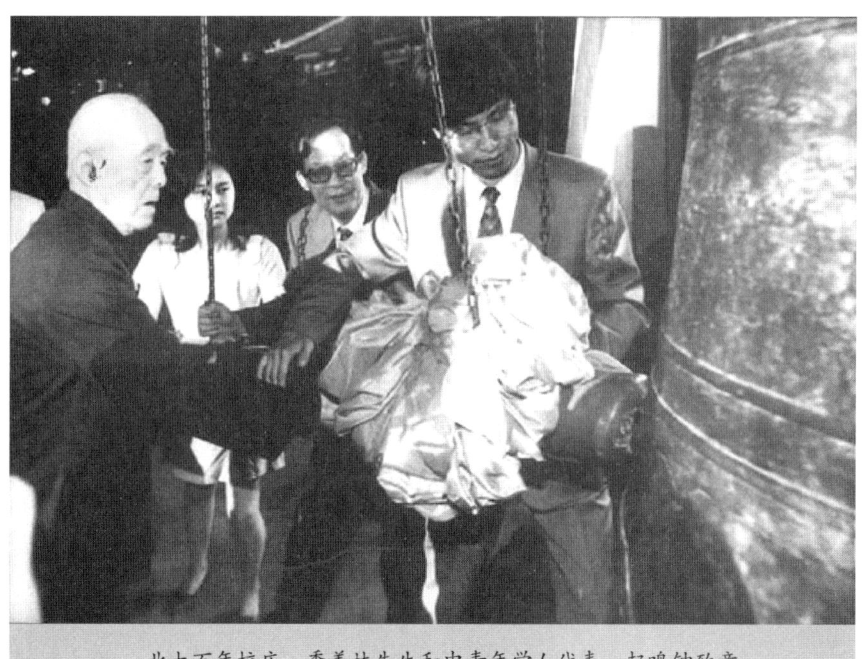

北大百年校庆，季羡林先生和中青年学人代表一起鸣钟致意

苍龙日暮还行雨，
老树春深更着花。

——顾炎武

（六〇）神完气足，宝刀未老

2006年5月14日，北大举行“东方学学科建立六十周年、季羡林教授执教六十周年暨九十五华诞”庆祝大会，笔者也列席了。不用说，会开得隆重而热烈，许多日理万机的要人名人济济一堂。会上，宣读了国务院总理温家宝、国务委员陈至立的贺信，对于老人，这是相当高的礼遇了。当日，老人缺席，只播放了他的讲话录音。第二天，我同先生见面，说起这番热闹，先生呢，完全出乎意外，一点儿也不领情。他老大不快地说：“昨天就有人来讲了。我就是一个普通的教授，搞这么大的场合干什么？还惊动了中央领导，小题大做，不值得。”

说到住院生活，先生不改往日的风趣，自称“四半老人”：半聋、半瞎、半瘸、半拐。这是无奈的事实，也是积极的自嘲。能拿自己的弱点开涮，说明他的睿智，幽默，乐观。先生还讲：你这本传记要留有余地，看样子活到一百岁没问题。冯友兰定的一百零八岁，他没有完成——我可要加油啊！

报上说，有个护士想看先生的《留德十年》，先生就一下子买回六百本，在医院大范围地签名赠书。我问有没有这回事？其助手答话：

有。不止六百本了，加上《故乡明月》《季羡林论中印文化交流》《沧桑岁月》《季羡林学术精粹》等，总有九百多本了吧。

这么多的书，得花多少钞票啊？即使每本十块，也要九千多块啊！话题自然转移到钱，这是当今的大时髦，国人仿佛穷得只认得钱，或者是富得只剩下钱。先生也是俗人，当然体会钱之重要，有钱能走遍天下，没钱便寸步难行。1997 年，先生在《漫谈消费》一文中自供："我决非守财奴，但是一见汇款单，则心花怒放。爬格子的劲头更加昂扬起来。"然而，到了一定的时候，钱又没用了，或没大用了。以先生目前的情况看，他说："我上不养老，下不养小，花不了那么多钱了。有人想看我的书，买来送给他们，不也是做件好事嘛！"

在那篇《漫谈消费》中，先生又说："我没有做过统计，不知道每月究竟能收到多少钱。反正，对每月手中仅留三百元钱的我来说，从来没有感到拮据，反而能大把大把地送给别人或者家乡的学校。"我知道先生资助过很多人，在朗润园住着的时候，只要有人来求，先生从不让对方空手而归，但先生决不公布姓名，他对有人企图挖掘这方面的材料，很为反感，说：为什么总要千方百计地表扬呢？为什么还要特别强调是季羡林赞助的呢？

先生在 2000 年写过一篇《老年十忌》，其中之一，就是忌"说话太多"。他编了四句词，奉送给老人：年老之人，血气已衰；煞车失灵，戒之在说。那么，先生本人有没有这方面的毛病呢？依我看，讲话中不多见。以这次祝寿会上的录音讲话为例，开头说："今天，非常感激为我这个工作能力已经减低的老头子举行这样的大会"，简单一句，别开生面，而风趣、境界齐出。中间说："和谐是我们中华民族传统文化精髓。'礼之用，和为贵，先王之道，斯为美'。和，是我们中华民族的精髓，而且现在世界所需要的也是和谐。最近一个时代以来，我们领导，我们下边的群众，可以说是人和政通，海晏河清，灵犀一点，上下相通。"堪谓提纲挈领，文思泉涌，妙语如珠。结尾则说："像中国这个十三亿人口的大国，腾飞是非常不容易的一件事，因为外国认为，一个国家要腾飞，必然要损人利己。可是我们中国的腾飞，单单不损人，利己也不损人，这是我们的特点。现在（我们）正在腾飞中，没有哪一个人有力量能阻止（中国）腾飞，谁也办不到，上帝也不行。”先生讲话，慢条斯理，嗓音略显沙哑，并无金石声，但一句是一句，环环相扣，严丝合缝，滴水不漏。听罢先生即席发挥的人，都会觉得他神完气足，宝刀未老。

先生的文章，偶尔会出现唠叨，表现在同一件事，这篇说了，那篇又说，而且叙述的角度、词语雷同。单读其中的一篇，没什么，碰巧几篇一块儿读，就有点“那个”了。不过，还不算严重；这个世界哪还有决不重复的作家呢？尤其是老作家！先生对重复出书，非常不满，他曾模拟读者的口吻，自嘲：“季老，您是缺钱花吗？您要是缺钱花，就言一声，我们出面帮您募捐；拜托您，那些重复来重复去的书，就不要出了吧！”先生解释：“现在出我的那些书，搁在架上，十本十个名，打开看看，内容都差不多。读者买去，能不喊上当？能不埋怨？这样的选本出多了，是对读者的愚弄，是不道德的行为。本本还都给我稿费，我拿那钱，心里难受。”先生曾在散文集《人生小品》的序中打招呼：“倘若你们发现本书中同其他的书重复过多，那么你们最好不买。”这就有点像美国佬那样，在香烟盒上郑重其事地标明 dangerous（危险），已然可笑，又复可悲！唉唉，如今先生的名头和文稿成了出版商的唐僧肉，市场已搅成一锅粥，先生纵然有心阻止，也是无力回天了。

还有挂名主编、顾问等事，在此顺便一提。早先的情况笔者不了解，单说这五六年：有些，是先生点了头的；有些，先生压根闻所未闻。说点笔者的亲身感受：有熟人打电话来，说要请季老领衔什么什么活动，让我跟季老打个招呼。我说你得写个材料，说清原委，我才好交给季老，听他的态度。我左等右等，就是不见材料来，以为这事拉倒了，谁知，嘿！人家那里早把季老的大名挂上了！——你说季老能负什么责任？你说老爷子又能怎么办？这世道啊！

《老年十忌》之三，是忌思想僵化。先生现身说法：“我留德十年，当然是穿西装的。解放以后，我仍然有时着西装。可是改革开放以来，不知从哪吹来了一股风，一夜之间，西装遍神州大地矣。我并不反对穿西装；但我不承认西装就是现代化的标志，而且打着领带锄地，我也觉得滑稽可笑。于是我自己就‘僵化’起来，从此再不着西装，国内国外，大小典礼，我一律蓝色卡其布中山装一袭，以不变应万变矣。”客观说，这其实不是僵化，是先生拒绝跟风，我行我素，特立独行。

先生不悔少作，坚持原汁原味，一字不改。《季羡林全集》收录的八百多万文字，都是发表时什么样，现在就什么样。有些文字，像《清华园日记》，纯属个人“隐私”，里边有许多话，是不适宜公开的，现在既然准备出版，变为公众读物，好心人曾建议“整理整理”，以维护“正面形象”。先生一口拒绝，他说，一整理，就有改动，就不是历史的真实，对读者，对后人，无疑是一种欺骗。

吾辈已习惯许多前辈大家的“苦心孤诣”：根据变化了的形势，频繁修改旧作，一版再版，版版面目全非。从肯定的角度来说，是追求进步，不断修正、完善自己；从批评的角度来说，则是文过饰非，篡改历史。季先生是治历史的，他的“一字不改”，折射的是傲岸而童贞的人格。

这使我想起卢梭的名言。卢梭在《忏悔录》的开篇说：“不管末日审判的号角什么时候吹响，我都敢拿着这本书走到至高无上的审判者面前，果敢地大声说：‘请看，这就是我所做的，这就是我所想的，我当时就是那样的人。’”也有人说卢梭本人其实并没有做到，他是有伪饰的，不管如何，季先生是做到了，他是言出行随、表里澄澈的达者，智者。

而对我来说，每次会见到季羡林，都宛若一次登临，总觉得云生胸次，有无法言说的高旷而清新的感受。

——范曾

(六一) 医院门外，访客如云

这当然属于文学的夸张；但到医院访问先生的人，总得耐着性子，在李老师的日程表上待命，有时一待就是十天半月，甚至更长。

笔者深有感慨。且说2005年夏初，宜兴文联的徐风先生来京，假楚云楼飨客，酒酣耳热，蓦地说起想给季老暖寿。或问：打算怎么做?答：季老生于1911年，已届九十四高寿，请老人家吃饭，送老人家鲜花，不如送一把有纪念价值的紫砂壶。宜兴是闻名中外的陶都，徐君显系有备而来。对于他的提议，众人皆大欢喜地赞成，话题于是围绕“纪念价值”展开。末了达成共识：壶名为“光风霁月”，紧扣季老的学风、文风、人品，文字部分，请在座的书法大家刘宝柱先生挥毫；制作，则由徐风做主，另请高明。徐风后来请出顾绍培，他的挚友，也是享誉遐迩的紫砂壶大师。这是命题作壶了。绍培先生不负众望，以黄山不老松的铁干虬枝为韵，及时而圆满地捧出佳作。

剩下的，便为安排与季老见面。季老的生日是8月初，从那时算起，不停地往后推，一直推到10月18日，即巴金先生逝世的次日，才如愿以偿。此处所以特意点出巴老的忌辰，是因为跟季老见面时，他老人家正伏案撰写悼文，钢笔小楷，正襟危坐，一丝不苟。

曾问季老："都有哪些人到医院来过?"季老似乎没听清，此问题由其助手代为解答。她说："人可多了。大体上有这几个方面：中央和北京市的官员，学校的领导、同事、学生，天南地北的文化人和仰慕者。医院的门卡得严，要不，来的人还多。有人就是为了见季老一面，到了病房门口，三鞠躬而退，一句话也没讲，连个名字也没留下。"

想起从前的两件逸事。一天，先生走出朗润园的家门，没多远，碰上一位驾驶白色轿车的年轻人。对方问明先生去处，执意要相送一程。先生说路不是太远，锻炼锻炼也好，坚持继续步行。先生在前面走，听得后面轿车掉头，为了让它尽快通过，便一直贴着路边。走啊，走啊，走了五六十米，不听喇叭响，也不见轿车从旁擦过。心下奇怪，回头一看，原来轿车放慢速度，老远地尾随。先生便停下来，摆手让轿车先走。轿车也停下来，示意不敢僭越。就这样，先生在前面走，轿车在后面跟。直到出了朗润园，来到一处岔路，年轻人才轻轻按了一下喇叭，向先生致意，然后拐上另一条道飞驰而去。

又一天——这是有明确记载的：1998年9月25日，清晨，一伙男男女女的大孩子，在先生门外徘徊。他们是这一届的新生，久仰季老大名，未等正式上课，甚至未等这一天的霞光染红燕园，就迫不及待地跑来拜谒长者。来了，才想起季老有个习惯，每天四点起床写作，日上三竿方歇，这是先生一天的黄金时段，谁也不忍心上前打扰。那怎么办?既然来了，总不能毫无表示地回去吧。有人便以树枝为笔，在窗外花圃的泥地上留言："来访。九八级日语。"写罢，意犹未尽，又在湖边的湿土上大书："季老好！九八级日语。"

转而想起季老对自己的照拂。20世纪90年代末，季老给我联系过四位大家：邓广铭、汤一介、张学书、范曾。先说邓老，事情由金克木先生引起。一次与之交谈，金老说：“我建议你去找一个人，邓广铭。”我请金老引荐，他说：“你是怎么找我的，就怎样找他好了。他九十岁了，又有病，我不能介绍。”说得也在理。于是转请季先生，先生不假思索，当场写了一张便条，说明我的身份，请邓老予以接待。我拿到条子，沉甸甸的，觉得压手。因为邓老是历史大家，又值如此高龄，对这样的长者，不宜仓促采访，得先找他的书读，做足案头工作。孰料，就在这七找八找、七做八做的过程中，邓老走完了他生命的最后一程，羽化而登仙了。虽然和邓老缘悭一面，但季先生的盛意，在下终生不忘。

接着说汤一介先生，知道他是哲学家，那还是“文革”前，在北大读书时的事，知道他是汤用彤校长的公子，中国文化书院院长，乐黛云女士的丈夫，则是在季老介绍之后。夫妇俩，一个搞哲学，一个搞比较文学，都是当代文化前沿的活跃人物。乐先生暂且不表，单说汤先生，他名下那些汗牛充栋的皇皇大著：《郭象与魏晋玄学》《魏晋南北朝时期的道教》《中国传统文化中的儒道释》《儒道释与内在超越问题》《在非有非无之间》《汤一介学术文化随笔》《非实非虚集》《昔不至今》《郭象》《当代学者自选文库：汤一介卷》《中国宗教的过去与现在》《佛教与中国文化》等等，对我来说，实在是难啃的果子。难啃也要啃它几口啊！这也是一种缘分。啃着，啃着，我忽然改变计划，决定暂时不予采访，且专心研读汤先生的著作，窃以为这么做，也是不负季老的一番美意。谁知，嘿嘿，这一暂时就暂时到现在。

再接着说张学书先生，倒是及时见了面，而且不止一次。张老跟我讲过季先生的一段故事，相信能为本传添彩：两家同住十三公寓，张老住楼上，季老住楼下。一天，季老晨起，到书房写作，忘了忙碌多久，忽觉腹饥，寻思到对面房间找点吃的，孰料门被反锁，打不开。老人家情急，竟翻窗而出。那窗有一人多高，八十出头的老人，身子不利索，这一跳，就崴了脚。张老听见呻唤，下楼看个究竟，见是季先生，问明缘由，责怪说：“你要出来，给我打个电话，我下楼给你开门，不就行了吗？”季老说：“这么早，怕你没有起床，不便打扰。”改天在郊区有一个活动，大家看老先生伤得厉害，劝他不要去。季老说：“答应人家的事，不能失信。”结果，还是忍着痛一拐一拐地去了。张老感慨：“你看，季先生不管什么时候，总是先替别人着想。”后来，也是不久，承张老雅爱，我加入了他麾下的一个学会——仅是虚担其名，未务其实，说来有愧。

最后说到范曾先生，也是见了面，其时恰好读到他写季老的一篇散文《彼美一人》，通篇典雅勃郁，啸吟跌宕，在众多描绘季老的文章中，属上乘之作。季老显然也推许范公的丹青，朗润园寓所的客厅，301 医院的病房，挂的都是范公手绘的《彼美一人》。季先生还曾为范公《庄子显灵记》作序，其中有言：“我认识范曾有一个三步曲：第一步认为他只是个画家，第二步认为他是一个国学家，第三步认为他是一个思想家。在这三个方面，他都有精湛深邃的造诣。”那天，我是偕魏强先生同谒范公，过程因与季老无关，略去，事后留下一篇速写，题曰：《大江送夏》。

一路写来，涉及先生的多位师友。先生也，阅水而成川，阅人而成世，他都有一些什么样的择人标准呢？在《佛山心影》中，他说：

> “我交了一辈子朋友，我究竟喜欢什么样的人呢？我从来没有作过总结。现在借这个机会考虑一下。我喜欢的人约略是这样的：质朴，淳厚，诚恳，平易；骨头硬，心肠软；怀真情，讲真话；不阿谀奉承，不背后议论；不人前一面，人后一面；无哗众取宠之意，有实事求是之心；不是丝毫不考虑自己的利益，而是能多为别人考虑；最重要的是能分清是非，又敢分清；从而敢于路见不平，拔刀相助，疾恶如仇；关键是一个‘真’字，是性情中人；最高水平当然是孟子说的‘富贵不能淫，贫贱不能移，威武不能屈’。我曾写过一篇短文：《我害怕天才》，现在想改一下：我不怕天才，而怕天才气，正如我不

> 怕马列主义，而怕马列主义面孔一样。古人说：‘金无足赤，人无完人’，我自己不能完全做到上面讲到的那一些境界，也不期望我的朋友们都能完全做到。但是必须有向往之心，虽不中，不远矣。简短一句话，我追求的是古人所说的‘知音’。”这是很高的高度，又是很难的难度啊！西谚云：“告诉我你的朋友是谁，我就知道你是谁。”

从先生的择友标准，不难窥识他自身的真情，真思，真美。

我现在越来越不了解自己了。我原以为自己不是多愁善感的人，内心还是比较坚强的。现在才发现，这只是一个假象，我的感情其实脆弱得很。

——季羡林

（六二）朝花夕拾，是先生的童心在笑

晚年，先生一再提到他的少作《兔子》。他说："当初写《兔子》，是怀了满腔深情的。"

先生的散文创作（严格意义上的散文），是从大四上学期开始，1933年12月8日，完成了处女作《枸杞树》，转年，也就是大四下，连续写了七篇：《黄昏》《回忆》《寂寞》《年》《兔子》《母与子》以及《红》。其中，先生本人最看好的，是《年》。写作途中，万象纷驰，思如泉涌，不择地而出，稿成掷笔，感觉棒极了！自信让郁达夫来评，也是"通篇无一败笔"。叶公超看好的也是《年》，认为他着眼的是普遍意识，比纯粹抒发个人情感的什么早晨啦黄昏啦之类的要强，鼓励他按这方向写下去。李长之的审美观有别，他不喜欢《年》，喜欢《兔子》。吴组缃也是，且称赞《兔子》感人至深，令他魄悸魂动云云。九十而后，先生的心境明显向长之和组缃靠拢，他也感觉到了《兔子》有在才华、

技巧之外，那一份明白如话而又血肉相融的大美。

《兔子》展现的是先生的童年岁月。话说六岁那年，他离开父母，托身济南，那日子，是颇有点“寻寻觅觅、冷冷清清、凄凄惨惨戚戚”的。都市的房屋高是高，挤得蓝天只剩下一条窄窄的缝，他瞅不到温柔的白云，看不到成排成阵散发着轻烟的绿树，嗅不到泥土的腥气，听不到鸟雀的欢鸣。终日，闹哄哄的尽是车马的喧哗，胀得人头脑发痛。即使夜深，也还有小贩的吆喝从巷尾传来，叫人心头不得安宁。他是地之子，他渴望回到乡野的怀抱。渴望而不可得，退而求其次，他想起了故乡的兔子。

小羡林把这心思跟叔父说了，说过不止一次，也没抱多大希望，知道这不是官庄，都市人家，到哪儿去弄兔子呢？如是过了几年，总之是在秋天，叔父从乡下办事回来，突然带回一笼兔子。这不正是他梦寐以求的吗！打开笼子，跑出来三只，一只大的，毛黑，像母亲，两只小的，色白，自然就是儿女了。以前在老家官庄，他曾伏在别人的洞口，窥视人家的兔子，心头总是痒痒的。如今，嘿嘿——哈！自个儿居然也拥有了小兔，而且是三只！那份狂喜，实难用语言形容。兔子买来了，搁哪儿呢？你猜吧，你无论如何也猜不到的。小羡林把兔子窝安在床底下，这样他才安心，才实在。他在文章中说，从此，“每当我坐在靠窗的一张桌子的旁边读书的时候，兔子便偷偷地从床下面踱出来，没有一点声音。我从书页上面屏息地看着它们。——先是大的一探头，又缩回去；再一探头，走出来了，一溜黑烟似的。紧随着的是两只小的，都白得像一团雪，眼睛红亮。像——我简直说不出像什么。像玛瑙么？比玛瑙还光莹。就用这小小的红亮的眼睛四面看着，走到从花盆里垂出的拂着地的草叶下面，嘴战栗似的颤动几下，停一停，走到书旁边。嘴战栗似的颤动几下，停一停，走到小凳下面。嘴战栗似的颤动几下，停一停。忽然，我觉得有软茸茸的东西靠上了我的脚了。我知道是小兔正伏在我的脚下。我忍耐着不敢动，不知怎地，腿忽然一抽。我再看时，一溜黑烟，两溜白烟，兔子都藏到床下面去。伏下身子去看，在床下面暗黑的角隅里，便只看见莹透的宝石似的一对对的眼睛了。”多么活灵活现，神乎其神，安徒生笔下的童话，可爱也不过如此的吧。

如是快乐了半个秋天，那是天堂的儿童版本，一饮一啄都是诗，一偎一依都是画。然而上帝老了，存心和儿童过不去。一天早晨，小羡林起床，俯身察看他的老朋友，忽然发现兔子少了一只，是大的。轰！他的脑袋炸开了！赶忙四下里找，屋内，屋外，犄角旮旯，搜个遍，愣是没有踪影。他怏怏回房，两只小兔儿预感到了不祥，从床底溜出来，紧偎在他的脚下。望着那可怜兮兮的小家伙，一种大枯寂大悲恸攫住了他的心，禁不住哀从中来。他后来写道：“我哭了，我是很早就离开母亲的，我时常想到她。我感到凄凉和寂寞。看来这两个小兔子也同我一样地感到凄凉和寂寞吧。我没地方倾诉，除非在梦里，小兔子又向哪里，而且又怎样倾诉呢？——我又哭了。”

起初，小羡林还抱着一丝幻想，幻想大兔子突然从哪儿冒出来。一天过去了，两天过去了，奇迹没有出现，幻想宣告破灭。他一下子长大了许多，也成熟了许多，竭力把满腔的怜悯，转化成爱，倾注到两只小兔儿身上，以弥补它们丧母的空虚。然而，这哪里是可能的呢？这哪里是可能的呢?！眼看它们时不时地迷茫，眼看它们一天天地消瘦，兔儿和人一样，也是恋母的啊！他不由又想起了自己的母亲，心头哀哀地只想哭，只想哭。这样的情况也没能延续多久，数日后，小兔又少了一只。他又是到处找，墙角，天井，树丛，巴巴地搜，低低地唤，没有，哪儿也没有。绝望袭来，莫可名状。可怜那剩下的一只小兔，夜里再也不肯睡觉，只是在屋里不停地转，它是在找它的母亲吗？它是在找它的兄弟吗？兔儿无言，唯有宝石似的大眼，噙着晶莹欲滴的泪珠。小羡林无法入眠，他的眼里，也始终含着泪水。

最后的打击到来了。剩下的那只小兔，终于也不辞而别。照例是到处找，照例又是竹篮打水一场空。对此，小羡林早有预料，他深知在这种情势下，结局会是什么。这样也好，他想，不然，孤零零的一个活在世上，形单影只，没有一丝温暖，没有一丝乐趣，这长长的一生，又怎样消磨呢？思念及此，小羡林反而不哭了，他是哭不出，泪都流到肚里去了。悲哀倏地掠过脑际，他又想到了故乡的母亲。

从那以后，小羡林告别了短暂的欢乐，又坠入无底的寂寞。那三只兔儿经常在他心头晃动，有时长夜梦回——他日后写道——“眼一花，便会看到满地历乱的影子，一溜黑烟，一溜白烟。再仔细看，有什么呢？什么也没有，只有暗淡的灯光照澈了冷寂的秋夜，外面又窸窣地响，是雨吧？冷栗，寂寞，混上了一点轻微空漠的悲哀，压住了我的心。一切都空虚。我能再做什么样的梦呢？”

这段真实的经历，不，这篇纯情哀婉的散文，也感染了笔者，以至于在叙述的过程中，突然产生一种幻觉：在兔儿宝石般的瞳仁里，闪动着季老晚年宠爱的猫咪的影子（关于他故乡临清特产的波斯猫，先生写过多少钟爱有加的散文啊）；或者说，它们其实就是“咪咪”们的前身。——对了，前些日到我先生家去，看到那只绰号“大强盗”的白猫，因为主人长期不回家，失去了依托，躺在厅里好半天不动弹，一副懒洋洋的样子。但在先生面前，我隐瞒未提，我怕——引起老先生的伤感。

2006年年初，有家出版社拟出先生的散文集，先生嘱我代为选编。我在早期的作品中，加进了一般选本不选的《兔子》，先生颇为高兴。他问我：“你晓得那几只兔儿是怎么跑的吗？”我说：“文章没有交代，我倒是疑心被什么野物，如黄鼠狼之类叼走了。”先生笑说：“你上了我散文的当了，我最初也是上了大兔子的当。它们不是放在我的床底下养吗，那时的房，墙是土墙，地是泥地，大兔子狡猾，不知不觉中，它在床里贴近墙角的地方，掘了一个小洞，成功‘越狱’，逃之夭夭。小兔子后来也发现了秘密通道，同样不辞而别。至于它们的结局，那就只有天知道了。”——先生嘿嘿一乐，但是没有发出声音；不，毋宁说是他满口的残牙在笑，是他满脸的皱纹在笑，是他的童心在笑，也是室内的空气和听众如我一起在笑。

岱宗夫如何？齐鲁青未了。
造化钟神秀，阴阳割昏晓。
荡胸生层云，决眦入归鸟。
会当凌绝顶，一览众山小。
——杜甫《望岳》

（六三）追踪觅兴，从中天门一步跃上南天门

行笔至此，本书接近尾声，决定到先生的山东老家走一遭；这念头，也许是由先生笔下的兔子引起的，也许不是，谁知道呢。反正是写完“朝花夕拾”，说动身就动身。2006 年 7 月 2 日，上午十点，我和鹏飞、海鹰驾车从北京出发，下午四点到达济南。这是先生的发蒙地，小学、中学旧址尚存，“只是朱颜改”，驱车分别绕校一周而过，未进。没有接头人，贸贸然你去找谁呢？谁又还记得七十多年前那个老成、腼腆的少年呢？

3 日上午，由济南市委统战部长，也是老友兼文士的孟宪杰先生作陪，赴临清市采风。这是先生的乡梓，早先叫清平县，后来划归临清县，再后来撤县改市，成了现在的规模。市委宣传部副部长季孟祥出面接待，他和先生同宗，按辈分，是先生的重孙。血缘这玩意儿真是奇妙，虽说不是一房，长得和先生的嫡重孙硬是有几分像。由孟祥口中得知，先生有两个亲妹（原来我只知有一个二妹），老大嫁在当地，夫家

姓董，老二嫁在济南，夫家姓常；一个堂妹（叔父的女儿），嫁给了济南一位画家，姓弥。孟宪杰先生在一旁插话："是弥菊田吧，老先生是山水画大师，在山东很有名气。"由孟祥口中还得知，他身边有季氏宗谱。这正是我求之不得的，当即留下"伊妹儿"，请他务必传给我一份。

参观季羡林资料馆，馆名为欧阳中石题写，大气而硬朗。内容属普及性的，荣耀是永久的。看罢，提出去先生的老家官庄转转，从聊城特意赶来的诸位陪同，一再强调近来多雨，路况极差，小汽车难以通行。问孟祥，说的确是这么一回事。如此，只能客随主便，回聊城午餐了。论起来，这顿饭才是接待的正宗。种种细节，无须描述，读者概可想见。这里，想起季老在《还乡记》中说过的一段话：

> 在宴会上互相祝酒，本来是常见的事情，也是不可或缺的事情。但在一般宴会上，不过是点到为止，彼此心照不宣。可我们山东人多半是老实巴交的人，我家乡也不例外。他们敬起酒来，其势勇猛，全力以赴，不似点水的蜻蜓，而像下山的猛虎。酒量大的，还能抵挡一下；酒量小的，三杯入肚，就会出洋相。有一个问题，我一直不理解：为什么中国人在宴会一定要千方百计地让客人醉倒出丑，大说胡话，或者竟出溜到桌子底下，爬不起来。劝酒者有的白开水当酒，欺骗对方，口中还念念有词：交情浅，舔一舔；交情深，闷一闷。两个人可能是最好的朋友，劝酒决无恶意，可是何以竟这样恶作剧呢？其中道理，我始终不明白，敬请心理学家或比较文化学家去探讨一下，或者竟召开一个国际讨论会，来予以解答。这会给世界学术做出重大贡献的。

读者也许误会这是在影射那天的接待，因此必须申明：那天的午宴是亲切而文明的。酒自然少不了，不过，我从来不喝，也无人强劝。季老这里说的，只是一般宴会的共性。我在这里提起，不过是借题发挥，聊抒积郁。国人的“酒文化”，恕我直言，多薄滑而无聊，情形不会因我的好恶而改变，但肯定会因物质与文明的进展而改观。总有一天——我坚信——后人在宴席上表演今人的劝酒令，不啻表演一则助兴逗乐的滑稽小品。

午后参观傅斯年（孟真）纪念馆。馆名为季先生手书。傅家为聊城的望族，孟真先生的七世祖傅以渐，是清朝的开国状元，官居宰相。孟真先生是北大国文系的学生，五四运动的健将。季羡林在清华时，听过他的演讲。1999 年，季先生著文回忆：“孟真先生西装笔挺，革履锃亮。讲演的内容，我已经完全忘记了；但是，他那把双手插在西装坎肩的口袋里的独特的姿势，却至今历历如在目前。”又，本书第四章说过，1946 年，季羡林从欧洲回国，持陈寅恪的推荐书，在南京拜会时任北大代校长的孟真先生，并蒙接纳为副教授；按季老的说法，孟真先生于他是有恩的。纪念馆的一侧有“六尺巷”，故事说：其家人因盖房与邻居发生划界纠纷，写信向武英殿大学士兼户部尚书的傅以渐求助，傅以渐阅后，当即赋诗一首，着人火速传回：“千里来书只为墙，让他三尺又何妨；万里长城今犹在，不见当年秦始皇!”家人醒悟，随后撤消诉状，主动退让三尺，邻人感其义，也将宅基后退三尺，于是出现了至今犹存的“六尺巷”，即康熙题名的“仁义胡同”。据我所知，这个故事另有安徽桐城版、京东平谷版，前者的背景也是康熙年间，后者则上溯至明隆庆、万历。这三个版本，究竟谁是真传，谁是虚拟附会，笔者无意详考。感叹它寄寓的处世原则，是地皆宜，历久而弥新；君不见今日神州，地无南北，人无老幼，都在倡导和睦和谐么。

此行还游览了山陕会馆、光岳楼、大剧院、江北水城、博物馆。前两处，是旧迹，估计季先生曾经到过，但未留下文字；后三处，是新兴，2001 年季先生返乡，它们还没有建好。笔者不才，总觉得“江北水城”冠名太空泛，以华北之大，长江之远，谁会把“江北”和聊城联系在一起呢？冠名“鲁西”，不是更为确切吗？当然，那样一来，名头就要小得多，国人的心理是崇洋崇大的啊！——回京后检索资料，查证：聊城在明清即有“江北一都会”之称。它缘大运河之兴而兴，随大运河之衰而衰，今天，又因京九铁路的穿越而风云际会，再度崛起。一笑，但愿它在新的世纪实至名归，笑傲水浒。

晚间仍回济南歇宿。4 日上午，出发去泰山。途中联系张强先生，那位请季老作《泰山颂》的“泰安地区来人”，七打听八打听，查到了他的所在单位，泰安市属下某区的工会，并问出了他的手机号码，可惜他没有开机。平心而论，张强先生不是以身份，以关系，而是凭热诚，凭执着打动季老，激发出老人的创作欲，一阕《泰山颂》，也是文坛一例鲜活的佳话。

转而攀登泰山，是汽车的四个轱辘缘盘山道而爬，不是人的手脚并用。抵中天门，改乘一线牵引凌空飞越的缆车。记得曾问季老：您什么时候登过泰山？答说有两次：一次是 1934 年，清华毕业之后；一次是 20 世纪 60 年代初，忘了具体时间。季老在《牛棚杂忆》中写道：“泰山上有一个快活三里。意思是在艰苦的攀登中，忽然有长达三里的山路，平平整整，走上去异常容易，也就异常快活，让爬山者疲惫的身体顿时轻松下来，因此名为‘快活三里’。”到了南天门，居高临下，披襟当风，一览无余之际，我问向导：“快活三里在什么地方？”答说：“就在中天门过来不远，你看——”顺着他手指的方向，下界如织的游人，依稀可辨。快活似神仙的代价，是九曲十八盘一步一步地打拼，缆车一插手，享受也就乏味贬值。

漫步天街，满耳听得游人传说：不久前，若干党政要人莅临泰山，谒碧霞寺，与住持长时间密谈，留宿山顶宾馆，翌晨观日出，等等；其间，颇多浪漫动人的联想。好奇心大发，在泰安市委统战部的安排下，我们一行也于碧霞寺，会见住持大成道士，请他介绍了当日的经过原委。随后，在大成住持的引导下，每人也于大殿点燃了三炷香，各许所愿，敬拜如仪。

那一日，在泰山之巅，在北望幽燕南眺吴越的快意中，突然想到了季先生，想到了他有关“中国牌知识分子”以及东方文化的高论。季先生说：“在全世界知识分子之林中，中国的知识分子最具有爱国心。‘天下兴亡，匹夫有责’，有哪一个国家的知识分子曾经说过这样的话？我们作为中国知识分子，是应该引以自豪的。”（《中国的腾飞，谁也挡不住》）又说：“我希望，二十一世纪走到某一个阶段时，人类文化会在融合的基础上突出东方文化的作用，明辨而又笃行之……我真希望，大吉大利能降临我国；我真希望，国泰民安；我真希望，人民的素质越来越提高；我真希望，人民越过越幸福；我真希望，我国能成为一个名副其实的经济大国，巍然立于全世界民族之林中。”（《千禧感言》）这一切，在脑海展开是无尽的长卷，在心念只是电转，一霎千言，千言一霎，一念万语，万语一念——尽管有人曾据此批评季先生是“庸俗的民族主义”“狭隘的爱国主义”，尽管我以前对这些争论从来不曾予以关注，此时此刻，还是要为先生热烈地鼓一回掌。先生说：“‘三十年河东，三十年河西’，这是真理；试看宇宙间万事万物，哪一样是违背了这两句话的根本精神的？”以区区在下的阅历，在先生说过的许许多多话中，数这一句最有底气。1988 年，世界七十五位诺贝尔奖获得者聚首巴黎，不就响亮地提出“人类要在 21 世纪生存下去，必须从两千五百年前的孔夫子那里去寻找智慧”么？宇宙的生生不息背后，自有其可测而不可抗的大道在，谓予不信，请拭目以待！

近日，先生说将送我四个字："天道酬勤"。我怡然心领。眼前的季老，不正是一位皓首丹心、老当益壮的绝妙典型！

——笔者

（六四）面对稿纸就像耶稣面对宇宙乾坤

季羡林和王大珩，两位清华老校友，一个是1930级的，外文系，一个是1932级的，物理系，年龄相差四岁，年级相差两班，当日在校园就熟识，毕业后七十多年，在各种场合也经常见面。这次不同，是在一个特殊的场所：医院。王大珩入301医院检查身体，听说季羡林住在三楼，抽空移步探望。入门，两位老友相见，相互嘿嘿一笑："老伙计，你气色不错嘛!""你呐，看上去更好!"振臂欢呼是肯定的，有没有拥抱？笔者没在场，不敢妄猜。反正是喜出望外，反正是大大咧咧，清华派嘛。老校友见面讲什么？八九不离母校。谈清华，谈那遥远而迷人的青春时代。季羡林曾说："没有清华，就没有我的今天，清华园毕竟是我的学术生涯起步之处。我虽然身不在清华，但心却从未离开那里。"（《〈名家绘清华〉序》）王大珩的感受想必也如是。两位老清华谈着谈着，忽然就激动起来，忽然又引吭高歌起来。歌儿是由王大珩起头的，他有副好嗓子，当年，青春时代，从苏州城一直唱到清华园，从清华园又一直唱到英伦三岛……唱的是什么？——清华校歌。歌词曰：

西山苍苍　东海茫茫　吾校庄严　巍然中央
东西文化　荟萃一堂　大同爰跻　祖国以光
莘莘学子来远方　莘莘学子来远方
春风化雨乐未央　行健不息　须自强
自强自强　行健不息须自强
自强自强　行健不息须自强

左图右史　邺架巍巍　致知穷理　学古探微
新旧合冶　殊途同归　肴核仁义　闻道日肥
服膺守善心无违　服膺守善心无违
海能就下众水归　学问笃实生光辉
光辉　光辉　学问笃实生光辉
光辉　光辉　学问笃实生光辉

器识其先　文艺其从　立德立言　无问西东
孰介绍是吾校之功　同仁一视泱泱大风
水木清华众秀钟　水木清华众秀钟
万悃如一矢以忠　赫赫吾校名无穷
无穷　无穷　赫赫吾校名无穷
无穷　无穷　赫赫吾校名无穷

这么长的词，抄都要抄半天（笔者抄自清华史料），难得两位老人情投意合，兴致盎然，难得歌声苍茫浑厚，余音绕梁。啊，不是的，是绕书架，绕窗。真遗憾电视台的摄像师没有在场，这样动人的节目，你到哪儿去拍摄？

好的节目犹如神来之笔，只能出乎自然，妙手偶得；凡经编排，也就是人工，就留下斧凿的痕迹，就带上装腔作势的“秀”味。

歌声中，两位老人返老还童；歌声中，人间天上浑然一体；歌声中，往事如潮复如烟。这支歌不属于他人，它专为老清华而存在。汪鸾翔作词，张惠珍谱曲：“……西山苍苍，东海茫茫，吾校庄严，巍然中央……怎能忘，实难忘，国学院，工字厅，图书馆，运动场……东西文化，荟萃一堂，大同爰跻，祖国以光……那时年少，那时血沸，谁个不是生龙活虎！谁个不是自强不息！……左图右史，邺架巍巍，致知穷理，学古探微……脱心志于俗谛之桎梏，铸辉煌于灾难之丘墟……器识其先，文艺其从，立德立言，无问西东……水木清华众秀钟，赫赫吾校名无穷，名无穷……无论是走南闯北，身在僻壤或异域，无论是七老八十，寿越耄耋，直奔期颐，歌声中有缩地术、阿拉伯飞毯、航天器，歌声中有虎骨酒、青春丹、大力神丸……歌者是忘情客，不老翁，歌者为往事留影，为历史驻颜，歌者是……神。”

一曲既罢，两位老神仙又唱起了《义勇军进行曲》；那也是烙满青春魂梦的歌，是寒冬腊月使北风止吼、雪花迸作火花的歌。用心跳做节拍，用奔血做旋律。“起来！不愿做奴隶的人们，把我们的血肉，筑成我们新的长城！中华民族到了最危险的时候，每个人被迫发出最后的吼声。起来！起来！起来！……”当然，是从歌声的背景中起来，不是从现实中起来。现实是：中国人民已经站起来了！站起来了！站起来了！于是，也是必然，歌声暂歇。一个气喘吁吁，说：“这歌好是好，就是用它作国歌，内容已显得遥远。”另一个立马跟上：“我想重谱一首，歌名不妨叫《复兴进行曲》。”一个接茬：“我也谱一首，就叫《和谐进行曲》。”

听季羡林唱歌，对我来说，绝对是新闻；但对护工来说，却不是头一遭——近水楼台先得月嘛。据说（人家护工有发言权），时乐濛老师住院，趁便看望季老，两人就以歌代酒，合唱了一曲《歌唱二郎山》。歌词护工说不上，得问我，这是我少年时代的歌：“二呀哪二郎山呀，高呀么高万丈，古树（那）荒草遍山野，巨石满山冈。羊肠小道（那）

难行走，康藏交通被它挡，（那个）被它挡。”这首歌，洛水作词，时乐濛作曲，他是原创：“二呀哪二郎山呀，哪怕你高万丈，解放军铁打汉，下决心坚如钢，誓把（那）公路（呀）修到（那）西藏！……”五十年，恰好半个世纪过去，如今不是通公路，是通铁路。报上说哩：“西藏游，火热登场，一票难求。”听季羡林和时乐濛唱歌，更是一票难求！——护工们真是有缘，她们还有幸聆听李双江老师和季老合唱。也是因为李老师住院，趁便看望季老，接下去便自然而然，李大歌唱家以歌助兴，邀季老共唱《红星照我去战斗》。这歌儿，护工们听过，耳熟，但词不熟，歌词还得问我，我也会唱：“小小竹排江中游，巍巍青山两岸走，雄鹰展翅飞，哪怕风雨骤，革命重担挑肩上，党的教导记心头，党的教导记心头。……”记得那影片《闪闪的红星》，记得那个小演员潘冬子……“小小竹排江中游，滔滔江水向东流，红星闪闪亮，照我去战斗，……砸碎万恶的旧世界，万里江山披锦绣……”嘻嘻，这几位歌手，数李老师最小，也有六十大几，时老师只比季老小四岁，和王大珩老师同年，都九十出头，百岁在望了。人生能有几次听他们合唱？而且是在病房里大展歌喉！大楼有情，当如录音带，把音波仔细摄取，珍藏……这就是记忆，这就是音乐的活化石。

笔者无缘亲聆，但却从转述中听出了门道：都是别人领唱，季老先生在旁边跟。就是说，他单独一个，是上不了阵的。试问诸位护工小姐，你们听过季老单独一人唱歌吗？没有吧。至多，只是轻轻哼几声，腔不成腔，调不成调的。为此，我特意在老北大、老东语系做了调查。反馈之一：林庚先生性格开朗，动不动就高歌一曲，季羡林么，没听他唱过。之二：一次在饭店用餐，有人请季羡林唱卡拉 OK，季老说，唱就免了，我给大家讲个故事吧。季老说：“从前有个大佬酷爱唱戏，但缺乏知音，因此做出决定，凡认真听完他一段戏的，赏赐一块大洋；凡听不完的，格杀勿论。一天，有旅人路过，被他拦下，申明规则，强迫听戏。哪知道，他刚刚唱了一句，那旅人，也就是聆者的，捂着耳朵跳了起来，嘴里直嚷：你杀了我吧！你杀了我吧！听你唱戏，还不如干脆杀头痛快！”说到这里，季老趁便幽自己一默，说我唱歌就是这个水平。之三：季老曾经坦承：“我是五音不全，一首歌，在嗓子眼里本来唱得顶好的，出口就窜了调，不再是那个味。所以我只能跟别人一起唱，我是南郭先生。”

王大珩来访，是2006年7月初；时乐濛、李双江呢，日期不详，反正是这两年住院间的事。笔者2006年7月15日去301医院，记下了这几则趣闻，还总想找个机会进一步访问，最好能当面听一听季老的歌——前提是你必须领唱，你有这个能力吗？哈，没有，我比季老还南郭。

说话间这就到了2006年8月2日，先生九十五华诞之期。先生事先说过，今年生日，谁也不让来。我偏偏要去。我知道，热闹是挡不住的，哪怕医院管理再严；我又知道，人们都会选择8月6日——如我在本书第一节所披露，那是先生公开的生日。我则有意选择8月2日，选择在先生真正的出生日，和老人家欢度片刻良辰。我之前往，没有得到先生或其助手的允许，是“突然袭击”。因为有一位熟人，恰好也住在301医院，我去看他，顺便探视季先生。——这也是个绝好的理由，比特意去，更容易为先生接受。且说这天上午，大约十点，上得三楼，出了电梯，向右一拐，再右拐，眼前就是先生的病室。正要抬脚迈进，一眼看到先生端坐于案前，凝神运笔，驰骋在他心中的灵境；一幅大写意的侧影，看上去，是那么的庄严，那么的神圣。对，绝对就是神圣！借用我在《蔼蔼绿荫》中的描绘：“此时此刻，先生伏案挥毫，任何台风都吹不乱他头上的一茎霜发，刮不散他胸中的一缕芗泽！”我愣住了，本能地，后撤一步，继而，又后撤一步，站远了仔细打量，生怕——扰了先生的文思。工作着的老人是不宜打搅的，神圣着的老人，尤其不得，不能。寂静中，一句熟悉的话语在耳边炸响，那是先生在新世纪第一个元旦袒露的心声——为什么选择那一日？不选择那一日又选择哪一日?!——先生面对稿纸就像耶稣面对宇宙乾坤，朗声说：“我是我自己的上帝!”

百年回眸

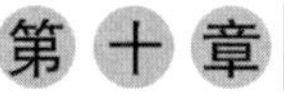

（2006.9—2009）

学术泰斗“南饶北季”的世纪会面（2008年10月）

人法地，地法天，天法道，道法自然。

——《道德经》

（六五）“我不是儒家，也不是释家！”

2006 年 8 月，鉴于李玉洁突然病倒，笔者的好多研究被迫中止，于是想到，不仅季先生春秋已高，就是李老师，也接近耄耋之年了，许多工作，都得抓紧做，转而与三两同道商量，大家觉得，还是以成立“季羡林研究会”为宜。

2006 年 10 月 2 日，我把这意思向季老说了。季老说：“这是你们的心意，我没有意见。你们这几人办事，我放心。”

我讲了成立研究会的大致打算，季老说：“我明白，做事，总得要一个平台。我么，只是一个符号，你们思路要开阔，印度有个尼赫鲁大学，我 1979 年访问过，王树英后来也在那儿研修过，尼赫鲁大学并不是专门研究尼赫鲁，它是文理综合性的，各科都有，要是局限于一个人，就搞不大，搞不出名堂。”

我又问：“如果成立季羡林研究会，您看谁当会长合适？”季老笑了，说：“这是你们自己的事，你们自己看着办好了，哪有让我点名季羡林研究会的会长的。”老人家不糊涂。

话题改变，我问起收藏的事。季老在《寿作人》一文中说，新中国

吴作人（1908—1997），师从徐悲鸿先生，是继徐悲鸿之后中国美术界的又一领军人物，在素描、油画、艺术教育方面都造诣甚深。他在中国画创造方面更是别创一格，自成一家。

成立初期，他忽然对藏画发生了兴趣，而且品位极高，齐白石以下的一概不收。他找的第一位中介，是吴作人。吴作人问：画作上如果有受赠者的名字，要不要？他说不在乎。吴作人就一次为他张罗了五幅白石老人的画作，总价人民币三十元。我问季老："那五幅画的内容，您还记得吗？"

季老回答："记不得了，都是草虫，吴作人识货，是真品。那时，造假虽然不像今天这般泛滥，卖齐白石假画的也很多了，有些假画，让齐白石本人鉴定，都吃不准，可见造假的水平之高。"

季老趁着兴头，一路说下去："（20 世纪）50 年代初，字画贱，不值钱，卖废纸一样。我和吴作人解放前就认识，（19）51 年又一起出访印度、缅甸，我找他，大概就一两次。后来，主要是去琉璃厂，找一个姓刘的，叫刘云普。他专门干这行，北京有许多宅门，大家庭，有钱人家，家道中落了，便把家里的一些东西，包括古董、字画，拿出来变卖。比如赵尔逊、赵尔丰的一个姑奶奶，从她家就倒腾出好多东西。我跟刘云普说，有了好的字画，先给我过目，我不要，再给别人。那时刘云普身边有一份收藏者的名单，记得上面有朱德朱老总，还有一些文化名人。就这样，我从他手里收了不少东西。最值钱的，是一幅宋画，宋朝画院画师的作品。还有陈老莲，明末的，三星图，福禄寿三星，画作很大，房里都展不开。明代的还有沈石田、文徵明、唐伯虎，他们三人与仇英一起，并称'吴门四杰'。沈石田、文徵明的是真迹，唐伯虎的把握不大，也许是赝品，他名声太大，作假的因此也多。总共收藏多少？有几百幅吧。死后都准备献给国家，一幅不留。为什么这么做？因为有些是国宝，留在民间，怕失落了，毁坏了。值多少钱？这很难估，有人跟我说，一个亿、两个亿打不住。"

适才进门，瞥见季老面前摊着一沓稿纸，遂问："今天在写什么？"

老人朝案旁溜了一眼，说："还能写什么玩意，是几句顺口溜。"他取过上面一页，念给我听："坏事决不沾惹，蠢事在所难免，好事我的心愿。"顿顿又说，近来想写一篇散文，反复考虑好久了，题目就叫《蠢事》。我问是哪一方面的蠢事。先生举例，讲："有年去东德访问，时间记不清了（笔者注：应是1980年），代表团有三位院士，我是最年轻的。我是团长，代表团配有一位俄文翻译，到东德，俄文不顶用，很多场合，是用德文。我懂德文，这下苦了，翻译的任务就落到我头上，每到一地，别人当团长，我当翻译，累得够呛。"

我说："这也说不上多蠢。"

季老苦笑："还不蠢！去东德，我早该考虑配德文翻译的，这是我的失职。"

我拿过季老写的顺口溜，北京大学的信笺，钢笔小楷，笔笔到位，一丝不苟，问："您考虑过口述笔录吗？陈寅恪当年就这么做，现在很多老人也是这么做的。"

"试过，但是不行，"季老说，"我做不到，我还是对着稿纸，才有灵感。"

记得当年我劝季老用电脑写作时，他也是这么回答的。

关键是给老先生配备得力的学术助手，我又想。助手不光被动笔录，还要善于主动引导话题，激发思路。胡适当年要不是碰上个哥大博士唐德刚，也不会油然兴起，一拍即合，搞起他的口述自传来的吧。

我看季先生兴致甚好，于是抓紧机会，问了一个我最感兴趣的问题："儒释道三家，您受影响最大的是哪一家？"

"我不是儒家，"季先生反应有点激烈，"也不是释家，我的思想，比较接近道家，我是顺其自然，遵循天人合一……"季先生讲到了陶渊明和苏东坡，这些我在传记中都有所叙述，略而不赘（陶、苏二公无疑是中国文人的楷模，遗憾的是，季先生仅得其洒脱不羁、自由随性，而缺失他们浓郁芬芳的世俗亲情）。

“儒”这个词，近年迅速蹿红，任何人，仿佛一跟它沾上边，就立马渊博清雅几分，最典型的例子，莫过于商人，凡识得几个字的，都想方设法和“儒商”挂钩。因此，时下有些学者撰文，动不动就奉赠季先生一顶“当代大儒”“东方鸿儒”的高帽，考其本意，是强调季先生的学问之深，资格之老，人品之高，并非执意把他和特定的儒家学派捆绑在一起。此事，我曾在别处说过，如果硬要强调季先生“儒”的一面，我觉得或许体现在他的拼搏精神。很多大家，到了一定高龄，就宣布封笔，退出写作，安享晚年，季先生不，他是愈到晚年，愈勤奋，即使住院以来，仍笔耕不辍。譬如，除了刚才念的那几句顺口溜，笔者还征得季老同意，取过下面几页，看了，其中有一首打油诗，写的是：“老年老年，福寿双全，不痛不痒的地方，浑身都找不见。”时令入秋，皮肤瘙痒，驱之无策，化为幽默小品，既是无奈，也反映了季先生乐观进取的根性。至于释教，即佛教，季先生说研而不信，信不信是一回事，要说一点不受影响，也不可能。佛教精髓，体现在季先生，我认为，最大的方面是爱人，助人，而且不求回报。听杨锐说峨眉山至高万佛顶，近来请先生为之题名，这事，算是找对了人。

同去的佟铮先生插问：一位当红作家最近接受《扬子晚报》采访，说到读者挑刺，讲“我曾经看到，连季羡林都被挑‘有多少错别字’。季老哭笑不得：‘我这么老了，即使错了，也是对的。’您说过这话吗？”

季老蹙额，雪白的寿眉高高挑起，他说：“整天在文字堆里泡，出错在所难免，错了就是错了，说错了也是对的，那是胡话——我还不至于那么浑！”

我背得较熟的几部书中间有一部《古文观止》。这是200多篇散文的选集……读多了，读熟了，常常可以顺口背出来，也就能慢慢地体会到它们的好处，也就能慢慢地摸到文章的调子。

——巴金《写作生活的回顾》

（六六）背和诵的表演

笔者曾经说过："五四时代的散文大家，有一个共同的特点，就是学贯中西。比如，陈独秀、李大钊、胡适、鲁迅、郭沫若、冰心、茅盾、巴金、闻一多、瞿秋白、郁达夫、老舍等等，等等。这个名单，倘有兴趣，可以大大地长下去。他们都是学有专攻，同时写散文；注意，不是为了写散文而写散文。因而，他们都在散文领域蔚然成家，卓有建树。"

季先生出生稍晚，没有赶上五四风云的大潮，但他受五四的影响，是显而易见的，突出一点，就是中文好，外文也好。外文好在什么地方？他精通英语、德语、梵语、吠陀语、巴利语，还能阅读法语、俄语等书籍。其主要译著，包括译自德文的马克思《论印度》，译自梵文的印度古代大史诗《罗摩衍那》、印度名剧《沙恭达罗》，译自英文的特丽耶·黛维的《家庭中的泰戈尔》，等等。为此，2006年9月26日，他获得了中国译协颁发的“翻译文化终身成就奖”。

在这之前，即9月18日，笔者去301医院见季老，正值先生伏案推敲获奖会上的书面发言。先生跟我说：“搞了一辈子外文，但得这个奖，还是心有惭愧。”

笔者拿相机拍下了先生的发言稿，全文如下：

> 感谢中国翻译协会授予我“翻译文化终身成就奖”。得此殊荣我很荣幸，也很高兴。
>
> 我一生都在从事与促进中外文化交流相关的工作，我深刻体会到翻译在促进不同民族、语言和文化交流中的重要作用。自从人类有了语言，翻译便应运而生。在世界文明发展的历史长河中，在中华民族伟大复兴的进程中，翻译，始终都是不可或缺的先导力量。中华几千年的文化之所以能永盛不衰，就是因为，通过翻译外来典籍使旧文化中随时能注入新鲜血液。可以说，没有翻译，就没有社会的进步；没有翻译，世界一天也不能生存。
>
> 中国两千多年丰厚的翻译文化史无与伦比，中国今天翻译事业的进步有目共睹。2008年世界翻译大会将在中国召开，这是中国翻译界的光荣，我这样的老兵为你们感到鼓舞；我更希望年轻一代能够后来居上，肩负起历史使命和社会责任。
>
> 我总认为，翻译比创作难。创作可以随心所欲，翻译却囿于对既成的不同语言文本和文化的转换。要想做好翻译，懂外语，会几个外语单词，拿本字典翻翻是不行的，必须下真功夫，下大功夫。
>
> 提高翻译质量，不能只停留在口头上，少讲大道理，多做实事，拿出真凭实据来，开展扎实的翻译批评和社会监督。
>
> 未来是你们的，希望看到翻译事业人才辈出，蒸蒸日上。

季老说："你不要光顾拍照，你要帮我修改修改。"

我说："蛮好，就这样。"季老这里讲"翻译比创作难"，绝对是行家之言。笔者也曾译过日本文学，感觉就很痛苦，因为那玩意，绝对是"戴着镣铐跳舞"。

译文获奖，自然与母语有关。季先生的中文好，举世公认，这事不需要证明。中文好，又因为古文好。这事需要感谢他的叔父。五四运动以后，社会上兴起"打倒孔家店，提倡白话文"，学校里的课程也是以白话为主，叔父相信"中学为体"，而中学的核心，则是古文，所以他在课程之外，又让季羡林跟一位老先生学习古典范文，打下了扎扎实实的中文底子。小学，季羡林的作文《游开元寺记》获得全校优胜，这是最早的记录。到了高中阶段，他的作文已稳居全班前两名。有次，国文王老师讲解《古文观止》里的《徐文长传》，过后出了一个作文题——《读〈徐文长传〉书后》。季羡林从小学到高中作文都用文言，他驾轻就熟地写了一篇"书后"，自觉并没有什么了不起，不意竟得到老师的青睐，定为全班压卷之作，评语是"亦简劲，亦畅达"。老师这一捧，季羡林更来了劲儿，于是拿来韩、柳、欧、苏的文集，猛攻一气，古文的根底愈加厚实。

季老的古文根底究竟怎么厚实？2006 年 11 月 1 日，老先生当面为我们表演了一番。笔者这里说"表演"，是因为老人兴会淋漓，神酣意畅，颇为自得。那天，我是同书法家汉南、大文一起去的。汉南带去了一本册页，录的是季老的散文名篇《清塘荷韵》，这算是见面礼吧。季老合手感谢，转而说——显然是冲着我说——他最喜欢的散文不是这篇，是《富春江上》，且随口背出两句诗："到江吴地尽，隔岸越山多。"《富春江上》我当然熟悉，在传记中也有所提及，但并没有把它上升到"最"。当晚回家，我又翻出来读了几遍，文章气势、意境、语言均佳，但和《清塘荷韵》比较，觉得还欠缺点什么。是什么？我模模糊糊地意识到，是人，是作者本人的形象。《富春江上》写于 1981 年，先生七十岁，当时正值跟命运较劲的攀登时期，他的人格、文品，远没有被大众认识、接受，因此难以引起举世共鸣。《清塘荷韵》写于1997年，先生其时已是享誉国际的大学者，大作家，他的遣词造句，举手投足，在牵引读者的目光，在人们心头激起回响。譬如观画，同一幅作品，署名为某某大师或阿猫阿狗，引发的审美情趣常常天差地别，这就是名人效应。——言归正传，汉南同时带去了另一本册页，是他手录的《古文观止》，供季老清赏，季老接过，即刻目射毫光，说："这个好，这个好，你应该把它出版。"不等汉南回答，又说："对年轻人，我是主张背点古诗古文的，我们上高中的时候，主要就是背《古文观止》，清朝人选的，过了几百年，还很流行，选得好。"

接着就进入了表演阶段。季老眼望虚空，背起了李密的《陈情表》："臣密言：'臣以险衅，夙遭闵凶。生孩六月，慈父见背；行年四岁，舅夺母志。祖母刘，愍臣孤弱，躬亲抚养。臣少多疾病，九岁不行，零丁孤苦，至于成立。既无叔伯，终鲜兄弟，门衰祚薄，晚有儿息。外无期功强近之亲，内无应门五尺之僮，茕茕孑立，形影相吊。……'"一边背，一边以右手击节，大有身心俱融、忘乎所以之慨。这当口，汉南与大文断续相和，笔者不能背，脑筋于是开了小差，眼前浮起季先生的童年，想，也许正是遭际的近似，才使得季先生对《陈情表》一往情深的吧。正神思飘忽，季老转而诵起欧阳修的《秋声赋》："欧阳子方夜读书，闻有声自西南来者，悚然而听之，曰：'异哉！'初淅沥以萧飒，忽奔腾而砰湃，如波涛夜惊，风雨骤至。其触于物也，鏦鏦铮铮，金铁皆鸣；又如赴敌之兵，衔枚疾走，不闻号令，但闻人马之行声。……"此篇，汉南和大文都记不住，笔者记忆勉强能跟，口却不能言。一篇将了，季老兴犹未尽，又背起苏东坡的《前赤壁赋》："少焉，月出于东山之上，徘徊于斗牛之间。白露横江，水光接天。纵一苇之所如，凌万顷之茫然。浩浩乎如冯虚御风，而不知其所止；飘飘乎如遗世独立，羽化而登仙。……"这篇文章余等皆熟悉，遂由季先生独诵变成众人相和，高腔低调，煞是热闹。既歇，季老说：“古文就是要背，文章有气，这气，看不见，找不着，只有背，才能慢慢领会。”俄而把头转向笔者，说：“宣传《古文观止》，毓方你要卖点劲儿。我看你文章里也是有古文功底的，你是既得利益者。”

有医护人员进门，是送药来的。见季老忙，便悄立一旁。

这边，季老啜了一口茶，继续刚才的话题。他说：“背古文，就以《古文观止》为教材，背古诗，当然是唐诗好，但也不必局限，譬如王国维的《人间词话》，好多年未念，还记住一些。”季老对王国维的才情是佩服的，曾专门论述过他的学问“三境界”，接着随口吟出王氏的一首词，我第一句没听懂，第二、第三句更抓瞎，老人独吟无味，一跳又跳到崔颢的《黄鹤楼》：“昔人已乘黄鹤去，此地空余黄鹤楼。黄鹤一去不复返，白云千载空悠悠。晴川历历汉阳树，芳草萋萋鹦鹉洲。日暮乡关何处是？烟波江上使人愁。”看到大家都能跟着他一起背，老人露出无限欣慰。

是时，在座诸人，最惭愧的，当数笔者了。想初中阶段，我也曾下力背过古诗古文，《唐诗三百首》是不用说了，《古文观止》不是全部，至少大半滚瓜烂熟。可是如今，除了个别篇什，其余的，都忘了。为什么九十五岁的季老能记住，而我却不能？一来是当初的功夫不够；二来呢，季老在《谈老年》之二中说过，记忆要经常训练。我呢，却是中学而后，一放就放下了，几十年不去摸，当然就忘得差不多了。季先生今天嘱我要卖劲宣传《古文观止》，我怎么好意思！

汉南请季老题词，老人说：“我有话要说，而且要多说。”汉南呈上事先准备好的宣纸信笺，季老推开毛笔，拿出钢笔，唰唰一气写了几百字，谁知钢笔水洇，没一会，纸上就漫漶出团团墨痕。老人不得已，又换成毛笔，这回不用信笺，就直接书写在汉南带来的《古文观止》册页上，话也变得浓缩，简洁。老人最后题的是：“要鼓励青年学生背诵古诗古文，这不但有利于写作水平的提高，而且能陶冶性灵，美化生活。”

先生之著述，或有时而不章；先生之学说，或有时而可商；惟此独立之精神，自由之思想，历千万祀，与天壤而同久，共三光而永光。

——节选自“王国维纪念碑碑铭”

（六七）“我们有哲学，但没有思想。”

2006年12月5日，下午，我陪师姐林江东去医院看望季老。江东高我一级，学的也是日语，退休后，潜心丹青。开初，季老和江东谈论绘画方面的事。季老说：“一个绘画，一个音乐，都是要天才的。我不行，没有这方面的天赋。”我插话说，杨锐的丈夫吴先生有美术才能，我看过他的漫画。季老于是把话题转向漫画。他说：“中国漫画有很长历史，出了不少大家，有华君武、丰子恺、方成。丰子恺有一幅漫画，画的是十岁的小女儿，趁爸爸不在，拿笔涂鸦。还有一幅，画的是黄包车夫，拉车的是他小时候的朋友，人情味很浓。”等等。江东起先学的是传统国画，到日本游学了四年，转向抽象派的岩彩画。她送给季老一幅大写意的荷花，估计老人家能接受，至于抽象主义的作品，没把握，所以旁敲侧击，问：“您在欧洲生活了多年，对毕加索的画，怎么看?”季老说：“那玩意，不敢赞一辞。”此处话里有话，江东识趣，对自己近来画风的转变，绝口不提。

轮到笔者发问，我今天的话题是陈寅恪。季老说过，陈寅恪和吕德斯，是对他一生影响最大的两位老师。吕德斯是德国人，是季羡林的太老师，也是陈寅恪的老师，治梵学，其学问，笔者不懂，无从谈起。陈寅恪呢，原来也所知甚少，20 世纪 90 年代初，由于一本《陈寅恪的最后二十年》，使他成了文化圈的公众话题。但世人谈论陈寅恪，主要围绕他的精神、风骨，比如他在王国维纪念碑碑铭中提出的“独立之精神，自由之思想”；比如蒋介石请他吃饭、赏花，他如何浑身不自在，归来赋诗“食蛤哪知天下事，看花愁近最高楼”；等等。陈寅恪的傲骨，在昔日的中国，可称惊天地、泣鬼神。笔者问季老：“您从陈寅恪先生那儿，学到的最主要的是什么？”

季老说：“是治学方法，也就是考据。早先在清华，只是旁听过他的课，关于佛经翻译文学。后来到北大后，才认真读他的书。影响最大的，有两本，一是《寒柳堂集》，再就是《金明馆丛稿》。寅恪先生是吕德斯先生的学生，两人的考据方法基本上一致，不说空话，无征不信。具体说，就是从一个很小的口子切入，如剥笋那样，每剥一层，都是信而有征，让你非跟着他走不行，剥到最后，露出核心，也就是得到结论，让你恍然大悟：原来如此！寅恪先生考证不避琐细，但绝不是为考证而考证，总是小中见大，以一斑窥全豹。比如，他考证杨玉环是否以处女之身入宫，这样的问题，由这样的老先生口中提出，似乎非常不雅。无怪乎一个学者说：这太 trivial（微不足道）了。其实呢，寅恪先生是想通过这个问题，研究李唐皇族的家风。李唐王朝是西北少数民族，在贞节方面，与汉族的观念大不一样。那位学者说陈寅恪不该这么做，看来，他根本不懂历史。”

我插问：“那位学者是谁？”

季老说：“这不重要吧。我们谈治学，有些事，不必指名道姓。”

说得好。这就是我们常说的“对事不对人”。

季老又说：“像陈先生那样的学者，眼前是没有的了。抓问题，能从别人不注意的小处着手，扯着扯着，冷不丁地，抓出了一个大问题。”

笔者问：“在您的著作中，最能体现陈寅恪治学方法的，是哪几种？”

季老说：“那很难答。我们讲学问有三种：义理、词章、考据。我不喜欢义理，在我看，我们有哲学，但没有思想。这句话，你懂不懂？”见我“嗯嗯”点头，老人又说：“我的‘蔗糖考’，就是完整的考据，写了八十万字。注意，我写的是蔗糖，欧洲也有糖，是甜萝卜做的，和印度糖的来源不一样。……”“蔗糖考”？这是哪一本书？我一时转不过来。杨锐插话，说：“就是《糖史》。”

先生在医院写了好多打油诗，笔者在网上查到一首：“电光石火九十年，如今都似过眼云；米寿祝过盼茶寿，忙里偷闲做病人。”前次问他：“是不是您写的？”季先生说：“记不得了。”事后查证，的确是老人家的作品。这次我想再讨要几首看看，老人急忙摆手，说：“那是自己写了玩的，可不能外传。”

说到诗，季老有很多想法。他说：“从五四到现在，诗的体裁一直没有找到。要找，还得到中国文学史里去找。诗歌先是有四言、五言，发展到七言，以后就不发展了。为什么没有六言？你念念就知道了，它不符合汉语的声韵规律，念起来不好听。我么，不搞中国文学史，只是有时候随便想想。”

（六八）物无涯，悟无涯

京城有位书法家，姓薛，名夫彬，是欧阳中石先生的弟子。薛先生身边有件稀罕物，是他从甘肃买来的：上下是两块木板，中间夹一叠树叶，也分不清是什么树叶，有二三十片，叶上刻得许多字，好似藏文，又好似蒙文。叶片用漆髹过，铮明透亮，瞧上去，很有沧桑感。周围的人都不认识，只说是个好东西，劝薛先生拿去拍卖，准能卖个大价钱。薛先生不在乎钱，作为书法家，他想的是谁能识得上面的字。一次，大概是2003年腊月，他在欧阳老师处，听说季老住在301医院，欧阳老师准备过几天去探望。薛先生灵机一动，想，季老是学问大家，识得多种文字，连吐火罗文的剧本都能破译，也许能识得叶片上的文字。老话说："宝剑赠予壮士，红粉赠予佳人。"把那件玩意赠予季先生，也是物得其所，三生有缘。于是，他回家把它取了来，托欧阳老师，转赠给季先生。

过了些日，季老传过话来，说那玩意叫贝叶经，他现时身体不太好，精力不济，待过了这段治疗时间，再静下心来慢慢研究。季老同时请欧阳先生，转送给薛夫彬几本书，分别是：《三真之境》《留德十年》《故乡明月》。

后来，那是我去看望季老的若干次中的一次。谈话中偶然涉及薛先生和他的贝叶经，季老说，"贝叶经就是刻写在贝多罗树叶上的经典文献，梵语称 pattra，源于古印度，当造纸术还没有传到印度，他们就在贝树叶上刻写东西，包括文字、法典、宗教、政治、哲学、佛法、绘画。如今，它主要流传于我国云南境内的傣族地区和东南亚一带……薛先生送来的这卷贝叶经是十分珍贵的，既有学术价值，又有极高的收藏价值，将来，我不在了，要把它再还给人家。”

说来真巧，薛先生和我住得很近。2007 年夏日的一天，因为收集欧阳中石先生的资料，我去拜访他，交谈中，顺便透露了季老“物归原主”的态度。薛先生听罢直摆手，说：“哪能呢，送出去的东西，岂有再拿回来之理？而且中间还经过了欧阳老师！你跟季老说，不管多么珍贵，都是他老人家的了，我坚决不要！”

季老和薛先生，套用一句老掉牙的古话，都是真君子。

由此又联想到了季老为扇面题字的事。话说南京有位姚志强先生，通过我，我又通过李玉洁，转给季老一件折扇扇面。扇的一面，已有上海杨秉辉先生的钢笔速写画，题款为“上海市中有上世纪二十年代所建筑之石库门式民居，多已破旧，近有慧眼识者将其改造为旅游休闲之所，一时华洋云集，称新天地……”云云；另外一面，右半为台湾诗人余光中的题词：“若要快活/当先慢活/乡愁无涯/文化有根”，左半空着，请季老赐墨宝“悟无涯”三字。季老欣然首肯，说：“杨秉辉先生我熟悉，是叶浅予的学生，余光中先生同我也有过交往，那年访问台湾，余先生做东，请我吃过饭，三人凑在一扇，总是有缘。”

动笔之际，由于物与悟音同，季老没有听清，下笔写成了“物无涯”，待至发现，已经来不及改了，季老略作沉吟，又在下边添写了“悟无涯”。如此一来，遂成了“物无涯，悟无涯”。不愧大家，错也错得有味，把两句串在一起读，浑然天成，别臻精妙。

是的，大千世界永远是物无涯，悟也无涯。

（六九）剪影2007

温家宝第四次到医院看望　围绕着他老人家，2007年度的头条政治新闻，依然是温家宝总理前往301医院探望。且看新华网对此事的报道：

8月6日是季羡林先生的96岁寿辰。下午4时30分左右，温家宝来到解放军总医院康复楼，为他祝寿。这已是温家宝2003年以来第四次看望这位精通多种语言的翻译家、文学家和教育家。

干净整洁的病房里，摆放着温家宝赠送的君子兰，绿意盎然。“您送给我的手写的《牛棚杂忆》很宝贵，字工工整整，非常认真，一丝不苟。”温家宝告诉身着红色中式绸装的季羡林，“我每次来都深得教益，去年咱们谈的‘和谐’，您提出人要自身和谐，我向中央作了反映，中央全会决定里就吸收了您的意见。”

看到季羡林精神不错，听说他每天坚持写东西、听人读报纸，而且乐观坚信自己能活到茶寿108岁，温家宝十分高兴。他说：“最近，我看您讲良知、良能。我认为，这是知和行的统一观，也是人的品德和能力的统一，这个思想很深刻。”

温家宝说：“我喜欢看您的散文，讲的都是真心话。您说自己一生有两个优点：一是出身贫寒，一生刻苦；二是讲真话。对吧？”

“要说真话，不讲假话。假话全不讲，真话不全讲。”

“就是不一定把所有的话都说出来，但说出来的话一定是真话。”

“我快一百岁了，活这么久值得。因为尽管国家有这样那样不可避免的问题，但现在总的是人和政通、海晏河清。”

“我们做的不够，还要多努力，把工作做好。您也要把身体保重得更好，多看些年。”

温家宝谈起季老送给他的一篇文章《泰山颂》。温家宝说：“写得很好。文章感人，而且有气势。您大概从小就对泰山很喜欢？”

“我的家乡在山东。泰山的精神实际上就是中华民族的精神。”

“对，这篇文章实际上就是民族颂。”温家宝表示赞同。

“最后两句话是——‘国之魂魄，民之肝胆，屹立东方，亿万斯年’。人民的灵魂，百姓的脊梁，中华民族大有前途。”季老饶有兴致地说。

“对，季先生讲的就是民族精神。”

病房里，宾主相谈甚欢。临走时，温家宝真诚地嘱托季老保重身体。

（作者李斌）

还家之行与去莫斯科餐厅 2007 年，季先生最具温情而浪漫的一笔，是怀旧之行。是年夏秋之际，在九六华诞的喜庆声中，季先生两次“走”出久困的病房，先是回了一趟北大朗润园，而后又去了一趟“老莫”——位于西直门外的莫斯科餐厅。

这两次行动，高度保密，媒体未见任何报道。笔者事后偶然得知，询问有关人，也是支吾其词，不做正面回答。但是，世界上没有不透风的墙。据笔者了解，大致情况是：

生日过后，季先生动了怀旧之念，一日（大约是公历9月，农历中秋节之前），借助于轮椅、轿车，悄然返回北大，回到朗润园。2003年以来，先生住院期间，曾多次跟笔者说过，要回家。先生指的家，就是位于朗润园十三公寓一楼的寓所。当日，陪伴在先生身边的，除了工作人员，还有北大方面的代表，以及301医院的护士长等。在朗润园恭候的，有先生的老邻居兼老朋友汤一介夫妇，还有那只绰号“大强盗”，自主人入院之后就染上“相思病”的大白猫。

后来，北大学者王岳川撰文谈到了这次回家。2007年8月，王岳川去医院看望季先生，老人含笑告诉他：“前不久刚刚回过一次北大朗润园老家。”童心慧眼的先生喜欢养波斯猫，当离家三年多的先生回家时，猫猫一眼就认出了阔别的老友，纵身跳入“老伙计”怀中。当时季老感动得热泪盈眶，跟随的人面对此久别重逢的感人场景也唏嘘不已。季老擦着眼泪对我说：“谁说猫猫是白眼不认人，应该平反啊。”说得我也感动莫名。(《我与季老在北大的日子》）人猫相拥，这场面的确足以感人。在这个时候，这种场合，猫给予老人的乃抽象的亲情。猫啊猫，焉知一次相见之后，又将是望穿秋水的期待。

过了几日，便是中秋节，季先生又去了趟莫斯科餐厅。在20世纪50年代中苏友好的大背景下，莫斯科餐厅以她华贵的气派、浓郁的俄罗斯风情，给当时的北京上流人士留下了如痴如醉的回味。季先生曾是这儿的常客。据先生自述，新中国成立之初，作为北大屈指可数的一级教授，工资为三百四十五元，加上中科院学部委员每月一百元的津贴，收入是很丰厚的。当时物价奇低，吃一次“老莫”，汤菜俱全，还有黄油面包，外加啤酒一杯，才花一块五至两块。如果吃烤鸭，挑个头大的，也不过六七块钱。如今时过境迁，盛名不再，物价也早“与时俱进”。季先生此去，不过是像一首歌词所唱，“回到往日好时光”。据说，季先生在“老莫”享受了一杯啤酒，外加一份冰淇淋。消息传到任继愈先生耳里，他赶忙给季先生打电话，敦劝他以后别随便吃冰淇淋之类，当心弄坏了肚子。季先生风趣地回答：“放心，我是属猪的，吃什么都没问题。”

事后，有人问笔者：“北京那么多地方，季老为什么偏偏选择莫斯科餐厅？”

我答：“那里肯定有他难以释怀的记忆。”

什么记忆？我答不上来。季先生有写日记的习惯，倘若将来付梓，里面兴许会有答案。听老北京说，20 世纪 50 年代，莫斯科餐厅门口有一块巨大的广告牌，上面写着：“莫斯科餐厅，梦开始的地方。”服务员一色是俄罗斯姑娘，卫生间备有口红、香水等化妆品，就餐的大多是当时的苏联专家、官员和国外归来的知识分子，付的是餐券而不是钞票，门口站立的不是服务员而是武警。60 年代，中苏交恶，莫斯科餐厅走了下坡，但瘦死的骆驼，依旧比马大，一次，李健生、章诒和母女在餐厅用餐，遇见聂绀弩，服务员看他们气派不够，带搭不理。聂绀弩生气了，对李健生、章诒和母女说：“什么叫养尊处优？还用查字典吗？她们的脸就是注解。凡掌管食品的人，都是养尊处优。”季先生爱穿中山装，外表显不出半点优越，不知他当初出入莫斯科餐厅，是不是也是这种土打扮？50 年代北京西餐厅很少，莫斯科餐厅是其中最豪华的一家，季羡林在德国享受惯了西餐，“老莫”的存在，使他得以常饱口福。笔者虽然 60 年代就进了东语系，但跟季先生交往很晚，要等到 90 年代中期。也就是那期间，我偶尔听季先生说过：“最近又去了一趟‘老莫’。”那份自得，分明像说，又重温了一番美梦。

［备注：若干天后，我翻阅季承的回忆，里面有一段，可作为此事的参考。季承说：“（20 世纪）60 年代初，我们家度过了一段幸福的时光。那时，每个星期天中午，总有一顿团聚的午餐。除我们一家外，经常邀请李铮夫妇参加。每逢‘五一’‘十一’‘春节’，总要邀请在北京舞蹈学院工作的我的五舅、舅妈和我们全家一起外出游玩，吃大餐。我

们几乎玩遍了北京各处景点，如故宫、天坛、颐和园、动物园、大觉寺、樱桃沟、八达岭等，吃遍了多处著名餐馆，如莫斯科餐厅、东来顺、全聚德、翠华楼等。出外乘车很难，但大家游兴不减；就餐几乎要拼命，才能占到座位，但在奋斗之余，能享受美味，其乐也浓。抢位子的任务非我莫属，虽然极为困难，但我奋不顾身，又稍施小计，总能成功。只要能吃到大餐，哪顾得上谦让。谦让是富裕的装饰品。”]

会晤金庸　2007 年，季老稳坐 301，照例要接待许多海内外贵客。我特别注意到的，有金庸。综合互联网消息，6 月 18 日下午，金庸在北大演讲，有学生提问：“侠之大者，要有为国为民的侠风义骨。请问在当今社会，侠义还有什么发展的空间？如果有，会是一种什么样的表现呢？”

金庸回答：“今天上午我去探望季羡林老先生，他跟我谈到了‘侠’。季先生认为，中外关于‘侠’的理解是有很大不同的，‘侠’下面是两撇，是两个人在打架。一个大人和一个小孩在打架，小孩打不过大人，外国老太太站在旁边看到了也不会管，一直打下去好了，可以打两个小时。但是中国老太太就不会不管了。她会拿一盆水泼过去，把两个孩子泼开。季先生还说，在日本侵略我们中国的时候，我们还去日本告状，请世界主持正义。当时他在欧洲，就觉得这个想法行不通。人家会想你有本事打回去。武侠精神，在中国，还有日本、韩国、泰国、马来西亚、越南这些亚洲国家，人们非常接受，认为很有道理，但是西方人就不大接受，他们不明白为什么侠者就要路见不平，拔刀相助。西方人觉得强的可以欺负弱的。”

金庸像是回答了，实际上没有回答，起码是没有说清楚。他低估了学生的水平，虽然抬出季先生的大名，也无济于事。

我与金庸先生，从未晤面。读过他的武侠小说，感觉还不赖。这些年他总上“镜头”，作风有点“海派”——本来，金庸生于浙江海宁，近海，长期生活在香港，又被大海包围，染上“海派”作风，是再正常

金庸先生（中）与季羡林先生（右一）

不过的。金老先生明显不甘寂寞，时不时闹出一点新闻。譬如，他与北大互动，这边厢捐款，那边厢赠予名誉学位；他与一帮文坛豪杰华山论剑，意气风发，不知老之将至；他以八十高龄，赴英国剑桥读博士；等等。金庸身上有股调皮劲，是名副其实的老顽童。

林青霞的造访　2007 年，季老的生理状况，变化不大。当然，客观上是又老了一岁，从九十五变成九十六，这是上帝的恩赐，令人油然而生敬意。季老曾以他一贯的幽默对来访者说："我的身体还可以，变化就是头发没有了，真是无法（发）无天。"头发并非完全脱尽，而是越来越稀，除此而外，过去的一年似乎没有在老人身上留下多少明显痕迹。硬说有，就是稍微胖了点，面色也比过去红润。一次见面，我偶然注意到老人的左额有一处隆起，按民间说法，这是长寿的象征。我问，这是什么时候有的？老人回答，很早就有了，很早。至于生活，略有变动，因为医院扩建，病室从老楼换到了新楼，格局还同以前一样，摆设略有精简。

2007 年，关于季老的文章，依然是连篇累牍，铺天盖地。赞美的我先不讲，单讲其中批评的，批评的内容我也不讲，因为有些近于谩骂，我单讲他们的手段，每有谩骂式的文评问世（主要是个人博客），就派一位小女生给名家打电话，诱使他人参与辩论。——可惜了，他们的才能应该用于商场或官场的，在季老身上，注定捞不到多少油水。

至于赞美的文章，我也只讲一篇，就是林青霞的访问记。林青霞是香港著名艺术家，她的出场，总带有音乐与灯光。据她的友人金圣华在《有缘一线牵》一文中介绍，2007 年 10 月上旬，白先勇监制的《青春版牡丹亭》要在北京国家大剧院上演。为了这桩盛事，昆曲“义工团”的团员都在各尽其能，倾力相助。一天，金圣华给林青霞打电话说：“喂！《青春版牡丹亭》要在北京上演了，你要不要去看？”电话那头略为沉吟，未予即答。于是又说：“这次是在国家大剧院上演，这号称‘巨蛋’的剧院，还是首次对外开放呢！”对方仍然犹疑未决。“到了北京，我们晚上看戏，白天一起去拜访季羡林、杨绛两老好吗？”话说到这儿，林青霞立刻响应：“好呀！我去我去。”这就是赴京前，金圣华跟林青霞之间的谈话实录。对青霞来说，昆曲是中国文化的瑰宝，她极想观赏及进一步了解，白先勇更是认识多年的朋友，当然乐意去支持及打气。尽管如此，青霞前不久刚从山东还乡之旅归来，行装甫卸，倦意未消，原来拿不定主意，可是一听到季羡林、杨绛两老的名字，就如魔术一般，马上变得精神奕奕，随即又兴冲冲踏上赴京之途了。

因为杨绛外出，未能见成。（笔者按：不出所料，杨绛不是供人朝拜的）季羡林坐定 301 医院，哪儿也去不成，一番联络，终于得如愿以偿。见了，不能白见，林青霞这几年正潜心写作，于是，一篇《完美的手》就这样水到渠成、瓜熟蒂落地诞生了。林青霞的文章不长，兹转录于下（有删节）：

走进北京 301 医院的病房，第一个映入我眼帘的，是双平摆在一张小矮桌子上洁白细致的手。再往上移，见到的是仁慈、亲切的脸孔，他腰杆笔直地坐在木椅上，虽然已届九六高龄，但你感觉到他的灵魂是年轻的，他的思想是丰富的。北京天气开始转凉了，我知道老人家特别怕冷，所以为他挑选了一条开司米围巾，我把围巾交到他手上，他笑着用手抚摸说："眼睛看不清楚，用手感觉一下。"他曾经说过，他活到九十几岁，洞悉世情，他认为最珍贵的就是真学问和真性情。我觉得——他——季羡林教授，就是这样的人。和我一起探望他的朋友，问他知不知道我是谁，他瞧了那位朋友一眼，一副你们真把我当老人家呀，还幽了他一默说："全世界都知道。"逗得大家哈哈大笑。朋友谈到他书中所说的"和谐"，他说那是人与自然的和谐，人与社会的和谐，更重要的是人与自身的和谐。又说人与自身的和谐，要做到良知、良能。他解释良知就是人要有自知之明。记得书上说过，苏格拉底去求神，求的就是让他有自知之明。我不懂什么是良能，他解释良能就是不要自不量力，不要好高骛远去做超越自己能力的事情。我频频点头称是，这正是我要学习的功课。就是不要老是要求完美，以致无法达到而自找苦吃。我们聊了好一会儿，发觉他那双文人之手仍然保持在原来的位置上，感觉上很寂寞，我忍不住抓着他的双手，我最喜欢见到老人家开心。我想带给他温暖，我想抚摸那写过无数好字、好文章的手。我握着他的手，除了想讨讨文气，更希望把我内心的温暖传给他。这双手，经过"文化大革命"十年的浩劫，历过近百年岁月的洗礼，写过上千万字的好文章，竟然没有留下任何烙印，不但手上没有疤痕，我们还发现它竟然没有老人斑，相信此手正如其人，有如他赤子之心的年轻和纯净。

我有八个大字：“爱国、孝亲、尊师、重友”，最重要的八个字。

——季羡林

（七〇）动感 2008

荣获印度“莲花奖”　2008 年元月底，笔者正在南京访友，王树英先生打电话过来，说：“告诉你一个好消息，季先生获得了印度最高荣誉奖。”

是晚上网搜查，很多网站都有报道，综合各家消息，大致是说：印度总统帕蒂尔日前批准了 2008 年度印度国家最高荣誉奖之一“莲花奖”授奖名单，包括印度本国在内，全世界共有一百三十五人获得这一大奖。在这一百三十五人中，最引人注目的，当属九十七岁的我国著名学者季羡林，这也是中国人首次获得这一荣誉。

印度媒体用“‘莲花奖’首次跨越喜马拉雅山”形容这次特殊而又迟到的授予。十多天前，印度总理辛格访华，在中国社科院的演讲中，开场白就是引用季羡林的话——“中印两大文化圈之间相互学习和影响，又促进了彼此文化的发展。这就是历史，也是现实。”辛格称季羡林为“中国伟大的学者、当代最著名的印度学家”。印度媒体称，印度方面示好发展中印友好关系，是季羡林此次获得“莲花奖”的一个重要因素，在把印度史诗《罗摩衍那》和印度其他传统文化介绍进中国方面，季羡林做出了杰出的贡献。

据王树英先生介绍，印度政府早就打算授予季羡林这一奖项。2006年12月，印度驻华大使尼鲁帕玛·拉奥在李肇星外长的陪同下，曾去301医院与季先生进行了面谈（我记起2006年夏，曾受命为季老写一份长达八千字的介绍文字，后由外国语大学的陈琳先生译成英文，说不定就与此事有关）。拉奥大使表示，季羡林许多年来始终坚信中印两国之间的友谊。

北京大学东方学研究院院长王邦维说："这是一个重要事件。授奖对普通中国人如何看待印度将产生积极影响。"北京大学印度研究中心副主任姜景奎教授说："授奖表明，学者同政治家、外交官一样，能够在国际外交事务上发挥重要角色。"姜景奎教授同时认为，从某一角度而言，季羡林在中印两国关系上做出的贡献，可以比拟当年玄奘发挥的作用。

央视十台《季羡林：感悟人生》 2008年5月4日，晚间10：00，央视十台播出独家专访《季羡林：感悟人生》，地点为301医院的病室，采访者为曲向东，节目是3月份录制的。从画面看，季老气色甚佳，可以用满面红光形容，应对一如常人，自始至终，保持谦和恭谨的微笑——这正是镜头需要的；对于九十七岁的老人，这镜头足以载入历史。

内容是普及性的，基本是老生常谈，在这之前，中国教育广播电视报有一篇介绍，其要点为：

一、关于理想

季：现在青年最向往什么我不知道，您能告诉我吗？

曲：现在的社会选择非常多，也有很多人做学问、做科技、做科学，很多人想去经商，也有很多人当演员、当画家，各种各样的选择都非常多，您那个时候呢？

……

二、关于出国

季：我主张年轻人还是要出国。我最反对出去不回来，最厌恶出去不回来。

曲：最厌恶？

季：嫌贫爱富。

……

三、关于成功

曲：您的成功，您取得的成就靠的主要是什么呢？

季：我有一个公式，就是天资＋努力＋机遇＝成功。

……

四、关于做人

曲：您觉得一生中最重要的是什么？做一个成功的人最重要的是什么？

季：我有八个大字："爱国、孝亲、尊师、重友"，最重要的八个字。

……

五、关于真

曲：请您谈一谈真理的真，您经常写文章会谈到什么是真。

季：有一句话，假话全不说，真话不全说。

……

心系灾区　中新网5月15日电　据中央电视台消息，著名学者季羡林向四川地震灾区捐款二十万元，以帮助修缮校舍。

时过不久，北京青年报又发表了一篇纪实文章，其中写道：

5月12日，大地震当日，季先生正值牙龈发炎而低烧。但是，当他知道大地震消息后就开始了病床上的牵挂。季先生总是坐在沙发上，工作人员侧靠在沙发的扶手上，用特大的声音读着新闻，有时候季先生听不清，还会让工作人员“大声点、重复一下”。季先生总是迫切地想知道得更多、听得更加确凿。当工作人员告诉季先生，他的“老朋友”——温家宝总理已经在第一时间到达地震现场，并且表示会为百分之一的希望开展百分之百的救援时，老人眼眶红了，声音哽咽地说：“他给大家带了一个好头！”

几天来，季先生不停地向身边人员询问地震中伤亡了多少人，受灾面积有多大，那里学校的学生都怎样？5 月 15 日，季先生向灾区儿童捐献 20 万元，用以帮助修缮校舍。工作人员告诉记者：“2007 年 7 月，他为家乡临清市康庄镇的希望小学捐助 25 万元人民币；今年 2 月，季先生为南方雪灾捐了 1.3 万元稿费；所以最初我们跟季先生商量此次为地震灾区捐款时，我问季先生：‘是不是先捐 1 万元？’季先生回答得很干脆：‘不够，翻倍！’而到了第二天，季先生便决定将 2 万元改成 20 万元。”为此，季先生还泼墨写下一份遥远的寄托：“万众一心，人定胜天”“抗震救灾，众志成城”。

笔者按：一、西南的大地在抖动，老人的心也在抖动，这二十万元，抵得上两百万元，两千万元；二、老人当初落地就没有钱，钱成了他成长的拦路虎和发奋的动力，而今人老了，功成名就，不需要再花什么钱，钱却源源不绝；三、老人已经把能捐的都捐了，包括价值上亿元的字画，包括应该留给子女的遗产，他是比微软的比尔·盖茨更彻底。

接受印度“莲花奖”　6 月 6 日，有记者赴 301 医院访问季老，文章记叙了他在病室所见：

环顾病房里的布局简洁而不单调、别致而不落俗，别具一格。鱼缸里的金鱼在阳光的沐浴下悠闲自在地嬉戏游弋；书桌上摆设着一只红彤彤的苹果，仿佛在祈祷老人家每天都能平平安安、健健康康；而最引人注目的则是进门正对的落地书橱，这是医院为了给季老创造一个宽松的读书写作环境而专门配备的。书橱摆满了书籍，在诸多书中有一些梵文和西文书籍堪称海内孤本。已读完的书、读了部分还要继续读的敞开的书、用卡片做标记将要读的书、写了一半的书……这些书摆放得错落有致，都有自己的位置，一如他们的主人，对于自己专业的执着的坚守……

正当我徜徉在季老书的海洋时，印度外交部部长慕克吉受印度总理辛格委托专程赶来北京。为表彰季老毕生致力于推进中印文化交流所做出的贡献，慕克吉转达了印度总理辛格对季老的赞誉："中国伟大的学者、当代最著名的印度学家。"此外，他还带来了印度人民发自内心给予季老的一项崇高荣誉——"莲花奖"。"莲花奖"是印度政府授予在科学、文学、艺术和学术方面取得卓越成就人士的最高荣誉。

印度外长亲自授予季羡林先生"莲花勋章"

慕克吉庄重地说：“我谨代表印度总统辛格正式向您授予这个奖章，感谢您多年来在印度学研究方面做出的成就，以及对于印中两国友好做出的巨大贡献。”说罢，慕克吉将“莲花奖”奖章轻微而恭敬地别在季老胸前。

季老谦虚地说：“再过两年我就一百岁了，但我认为百岁不是终点，而是起点。只要我还有精力，就要致力于两国友好的进一步加深！”

温家宝第五次看望季羡林 2008年8月2日上午，中共中央政治局常委、国务院总理温家宝到301医院看望季羡林先生，新华社为此发了通稿，摘要如下：

“季老，我提前给您祝寿了。”走进解放军总医院的病房，温家宝趋步向前，握住了季羡林先生的手。

季羡林是我国著名翻译家、文学家和教育家，精通英语、德语、梵语、吠陀语、巴利语、吐火罗语，还能阅读法语、俄语书籍，长期在北京大学任教，在语言学、文化学、历史学、佛教学、印度学和比较文学等方面都有很深造诣。4天后的8月6日，这位学贯中西的老先生将度过97岁寿辰。

这已是温家宝2003年以来第五次看望季羡林先生。每次相见，两位老朋友都能坦诚交换意见，聊得十分愉快。

房间宽敞明亮，桌子上摆放着一个大大的“寿”字，季羡林特地穿上了一身银灰色的中式服装。

“因为过两天比较忙，今天提前来给您祝寿。”落座后，温家宝亲切地问季老：“我记得您今年97岁了。思维还这么清楚，是不是和常用脑有关？”

“对，大脑要不停地活动。秀才不出门，便知天下事。”

“今年灾害多，年初是冰雪灾害，‘5·12’大地震也是多少年没有的。”

“地震以后政府反应快，威信大大提高，对当地人民也是教育。”

“我常讲，几千年来，我们国家都是灾难和文明进步伴随在一起的。有一句名言：没有哪一次巨大的历史灾难，不是以历史的进步为补偿的。”

“是恩格斯说的。”看到季老反应这么敏捷，大家都笑了起来。

“我们的历史总是和洪水、干旱、地震等灾难联系在一起，但我们这个民族从没有溃散过，反而愈挫愈奋。”温家宝说。

季老表示同意：“一个民族和一个人一样，灾难能锻炼一个人的意志，也能锻炼一个民族的意志。”

“我想起清华大学的校训——自强不息，厚德载物。这就是我们的民族精神。”温家宝望着季老说。

“是的。”季羡林肯定地回答。

聊起教育和学习的话题，一辈子从事教育工作的季羡林主动向总理提问：“现在英语都普及了吧?”

“小学就开始学了，小学是记忆最好的时候。”温家宝告诉季老，“掌握一门语言，就掌握了一种工具。”

“对，语言是一种工具。”季羡林提议，“大学外语教育不但要加强，而且要鼓励学生多学几门外语。”

“奥运会快开了。”温家宝告诉季老。

“这是件大事，是世界对中国的肯定。”

“这是我们国家实力的表现。”温家宝和季羡林共同回忆起百年来中国参加奥运的历程，“体育的强盛，代表着一个民族的强大。”

“现在国家领导人不好当。治乱世易，治平世难，治理我们这样一个大国，更难。”季羡林说。

总理深有感触地说：“我常记着一句话，名为治平无事，实有不测之忧。我们有许多值得忧虑的事，脑子一点不能放松。”

“您别起来了。”温家宝站起来，微微弯下腰，双手握住季老的手说，“明年我再来看您。”

是日我在北戴河度假（不好意思，退休老汉一个，自己给自己放假），得施汉云女士通知，晚间观看了当日电视新闻。温总理选择8月2号看望季羡林，我想，一、固然因为奥运将临，他“过两天比较忙”；二、8月2号，实际上正是季羡林的生日，温总理考虑问题，必然是很细心的。（笔者注：季羡老生于1911年农历闰六月初八，换算成阳历，应该是8月2日，因为一次笔误，错写成8月6日，以后便将错就错，沿用至今，所谓“历史真实”也者，许多就是这样造成的，读史者不可不识）另外，恩格斯的那句话，自汶川地震以来，就和中国古训“多难兴邦”一起，成为报刊的热门话语，但季先生能立马反应，多少还是有点出乎我的意料，老人家堪称思维敏捷，他的神经系统还没有完全老化，恩格斯的名言，既是国运的象征，也是老人命运的写照，他是穿越阴霾的阳光，现在的辉煌正是命运的补偿。

事后查出，恩格斯讲话的原文，见于他1893年10月10日给俄国友人尼·丹尼尔逊的复信：“像你们的民族那样伟大的民族，是经得起任何危机的。没有哪一次巨大的历史灾难不是以历史的进步为补偿的。”（《马克思恩格斯全集》第39卷，人民出版社1974年版，第49页）

祝祖国繁荣昌盛。

——季羡林　时年九十九

（七一）聚焦 2009

2009 年元月 1 日

（1）岁逢元旦，想起上礼拜发生的一件事：歌手谭晶拜望季羡林先生，说："为老人祝寿，习惯用'寿登期颐'，期颐，就是一百岁，对于一般人来说，这是非常美好的祝愿，但对于季先生您来说，就不太适合，因为您马上就到一百岁了。"季先生说："是啊，祝我长命百岁，实际上是对我的限制，好像只能活一百岁，我肯定要超过。"谭晶问："那用什么好呢？期颐往上，就是茶寿，茶寿是一百零八岁，也是限制。古人的想象力只到茶寿为止，再往上，就没词了。"季先生笑道："有一句话，叫'寿比南山'，大而无当，没有限制。"谭晶马上反应："那我们就祝您寿比南山吧"。

（2）有徽州的朋友，寄来季先生一幅手书的复印件，上面题的是：

万山不许一溪奔，拦得溪声日夜喧。
到得前头山脚尽，堂堂溪水出前村。

这是胡适生前钟爱的诗，诗的作者是宋代诗人杨万里，原题《桂源铺》，2007 年 7 月 10 日，季先生书以赠送给胡适家乡安徽绩溪的孩子。

杨万里的诗我不熟悉，那没关系，有这一首已经足够。胡适喜欢它，据说是因为“写得清浅可爱，风格近似于自己的《尝试集》”，恐怕这只是表象，诗句固然清浅，骨子是很坚硬的。1960年，《自由中国》的发行人雷震被国民党逮捕入狱，次年，胡适就书写了这首诗为他祝贺在狱中的生日。毫无疑问，季先生之所以选了这首诗送给绩溪的孩子，是让他们记住同乡前辈胡适大师的奋进精神。

2009年元月21日

笔者访美期间，在西海岸的洛杉矶，一个风光旖旎的小镇，见到季先生的孙女季清。她的寓所，是一栋典型的西式别墅。屋里最高的地方，挂着爷爷送她的孔子像。她说正在写一本关于季家的书，我鼓励她尽快创作。我俩共同的观点是，绕了一个大圈子，季先生终于重新回到亲人中间，这也许就是命。往事已往，有因，有果，并非完全是哪一个人的责任。凡事都不能太过，物极必反，这一规律屡试不爽。现在么，尘埃虽未落定，大局是不会再变化的了。剩下的，就交给时间去编排，让友情归于友情，让行政归于行政，让法律归于法律。

2009年2月11日

归国，去301医院看望季老，主要是礼节性的，表示新年的祝福，同时汇报了与季清见面的情形。末了，又问了几个写作中遇到的小问题。比如：听说哥廷根是德国的数学重镇，您还记得谁？季老答：爱尔伯特。老人一边说，一边用手指在桌面画下爱尔伯特的英文拼音。又比如：您身高多少？这是一个小细节，但是作为立传者，应该知道。季老答：一米七二。这使我想起钱学森，他是一米六八。

一个突出的印象：季老明显消瘦，似乎都脱了形。这不是好兆头，我想。归家和季老其他的几位老学生联系，他们也都有同样的感受。

2009年3月

《人民日报》3月30日刊载徐怀谦的访问文章：《气和心暖》。其中写道：“原以为九八高龄的季先生会插着各种各样的管子等待我们的来访，然而并不，先生像前两次见面一样，抄着手，规规矩矩地坐在一张小桌后面，静静地打量我们。不像是望之俨然的先生，倒像是乖巧、听话的学生。与朗润园不同的是，此时的先生穿的是病号服，人清瘦了一圈，然而精神却出奇的好。

"季先生的助手在一旁提醒我们有什么学术问题赶紧问，我想，与季先生谈学术，那不是关公面前耍大刀么，就装着没听见，拉拉杂杂地扯闲篇，无奈地耗费着先生宝贵的时间。先生倒好脾气，有问必答，说医生、护士对他照顾得好，吃得也好。睡得如何呢？先生说，睡眠一直好，'我吃安眠药，都吃了有 80 年了。'不禁惊奇。接下来就幽默起自己的眼睛来，说：'其他零件还好，就是眼睛，用了一百年了，坏了，半瞎。'

"我们提出今年是新中国成立 60 周年，希望先生写几个字，先生爽快地取来笔，写下'祝祖国繁荣昌盛，季羡林，时年九十有九。'一边写，还一边说：'夸张了一点，稍微夸张了一点'，他指的自然是年龄，不过夸张一岁而已。先生写字的时候，我就在一旁端详他的手，林青霞称这双写过无数好字、好文章的手是'完美的手'，修长、白皙，上面没有瑕疵，没有老年斑，其实更让我们惊奇的是，这双手一点都不颤抖。"

2009 年 6 月

3 月初，季老为了我一本关于欧阳中石先生的书，赐了"翰逸神飞"四字。缘于老目昏花，"翰"字出现笔误，近似于"输"。真的，似什么都可以，就是不能似"输"，不得已，本月 27 日，又请季老重新写过。这回"翰"字写对了。统观整体，笔力大大逊于前。唉，我不在季老身边，但从相隔三月写的两幅字判断，季老的身体明显衰弱。

21 世纪将是中国人民的世纪。这决不是无知妄言，也不出于狭隘的爱国主义，而是规律使然。

——季羡林

（七二）晚年生命之最

最雷人的一句口头语：“他还活着吗?”久住 301 医院，与许多老朋友，老老朋友失去联系，而他们中的一些人，如臧克家，如林庚，如石景宜，就在不知不觉中走了。岁月如流，时不我待，因是之故。近年，每当周围的人提起一个老熟人的名字，季羡林总要习惯地做出上述反问。

最老的朋友：你以为是臧克家？巴金？非也。此处最老，不是指年龄最大，而是指交往时间最长。以是观之，应该为彭松。彭松 2008 年九十三岁，他 11 月 9 日去看季羡林，谈起儿时住一个大院，青梅竹马的往事，恍若就在昨天——而那昨天，已是将近九十年前。

最赤裸的自供：“我现在一闭眼就看到一个小男孩，在夏天里浑身上下一丝不挂，滚在黄土地里，然后跳入浑浊的小河里去冲洗。再滚，再冲；再冲。再滚。

‘难道这就是我吗?’

‘不错，这就是你!’”（《在病中》）

最幽默的失落：“我做过一次生意。我住在南关佛山街，走到西头，过马路就是正觉寺街。街东头有一个地方，叫新桥。这里有一所炒卖五香花生米的小铺子。铺子虽小，名气却极大。这里的五香花生米（济南俗称长果仁）又咸又香，远近驰名。我经常到这里来买。我上一师附小，一出佛山街就是新桥，可以称为顺路。有一天，不知为什么，我忽发奇想，用自己从早点费中积攒起来的一些小制钱（中间有四方孔的铜币）买了半斤五香长果仁，再用纸分包成若干包，带到学校里向小同学兜售，他们都震于新桥花生米的大名，纷纷抢购，结果我赚了一些小制钱，尝到做买卖的甜头，偷偷向我家的阿姨王妈报告。这样大概做了几次。我可真没有想到，自己在七八岁时竟显露出来了做生意的‘天才’。可惜我以后‘误’入‘歧途’，‘天才’没有得到发展。否则，如果我投笔从贾，说不定我早已成为一个大款，挥金如土，不像现在这样柴、米、油、盐、酱、醋、茶都要斤斤计算了。我是一个被埋没了的‘天才’。”（《回忆一师附小》）

最欣慰的愧悔：“有一次作文，我不知从什么书里抄了一段话：‘空气受热而上升，他处空气来补其缺，遂流动而成风。’句子通顺，受到了老师的赞扬。可我一想起来，心里就不是滋味，愧悔有加。在今天，这也可能算是文坛的腐败现象吧。可我只是个十岁的孩子，不知道什么叫文坛，我一不图名，二不图利，完全为了好玩儿。但自己也知道，这样做是不对的，所以才愧悔，从那以后，一生中再没有剽窃过别人的文字。”（《回忆新育小学》）

最执着的迷信：“我这个人什么都不迷信，只迷信缘分二字，有缘千里来相会，无缘对面不相识。”（《病房杂忆》）

“我决不迷信，但是我相信缘分，因为它确实存在，不相信是不行的。”（《石榴花》）

最警醒的观察：“我有一个公式：人类在大自然面前翘尾巴的高度与人类前途的危险性成正比。尾巴翘得越高，危险性越大。”（《范曾〈庄子显灵记〉序》）

最精辟的新解：“中华文化光辉灿烂，方面很广。目前谈中国文化者侈谈弘扬者多，而具体指出哪一方面应首先弘扬者尚未之见。我个人的意见，首先应该弘扬的是中华精神的精髓‘和为贵’。历史上许多哲学家的学说，比如什么天人合一、民胞物与等等，体现的都是‘和为贵’精神。连人工修建的长城，体现的也是这种精神。一个侵略者决不会修筑长城的。这是我对修筑长城意义的新解，自谓已得其神髓，决无可疑。”（《〈中国少林寺〉序》）

最具法眼的忠告：“清华有两位大家，一位是大物理学家李政道，也是北大的教授；一位是大画家吴冠中，刚在中国美术馆搞了一个科学与艺术展，还出了一本书。展览会和书我都看了，说的是艺术和科学的相通之处。《光明日报》登过一个书评，评《物理学与艺术》，讲的是同一个问题。开座谈会时，北大物理系的一位教授参加了。我看了一下他们讨论的结果。人文科学和自然科学绝不像以前讲的那样泾渭分明。从一部科学史可以看到，科学越来越深化，越来越分化。最早的时候，只有哲学，后来分出物理、化学，再后来生物化学、物理化学等边沿学科越来越多。到了21世纪，我想边沿学科还要增加，增加的同时文科和理科的互相渗透能不能达到？我想真要创新，应该从这地方创起。”（《季羡林在首届北京大学文科论坛上的讲话》）

最令弟子获益的教诲：王树英打算写作一本关于印度的书，国内缺少参考资料，他向季先生诉苦。季先生说：“如果有现成的，还要你干什么？”王树英听罢，刹那如醍醐灌顶，精神大振。

最喜爱的书：司马迁的《史记》、《世说新语》、陶渊明的诗、李白的诗、杜甫的诗、南唐后主李煜的词、苏轼的诗文词、纳兰性德的词、吴敬梓的《儒林外史》、曹雪芹的《红楼梦》。（《我最喜爱的书》）

最敢于拍胸脯的壮语：“大约在十几二十年前，我曾讲过一个预言：21世纪将是中国的世纪。

“……我发现，在这个地球村中，每一个时代都有自己的政治经济文化中心，有的在东方，有的在西方，存在的时间长短不一，影响的程度也深浅不一。而这个中心不是一成不变的，而是有规律地变动着。拿最近几百年的世界史来看，就可以看出下面的规律：17、18世纪，它是在欧洲大陆法、德等国，19世纪在英国，20世纪在美国，21世纪按规律应该在中国。所以我说：21世纪将是中国人民的世纪。这决不是无知妄言，也不出于狭隘的爱国主义，而是规律使然。可在当时，颇有一些什么什么之士嗤之以鼻。我并不在乎，是嗤之以鼻，还是嗤之以屁股，那是他们的事，与我无干。”（《一个预言的实现》）

最另类的声音：“怪论这个名词，人所共知。其所以称之为怪者，一般人都不这样说，而你偏偏这样说，遂成异议可怪之论了。

“我却要提倡怪论。

“……国家到了承平时期，政通人和，国泰民安，这时候倒是需要一些怪论。如果仍然禁止人们发出怪论，则所谓一个声音者往往是统治者制造出来的，是虚假的。……

“怪论有什么用处呢？

“某一个怪论至少能够给你提供一个看问题的视角。任何问题都会是极其复杂的，必须从各个视角对它加以研究，加以分析，然后才能求得解决的办法。如果事前不加以足够的调查研究而突然做出决定，其后果实在令人担忧。”（《论怪论》）

最短而又最长的告白：“自从盘古开天地，三皇五帝到于今，没有哪一个正人君子，给自己的小人敌人脸上抹黑，造作流言蜚语，把他们‘搞臭’，以取得自己的胜利。这些卑鄙的勾当是小人的专利，是小人的特长。小人如此为之，此正人君子之所以不为也。”（《无题》）

最惊世骇俗的高见：“根据我的观察，我还发现，坏人是不会改好的。这有点像形而上学了。但是，我却没有办法。天下哪里会有不变的事物呢？哪里会有不变的人呢？我观察的几个‘坏人’偏偏不变。几十年前是这样，今天还是这样。我想给他们辩护都找不出词儿来。有时候，我简直怀疑，天地间是否有一种叫做‘坏人基因’的东西？可惜没有一个生物学家或生理学家提出过这种理论。我自己既非生物学家，又非生理学家，只能凭空臆断。我但愿有一个坏人改变一下，改恶从善，堵住了我的嘴。”（《坏人》）

最无奈的祈祷：一、“我的人生之旅快到终点了。……我曾问过自己一个问题：如果真有那么一个造物主，要加恩于我，让我下一辈子还转生为人，我是不是还走今生走的这一条路？经过了一些思虑，我的回答是：还要走这一条路。但是有一个附带条件：让我的脸皮厚一些，让我的心黑一点儿，让我考虑自己的利益多一点儿，让我自知之明少一点儿。”（《我写我》）

二、“我生平优点不多，但自谓爱国不敢后人，即使把我烧成了灰，每一粒灰也还是爱国的。可是我对于当知识分子这个行当却真有点谈虎色变。我从来不相信什么轮回转生。现在，如果让我信一回的话，我就恭肃虔诚祷祝造化小儿，下一辈子无论如何也别再播弄我，千万别再把我播弄成知识分子。”（《一个老知识分子的心声》）

最奢侈的愿望：回家。2002 年秋天，季羡林因皮肤病住进 301 医院，一个多月后出院，恍如大赦，写了一篇随笔《回家》，发表在《参考消息》。该文 2007 年收入《病榻杂记》，在闹闹哄哄的季羡林热中，鲜见有人提及——但这，恰恰是解读季羡林晚年心境的一把钥匙。

后来，众所周知，仍然是因为“癣疥之疾”，季羡林又有了二进宫、三进宫，再后来，就是以院为家，出不来了。

季羡林依然无限向往他的家。笔者每次去医院探望老先生，几乎都要听到他念叨：“我要回家。”

2008 年 10 月底，媒体爆出“季羡林藏画风波”，在一片吵吵嚷嚷中，我再一次听到了季先生的肺腑之言：“我不要住医院，我要回家。”

最惊人的预言：“我现在一方面脑筋里仍然会不时闪过一个念头：‘这一出戏快煞戏了。’这丝毫也不含糊；但是，另一方面我又觉得这一出戏的高潮还没有到，恐怕在煞戏前的那一刹那才是真正的高潮，这一点也绝不含糊。”（《新年抒怀》）

2009年7月11日深夜，京城罕见大雷雨中……

——笔者

（七三）季羡林笑着走了

2009年7月11日，星期六，天气湿闷而燥热。上午，笔者正在电脑前敲敲打打，例行作业，噩耗突然传来：任继愈先生逝世！任先生是1916年生人，屈指算来，今年值九十三岁，也算是高寿了。我与任先生向无交往，因此也没放在心上。过了不多一会，噩耗再度袭来：季羡林先生逝世！什么时候？上午9点。千真万确？千真万确。怎么可能呢？我说，前两天还为北京高考状元题匾，昨天下午还为臧克家故居题词，为汶川广济学校题写了“抗震救灾，发扬中国优秀传统”，此外还为孔子卫视写了一幅“弘扬国学，世界和谐”，而我，受画师乔德龙和书家卞兴龙之托，正准备日内与季先生联系赠送书画的事宜……但这是事实，是北大官方传出来的消息。赶紧与季承联系，手机线路拥挤，已经拨不进去了。

这是迟早要出现的一幕，没想到来得这样快。春节后探视过两次季老，发现消瘦异常，预感不祥，以后再没去，因为外面蔓延甲型流感，怕不小心把病菌带进医院，又因为筹划给老人家过九十八岁大寿——再过三个礼拜就到了，老人的真正生日是8月2号，而我们一帮弟子商量，安排在7月底，赶在官方活动之前。也就是半个月的时间，先生没有等到，我们也没有等到。

等到的是，网上铺天盖地的噩耗。我随便浏览了一下标题，一个也没有打开。还用得着打开吗？不祥的消息，一个已经嫌多，种种细节，不需要再触目、再惊心。媒体又开始新一轮的爆炒！这是互联网时代。这是信息爆炸时代。果然，消息传得飞快，天南地北的询问电话纷纷打来。凤凰卫视抢先报道。各路媒体争相上阵。熟悉的记者径直登门。季先生的孙女季清也从美国洛杉矶发来了悼文：

> 震惊。无语。星期五的晚上，美国，家里。2009年7月10日。刚刚吃好饭，稍稍休息了一下，看了看美国新闻。就坐在电脑前继续编辑我们去年回国的相册。是啊，差几天就一年了，可相册还没有完成。正在欣赏去年几次回国和爷爷的合影，却看到新浪网站首页“国学大师季羡林逝世”的消息。不相信自己的眼睛，想一定是打印错误。正在发愣之际，朋友江姐从北京发来短信，向我表示慰问。还在朦胧中。又回到新浪网站，一篇一篇的再重读过……越读脑子越糊涂，越读越不相信这是真的。昨天还和爸爸有邮件来往，我们还在商量安排今年和明年庆祝爷爷生日的事。怎么会？这是不可能的！绝对不可能！
>
> 否认。不理解现实。不承认现实。心痛。泪在眼眶里转。已经是深夜了……

洛杉矶和北京相差十六个小时，当晚，送走最后一个来访的记者，北京也已进入深夜。窗外雷雨大作，是北京城罕见的狂风暴雨。“泪飞顿作倾盆雨”，是谁在流泪？

回头看，20世纪初的中国有一个五四，这场运动释放出一大批人物。季羡林先生出生稍晚，他只是踩着五四的尾巴。踩着尾巴也是幸运，季羡林上洋学堂，尤其是读英文，就是沾了五四的光。从 1919 年到 1934 年，他的整个学生时代，都离不开五四精英的召唤。1935 年，季羡林去了德国，一待就是十年，在知识结构和研究方法方面，接受了德国人严格的训练。归国后，又受到胡适、傅斯年、陈寅恪、汤用彤等大师的影响——那都是些响当当的人物，绝非时下某些名为大师，实为演员者可同日而语。1949 年后，世风改变，作为知识分子，他经历了漫长的炼狱。幸亏他在德国学的是梵文、巴利文，那玩意儿太冷，没人懂，也没人捧。“含光混世贵无名”。加之他把重心放得很低，夹紧尾巴，老实做人……终于跌跌绊绊迎来晚年，迎来他一生最辉煌的岁月。

季羡林的《病榻杂记》收录了一篇随笔，题目叫《笑着走》，这篇稿子写于 2006 年 3 月 19 日，那一年，季羡林九十五岁，文章披露：

> 走者，离开这个世界之谓也。赵朴初老先生，在他生前曾对我说过一些预言式的话。比如，1986 年，朴老和我奉命陪班禅大师乘空军专机赴尼泊尔公干。专机机场在大机场的后面。当我同李玉洁女士走进专机候机大厅时，朴老对他的夫人说：“这两个人是一股气。”后来又听说，朴老说：别人都是哭着走，独独季羡林是笑着走。这一句话给我留下了很深的印象。我认为，他是十分了解我的。

季羡林生平不信命，唯独相信机遇和缘分，但是这里，他对赵朴老的预言有了直觉的认同。季羡林在随笔的末尾强调：“在这里，我想，我必须讲几句关于朴老的话。‘天下谁人不识君’。朴老是用不着介绍的。我想讲的是朴老的‘特异功能’。很多人都知道，朴老一生吃素，不近女色，他有特异功能，是理所当然的。他是虔诚的佛教徒，一生不妄言。他说我会笑着走，我是深信不疑的。”

让一个崇佛而不敬佛、礼佛而不拜佛的纯然学者，顿悟般产生宁信其真、毋信其虚的执着，半是缘于高人的指点，半是缘于命运的揭示。

赵朴初先生（左）与季羡林先生（右）

季羡林晚年老树着花，万紫千红，外部世界的色泽斑斓必然要刺激他敏锐而微醺的感官，唤醒他往昔甜蜜的暗示，提纯并强化他的自信。

“笑着走”之必要，季羡林曾做过逻辑上的推敲。比如，在同一篇随笔中，他说：“江淹的《恨赋》最后两句是：‘自古皆有死，莫不饮恨而吞声。’第一句话是说，死是不可避免的。对待不可避免的事情，最聪明的办法是，以不可避视之，然后随遇而安，甚至逆来顺受，使不可避免的危害性降至最低点。如果对生死之类的不可避免性进行挑战，则必然遇大灾难。‘服食求神仙，多为药所误’。秦皇、汉武、唐宗等等是典型的例子。既然非走不行，哭又有什么意义呢？反不如笑着走更使自己洒脱满意愉快。这个道理并不深奥，一说就明白的。我想把江淹的文章改一下：既然自古皆有死，何必饮恨而吞声呢？”

人是有感情的动物，光有逻辑不行，还必须感情能够承受。季羡林呢，自从“文化大革命”中自杀而未遂，奇迹般地活了下来，他就觉得是捡来一命，从此变得豁达超逸，一步一步扔掉因袭的包袱，直到最后变成“来去无牵挂”的“赤条条一个”。为了拥抱生活，他简化生活。伍迪·艾伦有言：“放弃所有让你想活到一百岁的东西，你就可以活到一百岁。”长寿之道就在不停地“放”和“弃”。这里，我还想起2007年季羡林为漳州林语堂文学馆的题名。季羡林和林语堂，经历和专攻差异很大，有一点却是相通的：都推崇陶渊明。季羡林从八十岁开始，自命为陶渊明的信徒，并且把陶诗“纵浪大化中，不喜亦不惧。应尽便须尽，无复独多虑”作为自己的座右铭。林语堂亦如是，他称陶渊明是中国最伟大的诗人和中国文化上最和谐的产物。季、林二位都推崇和谐，礼拜空灵，并且身体力行。

季羡林的一位老老朋友（也是望百高龄），曾在闲谈中对笔者说：“新中国成立初期，季羡林，李长之，还有我，三个人常常在一起玩，论学问，季羡林并不是最出色，论活动能力，他也不如长之和我，论婚姻，他就更加不理想，夫妻长期两地分居，但他的命好，晚年大红大紫，名动朝野……”言下，颇流露出几分歆羡。笔者坦言：“性格即命运。季先生的出生、环境、条件、经历，造就了他特殊的生命曲线，他对社会的感悟力、适应力、反弹力，是您这样的富家子弟、风流才子所不能比拟的。”季先生曾对笔者做过自我剖析，他说：“我这一生，谨小慎微，胆小怕事，但在大是大非面前，在关键时刻，又敢于挺身而出，仗义执言，完全不计个人得失。”笔者认为，“谨小慎微，胆小怕事”加“挺身而出，仗义执言”，正是他内在气质最为准确的概括。

俱往矣！“人事有代谢，往来成古今。”历史选择季羡林作为20、21世纪交替之际文化领域的一座丰碑，自有它深邃的背景。同样深邃的背景，我们在齐白石的画室里见过，在巴金的书斋里见过，而另外一些也许是更为出色的文化巨子，如胡适，如陈寅恪，却因生不逢辰而无缘享此殊荣。季羡林是幸运的，他长寿，他的能量装置呈多级火箭推进，当生命的航船行将返归渺渺银河（天堂）之际，又获得了最后一程的大力助推；他活着时，就已清晰地看到自己在历史上的坐标。季羡林晚年虽有落寞、孤独，虽有风波、曲折，那也是人生应有之义。世间万事本无圆满，正如宋代词人辛稼轩所书：“肘后俄生柳，叹人生，不如意事，十常八九。”这不如意事，便是上帝设下的路障，你要领略完整的人生，就得学会从跨越中求爆发，求高翔。季羡林最后的生命是光芒万丈的，经一波三折而终于达至和谐，这是天理，是公道，是百折不挠的生命的奇迹。